共和国高等教育系统与法权观念变迁

鲍嵘 著

九州出版社 JIUZHOUPRESS | 全国百佳图书出版单位

图书在版编目（CIP）数据

共和国高等教育系统与法权观念变迁 / 鲍嵘著. --
北京 : 九州出版社, 2016.10
ISBN 978-7-5108-4833-9

Ⅰ. ①共… Ⅱ. ①鲍… Ⅲ. ①高等教育－研究－中国
②法学－研究－中国 Ⅳ. ①G649.2②D920.0

中国版本图书馆CIP数据核字(2016)第255212号

共和国高等教育系统与法权观念变迁

作　　者	鲍　嵘　著
出版发行	九州出版社
地　　址	北京市西城区阜外大街甲 35 号 (100037)
发行电话	(010)68992190/3/5/6
网　　址	www.jiuzhoupress.com
电子信箱	jiuzhou@jiuzhoupress.com
印　　刷	北京九州迅驰传媒文化有限公司
开　　本	710 毫米 ×1000 毫米　16 开
印　　张	15.25
字　　数	264 千字
版　　次	2016 年 12 月第 1 版
印　　次	2016 年 12 月第 1 次印刷
书　　号	ISBN 978-7-5108-4833-9
定　　价	46.00 元

目　录

导论　无可回避的"法权"

1948年12月12日，解放军进驻北平海淀，清华大学成为最早被军事委员会接管的著名学府之一。12月18日，清华大学西校门张贴了一张布告，内容如下：

中国人民解放军第十三兵团政治部公告

为布告事，查清华大学为中国北方高级学府之一，凡我军政民机关一切人员均应本我党我军既定爱护与重视文化事业之方针，严加保护，不准滋扰，尚望学校当局及全体学生，照常进行教育，安心求学，维持学校秩序。特此布告，俾众周知。

政治部主任　刘道生

中华民国三十七年十二月十八日

充满善意的布告提醒人们历史新篇章已经翻开。到了1955年，高等教育部副部长、化学家、教育家、北大教授曾昭抡在一次报告中宣告，经过六年时间的努力，"旧自由主义的教学制度"已经转变为"严格按照先进的教学计划、教学大纲进行教学"的制度。[①] 新的教学制度，实际上也就是学习苏联的与计划经济体制相配合的计划性学问体制。为了建立这样的体制，院系调整、颁订"专业目录"、改组基层教学组织皆以苏联为蓝本。尽管当时中国大学教授有欧美留学经历的不在少数（曾昭抡本人也是1926年美国麻省理工学院博士学位获得者），他们并不认为苏联的科学技术及学术水平就是世界上最先进的，但对苏式办学体制所知有限。这种

① 曾昭抡：《充分发挥高等学校教师的力量，为向科学技术大进军而进行不懈的斗争》，载《高等教育》，1956年第92期。

体制与计划经济体制相互配合，统一专业设置，严格按照专业计划招生并培养，把人才培养的口径与工农业生产部门的具体工种严密对接。在人才培养上实行如此严密的计划性，这在世界上确属创举。多数知识精英对苏联政府利用社会主义集权体制，调动全国资源，一举将一个落后的俄国建成工业强国是钦佩和好奇的。[①]计划体制对当时积贫积弱的中国有非常大的吸引力。而早在二十世纪三四十年代，中国知识精英已经多半成为在政治上希望学英美、经济上希望学苏联的折中派。一个较为普遍的心态是“如果共产党能够使中国迅速强大起来，并一扫社会贫富悬殊的危险，为什么不可以牺牲一点自由，来和它一起创造这个奇迹呢？”[②]这种心态成为1949年后快速推动苏式经济制度和学问体制的认同基础。

与学问体制改造相比，经济体制改造的推进更为迅捷，并更具全局性。1952年“五反”运动结束后，毛泽东注意到城市私营经济多半已经受制于公营经济和政府帮助的情况，因而决定“我们现在就要开始用十年到十五年的时间基本上完成社会主义的过渡，而不是十年或者十年以后才开始过渡”[③]。在高层领导人的构想中，过渡时期与新民主主义时期相比矛盾斗争更加尖锐，这种革命斗争甚至比武装革命斗争要深刻，这是一场要把资本主义制度以及其他一切剥削制度彻底加以埋葬的革命。[④]

然而，新民主主义可以放弃，市场经济及其资本主义生产要素可以取消，但马克斯·韦伯（Max Weber，1864—1920）所说的理性铁笼 (iron cage) 却似乎注定无法摆脱。“理性铁笼”是韦伯对现代社会无法摆脱理性主义，无法摆脱理性主义负面效应之命运的一种形象比喻。在韦伯看来，与理性主义相伴而生的科层官僚制，导致了整个社会等级化、程式化、法律化和效率化，并最终表现为法理型统治与支配形式。他预言，法理型统治、科层官僚制以及专业化无论在资本主义还是社会主义都无法回避。他说：

官僚行政系统之所以优越，主要是因为专业知识在其中所扮演的角色。在

① 杨奎松：《学问有道：中国现代史研究访谈录》，北京：九州出版社2009年版，第174页。

② 同上，第174页。

③ 杨奎松：《毛泽东为什么放弃新民主主义——关于俄国模式的影响问题》，载《近代史研究》，1997年第4期。

④ 马齐彬等：《中国共产党执政四十年（1949—1989）》，北京：中共党史资料出版社1989年版，第65页。

现代科技以及经济生产企业技术的发展下，专业知识在近代已成为绝对的不可或缺。准此，经济生产到底是以资本主义方式或社会主义方式来组织，实质上并无多大差别。实际上，如果社会主义式的经济组织在技术和效率方面要达到类似资本主义下的水平，专业官僚更是格外重要。①

韦伯所说的“专业官僚”，并不仅止于政府机关的行政官僚，而是弥散于现代社会所有组织——国家、军队、政党、企业、协会、医院、学校等专业技术人员与行政人员。他指出，不论人们对“官僚的形式主义”有多少抱怨，不论什么领域，没有专业人员却想要得到维持，都是一种幻觉。②社会主义制度是否能够如资本主义制度那样提供给官僚组织以某些必要的支持条件可能是一个问题，但不容怀疑的是，社会主义比资本主义需要更高程度的形式官僚化。③韦伯甚至预测无产阶级专政的结果并非是工人统治，而是官僚阶层的支配。④俄国十月革命后的发展似乎印证了韦伯观点的正确性。正因为社会主义式的理性生活规划力求合理，它终究还将承认专业资格的重要性，它仍然会制造出依照职业身份划分的阶层，而与平等、正义等社会伦理之要求产生矛盾。⑤即使不是十月革命，而是在一些尝试进行“直接民主制”的例子里，随着与日俱增的绩效压力的出现，那些与直接民主制最为配合的外行管理就会变质为名流绅士型的管理，最后让位于科层官僚制的行政管理。⑥而与这种官僚行政组织相配合的教育模式与教育制度，就是“专家”培养模式——“专家”的培养就是高等教育核心任务——从这个意义上说，高等教育系统成了铁笼得以维持的重要机制，也可以说是理性铁笼的再生产机制。

到二十世纪五六十年代，苏联的官僚行政组织以及官僚科层化发展已经非常巩固而完备。向苏联学习，当然也无可避免地走向官僚科层化之路，也就意味着走进韦伯所担忧的“理性铁笼”。现代官僚组织的运作，由一些强力和利益推动，夹杂

① [德]马克斯·韦伯：《经济与历史 支配的类型》，康乐等译，桂林：广西师范大学出版社2010年版，第312页。

② 同上，第311页。

③ 同上，第313页。

④ Max Weber, *Gesammelte Aufsätze zur Soziologie und Sozialpolitik,Tübingen*, 1924.p.508, 转引自[德]施路赫特著，顾忠华译：《理性化与官僚化：对韦伯之研究与诠释》，桂林：广西师范大学出版社2004年版，第66页。

⑤ Max Weber, *Gesammelte Aufsätze zur Soziologie und Sozialpolitik,Tübingen*, 1924.p.514, 转引自同上，第68页。

⑥ 同上，第68页。

着不少差等制度，反过来导致了一些利益的分化，其中就包括了诸如等级工资制度，以及由于等级工资制度所带来的分配差异问题。以1956年人民政府所定的工资标准为例，最高级与最低级之差，即使除去最高如主席、总理和最低如勤杂人员等的两极，六类四级460元与乡镇长六类二十七级30元相比，相差15.3倍之多。相比较之下，国民政府时期的薪给标准，反而较1956年人民政府所定工资标准略显平均。[①]

凭借革命资历或学历学位在工资薪酬等级中占优，与革命伦理和计划体制伦理格格不入。但是，高等教育恰恰助推了这种“差别”（或者说是强化了各种差等）。首先，进入高等学校、接受高等教育的机会本身就是稀缺的，有些人得到了这个机会，有些人却被挡在大学的门外；其次，高等教育输出的形式往往就是以学历、学位等为标志的差等，而它们所标示的专业水平的差别，又强化了专业官僚的科层化——后者在新兴社会主义体制中不仅无法偏废，反而基于对效率和生产力水平提高的追求日益膨胀。那么，在社会主义体制下，专业官僚权力真的是无法控制的吗？专业官僚科层制、工资等级制度、学位制度与“高等”教育制度，这些为刺激效率、有利于生产力水平提高却又与革命意识形态有所抵牾的制度，如何相容于革命伦理与计划体制？如何把握它们在社会主义体制中的地位与作用？或者更直白的一问是，社会主义体制下难道非有它们不可吗？它们的缺失所带来的问题，难道不可以通过大幅度提高人们道德水平和道德境界加以填补吗？以上问题的解答，已有的实践探索，除了苏联“老大哥”那里没有其他先例可循，而且，在最高领导人看来，苏联不仅没有解决好这个问题，反而出现了“变修”[②]的迹象；从理论方面看，基于革命导师的一种否定并超越于法学的经济学的、社会学的世界观[③]，后继的探索者也很难从逻辑上把各种差等作为“个人权利”用法律形式加以合法化。而马克思也曾经非常明确地把科层官僚制看作是资本主义生产关系的附属品，是一种寄生物，必须通过人民公社的自主管理和技术上就事论事的管理把科层官僚的作用降低到最低点。这就不难理解，在革命伦理与计划经

---

① 杨奎松：《中华人民共和国中华人民共和国成立史研究1》，南昌：江西人民出版社2009年版，第451页。

② 从1956—1976年，中国政治中反复出现“修正主义”“变修”“防修”与“反修”，这些词汇皆与政策路线主张以及统制主导权争夺相关联，一般指同一阵营者背弃原有信念，改变原有路线和政策主张，走向折中妥协。

③ 王沪宁：《转变中的中国政治文化结构》，载《复旦大学学报（社会科学版）》，1988年第3期。

济政治路线占上风的情况下，相关探索与突破的艰难。毛泽东试图通过发动“破除资产阶级法权”的舆论造势寻求突破。

“资产阶级法权”在不同的时间段里，因而具有了不同的含义。在“大跃进”期间，“资产阶级法权”意味着“按劳分配”以及对它仍然有失公正的批评，这一时期的“破除资产阶级法权”论辩主要是为人民公社推行供给制提供政治动员；20世纪60年代“资产阶级法权”是官僚主义和特权行为的代名词，“破除资产阶级法权”目的在于建构“反修防修”理论意识形态。[①]尽管两次“破除资产阶级法权”论辩，都没有明确地指向学位或者其他的高等教育领域中的权利（例如学术自由权利等），但因为在两次论辩中，所有的差别与等级体系（例如技术等级、工资等级、行政等级、职称等级）都在批评之列，学位等级自然也难置身事外。学位等级与科层官僚制的某种程度的耦合，使其合法性也成了问题。

“破除资产阶级法权”的舆论宣传攻势试图遏止工资等级制的“凝固化”，并且非常警惕诸如学位制度、学衔（专业职称）制度等一众使等差合法化的制度。在法律制度的建立上也秉持“够用就好”的工具主义态度，而非积极的理念主义的态度。[②]这些举措，与毛泽东对实质公平的热烈追求有着非常大的关系，当然也与当时条件下对专业官僚制度与法治必然性认识的局限有关。毛泽东的法律观念受到马克思、列宁等人法律思想的重大影响，同时，他自己极富个人色彩的使命感以及他对现实条件的思考也发挥了作用。今天人们回望过去，对于在一定的时期，为什么放弃法治而走向人治、新德治与运动治理的混合之治，为什么“高等”教育受到制约并在学位制度上几度游移，可能会感到费解，本书试图做出部分解答。当然，本书无意对共和国国家建设思想史做全面深入的评述，甚至也无意于对共和国高等教育观念史和教育法制史做全面的梳理和评价，而只是试图借助于对中国近代以来法权观念流变历程的爬梳，以及对现代社会功能分化条件下高等教育系统与政治、法律环境关系的分析，描述共和国高等教育的一段与政治、法律、道德互动的历史，从而展开高等教育系统的法哲学与政治哲学的论述，展开对我国高等教育系统在新的历史时期和新的环境下完成现代性路径的思考。这个过程中，当然无法回

① 康闪金：《“资产阶级法权”：一个革命政治语词的历史考察》，载《党史研究与教学》，2015(1)：84-94。

② 这里的“法律工具主义”、“法律理念主义”术语，出自江平的法律发展阶段论。江平：《从法律实用主义到法律理念主义——中国30年法治进程再思考》，中国政法大学燕山大讲堂（2008年5月10日）。

避一些有一定敏感度的议题，例如高等教育系统与政治系统之间的关系问题，历史上的“知识分子政策”评价问题，以及法治缺失对高等教育影响问题。对此，我的看法是，首先，要以理性的态度为这些议题脱敏。所谓理性的态度，既是指直面问题、悖逆、矛盾和历史教训，不回避，也指要以“同情之理解”客观地看待历史困境、现实困境中的人与事，不做武断之论。其次，是多学科协同地认知历史、思考现实，高等教育的问题并不仅止于教育，就教育论教育永远无解，这就像当年所有的国家政制哲学的思考都钻到一个牛角尖里，注定找不到问题的解决办法一样。学科制度的框架性约束，使得当今学者越来越局限在单一学科领域范围看待问题，但是在现实生活中，哪一个社会问题可以依靠一门学科以一家之言就可以得到解决的呢？仅从教育学科内的理论与视角看待高等教育问题，通常就无法准确、深入地把握高等教育系统与政治系统、法律系统的关系问题，理论与实务都没有得到推进。

现代社会基本特点是功能分化。在此基础上政治、法律、经济与文化子系统相对独立而闭合地运作，高等教育子系统与上述各社会子系统之间的关系也是建立在社会功能分化基础上的。但自二十世纪五十年代开始到七十年代末期，中国实践的主要是“去分化”的统合，政治系统、法律系统、道德系统与高等教育系统“四位”归于“一体”，最后发展为以政治为圭臬，以意识形态为马首是瞻，以现实中的极“左”路线为保障的统制结构，而与现代社会的功能分化的基本趋势和基本特点相背而行。这是前三十年高等教育社会环境的另一显著特点。但是，在“文革”终结，改革开放后的三十多年的实践中，上述四个社会子系统之间日趋分化并相对独立，高等教育系统也渐渐地走向闭合与独立；此外，学位制度与高等教育制度快速地挣脱了强化社会差等的原罪责难，大踏步地回归它本来的功能——专业人才的培养与知识生产功能。前三十年与后三十多年，显然是两种不同的办教育的路数，不同的教育哲学与教育治理道路。说两个时期是有隔断的，完全没有问题。但如果就此止步，显然不够。因为两个时期之间前后继承的历时性关系同样显著赫然，包括今天高等教育要做出新的变革也同样需要对来自于前三十年的多种观念与制度沉淀进行廓清。我们如何认识这种分野，如何看待前后三十年之间的关系，如何评价后三十多年所进行的多种渐进式的分化剥离的努力，以及如何在最终实现一种别开生面的现代性、避免盲人骑瞎马的历史偶然性，是一个迫切需要应对的课题。历史的天空，太阳从厚重云端投洒下斑驳光影，时间的长轴在过去、现在与未来中延展出多维的空间。在独特政治文化包裹下的高等教育系统与法理型支配模式（法治）、与法权制度安排、与专业官僚科层化、与社会现代性之间的关系的探求与反思是一个令人着迷的领域。

1958 年底，时任中共中央政治研究室副主任的马克思主义理论专家胡绳参与了由毛泽东发起的“破除资产阶级法权”的“大讨论”。令胡绳倍感困惑的问题是，在计划经济体制下，专家的养成、大学生的培养都由“国家包下来”了，那么他们拿高工资是否合理呢？如果拿了高工资，是否就是把国家的投入转变为“个人的东西”？胡绳的思考已经触及计划经济与分配体制的关系问题，触及知识分子与熟练劳动力培养体制与权益确认的矛盾，只不过是并未能够那么明确地表述，限于条件，更不可能得到深入的讨论。今天，我们如果要理解当时人们为什么会为“资产阶级法权”所困，然后要在“自然权利”与“人民主权”的紧张中做出抉择，也并非容易的事情。而它们确切地关系到我们对高等教育系统特征的认识，关系到对高等教育系统与其他社会子系统关系的把握，因此我们也不得不把目光聚焦于权益表象背后艰深的法哲学及其核心概念——“法权”之上。同时，我们也只有在复杂性理论（在本书中则是自创生社会系统论）的帮助下才有可能对现代社会精细分工条件下，高等教育系统独特功能及其系统闭合特征，加以适当的考察，并由此获得评判历史事件的视角，获得对现实加以规范的依据。作为导论，以下渐次介绍本书所涉及议题的历史背景、法权概念内涵及法权哲学，以及社会系统理论的主要观点。法权概念内涵及法权哲学部分，另有专章讨论，在导论部分只是初步介绍。

第一节 从胡绳的困惑说起

胡绳，原名项志逖，祖籍安徽歙县，出生于江苏。[①] 早年在苏州中学读书，1934 年至 1935 年在北京大学哲学系学习。1936 年后逐步进入新闻出版界，并于 1938 年加入中国共产党，从此开始其以意识形态工作为阵地的革命家生涯。1958 年，“破除资产阶级法权”大讨论之际，胡绳时任中共中央政治研究室副主任，《红

① 胡绳（1918—2000），原名项志逖，笔名蒲韧、卜人、李念青、沈友谷等，祖籍安徽歙县，籍贯浙江钱塘，出生于江苏苏州。中国著名哲学家、近代史专家，久经考验的忠诚的共产主义战士，无产阶级革命家，著名的马克思主义理论家，中国人民政治协商会议第七、八届全国委员会副主席。1982 年，胡绳出任中共党史研究室主任，负责研究中共党史，并参与起草《关于中华人民共和国成立以来党的若干历史问题的决议》和新《中华人民共和国宪法》。1985 年，胡绳接任中国社会科学院院长。1988 年起当选为全国政协副主席。1998 年胡绳卸去社科院院长一职，2000 年在北京去世。

旗》杂志社副总编辑。

1958年毛泽东亲自发起了关于“资产阶级法权”的讨论。在北戴河会议期间，毛泽东几次讲话都提到了“破除资产阶级法权”这个多少有些生僻而令人费解的口号。“破除资产阶级法权”是一个动宾结构的词组。它透露出的信息是，首先存在一种叫作“法权”的事物，这个事物具有阶级性特征，是负面的，应该予以克服、避免或消除。但是，对于什么是“资产阶级法权”，毛泽东没有系统地阐述，而是把所有具差等性质的制度和他认为不合理的特权都装进这个箩筐里，认为是一种资本主义剥削制度在社会主义社会的残余，应该破除，其中等级工资制更是重点批评的对象。毛泽东认为，战争期间，军队将士没有薪水、没有星期天、没有八小时工作制，却上下一致，官兵一致，军民一致，成千上万地调动起来，这种共产主义精神很好。二十二年的战争都打胜了，为什么现在反而不行了呢？[①] 北戴河讲话反映了毛泽东对军事供给制的留恋、对官僚科层制的警惕和排斥。北戴河会议后，时任上海市宣传部部长的张春桥，经柯庆施[②] 指点，写出《破除资产阶级的法权思想》一文，并于1958年9月16日发表于上海市委理论刊物《解放》。毛泽东读到这篇文章后，立刻指示《人民日报》社总编辑吴冷西，要求转载。然而，吴冷西对张春桥的文章有不同意见，并致信毛泽东，请他考虑《人民日报》在转载这篇文章的“编者按”中“是否把话说得活一点”。《人民日报》于同年10月13日转载了这篇文章。由毛亲自写的“编者按”指出，“破除资产阶级法权”是当前重要问题，尽管张文对历史过程解释得不完全，有一些片面性，但基本上是正确的，而且“鲜明地提出了这个问题”，“引人注意”，“文章又通俗易懂，很好读”。“编者”对张文的厚爱跃然纸上，但显然有爱屋及乌之嫌。张春桥在文章中给反对军事供给制的人扣上维护资产阶级特权、维护等级制度的大帽子。但如何解决矛盾呢，是取消工资制回到军事供给制？还是改进工资制？张文语焉不详。后来《人民日报》又发表了多篇讨论“资产阶级法权”的文章，有人追随张的意见，也有人鲜明地反对张的意见。反对者则集中反驳张文对工资制的不当观点，鲜明主张“工资制在解放后势在必行”。[③] 追随者把组织中上下级关系、高中低职称等差等关系都看作是“资产阶

① 参见陈晋：《毛泽东五十年代后期的探索思路和他读几本书的情形》，《党的文献》1993年4月；罗平汉：《农村人民公社史》，福建人民出版社2003年版，第37—40页。

② 柯庆施（1902—1965），1954年秋由江苏省委调上海，接替陈毅任上海市委第一书记，至1965年4月去世。

③ 刘艺：《工资制在解放后势在必行》，载《人民日报》，1958年10月17日。

级法权”，认为应该抛弃，涉及的范围则宽泛到领导与群众、企业中技术人员与工人、医院里专家与普通医生、军队里的军官与士兵，不一而足。用平等之道义制高点对现代社会的分工制度与科层分化现象加以审查，结论是处处充满不平等和不道义，“资产阶级法权”不仅存在，而且迫切需要“破除”。

如果说政府机关、军队、企业、医院有各种差等和不公，那么学校与教育系统有没有呢？如果有，具体又是如何体现的呢？胡绳的答案是有。胡绳着重列举了一个他无法理解的现象——在新的体制下，大学（毕业生）由国家培养，个人没有投入，却因为其熟练劳动、脑力劳动、受高等教育等因素而在工资分等中占优，这是与体制精神相矛盾的，是不公的。胡绳写道：

> 在资本主义社会中，一个人由小学到大学毕业，是一种个人的“投资”，投了那么多的资本，然后才能大学毕业。资本主义社会的规律就是投资愈大，将来收到的“利息”愈多，如果大学毕业后所得到的“利息”和小学毕业后一样，那么有钱的人就会觉得不上算，就宁愿做别的投资了。所以照资本主义的规律说来，学会了熟练劳动的人，受较高教育的人得到较高报酬是合理的事。①

但到了社会主义，计划经济体制下，大学生以国家和社会培养为主，无须交学费、工作包分配，教育投资收益反映在分配制度上，“却成了个人的东西”，即教育投资收益完全由个人获得。②胡绳从中看出了矛盾与不合理。但这种不合理与不公为什么在社会主义制度下仍然存在呢？胡绳有保留地接受“资产阶级法权残余”的解释，即资本主义生产关系和国家制度已经不存在了，但还有一些不合理的制度和现象仍然残留，是一种没有资产阶级的“资产阶级法权”。而这些现象和制度是要改变的，暂时保留它们是为了在条件具备的情况下完全消灭它们。

资本主义生产关系与经济基础已经不存在了，“资产阶级法权”这种上层建筑却仍然存在，这不符合唯物辩证法的基本原理与基本教义。胡绳以马克思主义意识形态专家的学养是能够意识到这种矛盾的，但在当时情况下，他亦无法解释诸如工

---

① 胡绳：《从供给制说起》，载《人民日报》，1958 年 11 月 18 日。

② 实际上即使是在计划经济体制下，教育投入也不可能由国家全部包揽，个体的时间投入、精力投入与机会成本也应该计入投入，不可或缺。同样重要的是，高等教育收益在当时包分配的情况下也并非完全归于个人，国家还是享有了部分收益。

资等级制、学衔制（专业职称制度）等有差等的制度为什么仍然存在并且必要，更看不到专业科层官僚制在计划经济体制与现代工业社会的必然存在。胡绳深受这种现实生活悖论所困扰。

当然胡绳无法意识到这就是悖论，更不可能就产生这个悖论的世界观与意识形态开展讨论，以化解悖逆。悖论，人们注意到它，首先是基于纯粹的逻辑与思维的矛盾。悖论的英文 paradox 一词，来自希腊语 παράδοξος，意思是“未预料到的”，“奇怪的”，亦称为吊诡、诡局或佯谬。从逻辑上无法判断正确或错误的称为悖论，似非而是的则称为佯谬，有时候违背直觉的正确论断也被称为悖论。总的说，悖论就是导致矛盾的命题——如果承认它是真的，经过一系列正确的推理，却又得出它是假的；如果承认它是假的，经过一系列正确的推理，却又得出它是真的——因此称之为悖逆之论，即悖论。悖论，不仅仅存在于逻辑与思维中，而且存在于生活中。佛法中也有释迦牟尼佛破斥外道悖论的例子。如《大智度论》卷一中举出长爪梵志的例子：长爪梵志提倡一种“一切法不受”的主张，其意思是说他不接受世间一切理论。释迦牟尼佛就问他：“你接不接受你自己所建立的这个‘一切法不受’的理论？”长爪梵志此时像一匹千里马一样有智慧，不必等到鞭子打到身上才起跑，只看到鞭影就觉悟了。换句话说，当释迦牟尼佛提出这个问题的时候，长爪梵志就知道自己的理论是有问题的——如果接受，那就是“接受一种理论”，这与他自己建立的“一切法不受”的主张违背；如果不接受，那他的主张就不存在。就这样，这个例子一方面显示长爪梵志的理论是一种悖论，另一方面也突显释迦牟尼佛以非常简短的开示就把长爪梵志折服了。理想与现实、目的与手段之间也常常充满冲突，但它们的冲突一般不会尖锐到成为悖论。但一旦人们引某种理论为真理并发展为信念，并不惜为之献出宝贵生命，却发现根据这样的理论所改造的世界依然世俗而且充满矛盾，悖逆就尖锐地凸显出来，人们的世界观、价值观甚至认识论遭受巨大冲击，不仅思维上有可能转不过弯来，而且，在实践中也可能钻牛角尖。其实，悖论的存在，无论是在逻辑世界还是现实生活中都没有那么可怕，解决悖论难题需要创造性的思考，悖论的解决又往往可以给人带来全新的观念。在逻辑世界里，悖论震撼了逻辑和数学的基础，激发了求知欲望，激励人们去进行更缜密的思考，使人们不得不开拓出新的知识疆域；在社会生活中，尤其是思想观念悖论的求解当然无法仰赖释迦牟尼那样的先知，而必须依靠民智与民识，它需要一个宽松的言论环境。史通（D. Stone）就曾经感叹道，吊诡（悖论）是人生无可奈何的常态，但我们必须能够与含糊和吊诡共存，因为吊诡仅在一个世界观中才是吊诡。[①] 当我们能够跳出某个世界观的狭隘视界的时候，也许吊诡就不再是吊诡了。这就需要人们既有执于一念的原则性，又要有能够“转念”的灵活性。而从社会系统论的角度看，悖论就是系统观察的盲点，正是这个盲点使得观察和系统成为可能，对悖论的克服需要二阶观察乃至三阶观察，并在与环境的交往中得到不断的修正，以防止系统的崩溃。

胡绳的困惑不仅仅是胡绳个人的。革命意识形态对资本主义揭弊的一个重要突破口就是社会分配问题，它指认在资本主义制度下剥削者不劳而获，被剥削者劳而无获。而一个公平公正的新社会应该不劳无获、多劳多得、“按劳取酬”“消灭一切剥削”。等级工资制正是“按劳取酬”的基本制度，但吊诡的是，它却仍然无法做到形式公平与实质公平；而强调无私奉献的军事供给制在和平年代已经很难行得通。[②] 按照等级分配工资收入，是借鉴自苏联老大哥的成熟经验和制度，但仍然等级森严。等级差别在革命伦理的反衬下，显得格外刺目。这一状况，被解释为不得已而暂时实行之。但是如果把当前的利益分化的制度（包括高等教育系统内的一部分制度）看作是暂时的，不得已而保留的，那这个过渡期又有多长呢？现代工业生产离不开专家和技术人员，离不开熟练劳动者和脑力劳动者，为了激励他们投入，给予较高报酬是必要的，但如果他们是国家培养的，那么他们获取较高报酬的合法性又在哪里呢？从计划体制与革命伦理来说，难道他们不应该与主要从事体力劳动的普通工人同工同酬吗？但如果熟练劳动与非熟练劳动、智力劳动与非智力劳动同工同酬，那么生产效率与生产力水平又如何得到提高呢？政治理念与现实状况悖逆的破解需要集思广益与冷静思考，在舆论造势与大讨论的喧嚣中注定无解。

1958 年 11 月至 1959 年 4 月，随着乌托邦式的“大跃进”和人民公社化运动受挫，以及讨论中一些否定按劳分配极端观点的出现，毛的思想开始有了变化。[③] 毛开始区分两种现象：一是等级森严居高临下、脱离群众、不以平等待人，不是靠

① ［美］D. 史通：《政策吊诡：政治决策的艺术》，朱道凯译，新北：群学出版社 2007 年版，第 3 页。

② 1949 年，就已经由供给制向薪金制过渡。1955 年 1 月 16 日，周恩来正式向中共中央提出当年 7 月在国家机关全部实行货币工资制的建议，8 月 31 日，国务院正式颁布命令，在国家机关实行货币工资制。1956 年各行各业全面实行工资改革。关于中华人民共和国成立后党政人员收入分配制度的演变情况，参见杨奎松：《中华人民共和国中华人民共和国成立史研究 1》，南昌：江西人民出版社 2009 年版，第 424—442 页。

③ 高远戎：《“大跃进”期间的资产阶级法权讨论及影响》，载《中共党史研究》，2006 年第 3 期。

工作能力吃饭，而是靠资格、靠权力，干群之间的关系犹如猫鼠或父子；二是正常的上下级关系、工资制度。他认为对于前者要破除，对于后者必须保护。① 毛泽东意识到科层制度与"官气"、官僚主义不同。"官气"、官僚主义要反对，科层制度及必然的分化无可避免，因此不得不"保留"。但"保留"不等于"接受"，更不等于许可其长久存在。"保留"的措辞反而让人听出了"不得不"的弦外之音，让人感觉到一俟时机成熟就"破除"的决心。而现实证明毛对科层官僚制度在现代社会的发展、存在的规律认知不足，对于如何调动其积极因素、如何运用法治和宪政化解其消极因素的认识是有局限的；更为关键的是毛对于依靠人治、运动治理与大民主的方式对抗科层官僚制度的极高风险估计不够。而一旦在策略上倚重人治与运动治理，更强化了他对官僚科层制（部分地与高等教育系统有密切关联）以及"高等"教育的不信任，发展到极致就是从法律与制度的工具主义最终走向法律虚无主义，大学"只办一个阶级斗争专业"；科层制与专业化也可能随时演变为毛眼中的"官气"和官僚主义而无法被容忍，最终付出因噎废食的惨重代价。

1959 年初，"破除资产阶级法权"的大范围讨论偃旗息鼓，但毛关于社会主义理想社会组织蓝图和政制安排的构想却日益成型。他构想的社会主义理想社会是"逐步限制社会分工和商品生产、逐步限制按劳分配物质利益原则、在经济上自给自足或半自给自足的社会组织"，这是一种"带有空想色彩的以平均主义为特征的社会主义构想"。② 这种构想既是他所设想的中国社会应达到的目标，也是他在纠正"大跃进"和人民公社化运动"左"的错误时不能触碰的底线；这种思想在"大跃进"和人民公社中初见端倪，以后逐步发展，直到发动"文化大革命"。③ 在这样的框架下，虽然"破除资产阶级法权"的宣传攻势减弱，但"资产阶级法权"却成了一个标签和极"左"路线手中的利器。

1949 年，旧政权颁行的法律被废止，其中也包括了《大学法》与《学位法》在内的一系列教育法律。随着政权逐渐稳定，培养高级专门人才、开展对外交往的需要日益迫切，重建学位制度迫在眉睫。1955 年 9 月国家成立十三人组成的"学位、学衔、工程技术专家等级及荣誉称号等条例起草委员会"，但不到一年时间 (即在 1956 年 6 月) 却停止工作；1962 年十一人"学位、学衔和研究生条例起草

① 《毛泽东文集》(第 7 卷)，北京：人民出版社 1999 年版，第 449 页。

② 中共中央党史研究室（胡绳主编）：《中国共产党的七十年》，北京：中共党史出版社 1991 年版，第 418 页。

③ 高远戎：《"大跃进" 期间的资产阶级法权讨论及影响》，载《中共党史研究》，2006 年第 3 期。

小组”成立，但条例草案在上报中共中央、国务院审核后即陷于停顿。[①]1976年“文革”结束后，教育界拨乱反正的第一件工作，就是恢复高考，第二件工作就是在50、60年代学位条例起草小组工作的基础上尽快从速颁行《中华人民共和国学位条例》(以下或简称《学位条例》)。1981年颁行的《学位条例》因而成为共和国最早颁行的教育法律。学位制度、学衔制度是现代高等教育最为重要的、基本的和核心的制度，它们的确立对于高等教育的平稳发展具有重要意义，而其遭遇波折不能不说与高层的关于平等、法权的观念有莫大关系。同时，整个新中国法律制度发展走过从法律实用主义、法律虚无主义到法律工具主义的坎坷道路，至今健全法制与法治理念的建立[②]仍然还需要付出极大的努力。以上种种如果被简单地贬斥为人治或封建思想残余作用，并作简单归因，显然是肤浅的。但它的真正原因又是什么呢？它留给我们的启示和教训又是什么呢？回答这些问题需要哲学、法学、政治学、社会学与复杂性理论的多学科视角和学科交叉思维。

1998年，胡绳八十自寿，戏作一铭，曰：“吾十有五，而志于学。三十而立。四十而惑，惑而不解，垂三十载。七十、八十，稍知天命。二十一世纪，略窥门庭。九十无望，呜呼哀哉，尚飨！”胡绳的老朋友龚育之做如是之评价：前三句与孔夫子的话完全一样。十五岁那年，他就跟同学们一起筹办纪念马克思逝世五十周年的活动，算是“志于学”。三十岁写出《帝国主义与中国政治》这样一本至今还站得住的马克思主义历史著作，应该算是“立”起来了。接下去就不同了。孔夫子是“四十而不惑”，胡绳则是“四十而惑”。胡绳四十岁那一年，正是“大跃进”“大炼钢铁”“大办人民公社”的1958年。面对“大跃进”而惑，对于胡绳，那是必然的。正如胡绳自己所说：“从1957年以后，我越来越感到在我的写作生活中从来没有遇到过的矛盾……为顺应当时的潮流，我写过若干与实际不符合、在理论上站不住的文章。写作这样的文章加深了这种矛盾。由于这种矛盾，我在写作的方向和目标上感到茫然。这样，写作就越来越少，而且在‘文化大革命’爆发前几年中完全放弃了写作。”[③]

从十七岁到三十岁的十多年间，胡绳发表宣传马克思主义的文章和著作达一百

① 马齐彬等：《中国共产党执政四十年(1949—1989)》，第102页、第210页。

② 新中国法律制度发展历经法律实用主义、法律虚无主义、法律工具主义等阶段，相关描述参见江平：《从法律实用主义到法律理念主义——中国30年法治进程再思考》，中国政法大学燕山大讲堂(2008年5月10日)。

③ 龚育之：《胡绳的困惑》，载《百年潮》，2001年第2期。

多万字。但在人生历练渐趋丰厚、本应“四十不惑”的胡绳，却不得不逐渐放弃写作，因为他感受到“从来没有遇到过的矛盾”。时代的局限、历史的偶然、造化的戏弄，凡此种种都加剧了胡绳的困惑。但这种困惑不仅仅是胡绳个人的。就胡绳个人来说，他能在人生走向七十、八十的时候写下“天命难知频破惑，尘凡多变敢求真”的诗句，是他个人之大幸；劫后余生仍保有“求真”之志，则鼓舞后人在“求真”路上不停步。

第二节 权利、权力与法权

胡绳所遇到的困惑并非他个人的问题，而是国家建设所面临的矛盾与困境。对于合理的差等，首先应该把它们视为权利（特别是个人权利）给予法律的保障，继而对即使是合理范围内的差等所导致的权力分化加以法律的限制和规范，这是解决困境的唯一可行路径。这就需要一种能够承认个人权利合法性并对权利与权力关系加以平衡的国家理论，需要一个廓清权利与法关系的法权学说，需要一种在人治、法治与德治之间有所决断的选择——它们最终的交汇点都在“法权”这个国人既陌生又熟悉的概念上。今天，对“法权”这个处于历史与现实、理论与实务交汇点的重要概念加以严肃认真的审视，是我们的机会所在。

权利与法律 要理解法权，首先要理解权利与法律的关系。一般来说，权利可以解释为“站在一定的立场上，一个人对于他所应得应享有东西的要求”。[①] 权利，也就是一个人对他“所应得应享有东西要求”的正当性。权利的重要属性是其作为法律权利的属性。因为一旦需要用某种制度来明确、保障和救济一个人“所应得应享有东西”的时候，就没有任何一种制度能够像法律那样具有如此稳定的可预期的功能，从而满足这种需要。从语用学词源追溯的角度看，法律与权利两义一形的情形就表明了这种关系的客观存在。张知本就曾经用不少西方国家语言中权利和法律两义词形相同这种情况来证明法律与权利之间的客观联系。他发现，在绝大多数欧洲语言中，法律一词与权利一词的写法是相同的。拉丁语的 jus，德语的 Recht，意大利语 diritto，西班牙语的 derecho，斯拉夫语的 Pravo，都是既指约束人的法律规则，又指人人都宣称的属于自己的法律权利。这种重合并非偶然，它们恰恰表明法

① ［美］汤姆·L. 彼彻姆：《哲学的伦理学》，雷克勤等译，北京：中国社会科学出版社 1990 年版，第 291 页。

律和权利之间至少在以下两个方面存在深层联系：首先可以说一切私权利都源于法律秩序，其次可以说法律秩序在某种意义上就是得到协调的法律权利的集合体。[①]尽管道德权利论者认为权利源于道德，除了得到法律确认的权利之外，还有以道德形式存在的权利，但现代进程似乎更证实了权利是现代法治的产物，没有变成法律代码的权利不仅在认知上具有高度的不确定性，而且在行动上也苍白无力。因此，权利需要法律化，而只有被法律化的权利才是真实和可操作的权利。[②]更进一步地说，法律的存在亦需要以权利厘定和实现为条件。德国法学家耶林（Rudolph von Jhering，1818—1892）对权利的定义典型地阐述了权利与法的关系，他认为：权利不外是在法律上受保护的利益（Das Recht selber ist nichts Anderes als ein rechtlich geschütztes Interesse）。[③]在 1872 年 3 月 11 日的那场名为《为权利而斗争》的著名演讲中，耶林对法与权利的关系做了形象的比喻，他说，权利的实现需要抗争，但是如果个人没有勇气去争取权利，那么法律就是空头支票而已。[④]法律以权利为重心、为逻辑起点，甚至为目标的观点，后来发展为权利本位的法律观和法律范式。

对于传统中国人而言，并不是一开始就能接受法律权利本位之类说辞的。对于那种与私人自主相互联系，并以法律为制度基础的“权利”，国人不仅感到生疏，而且有时把它等同于个人的“自私自利”加以排斥。权利观念与现代法律观念基本上是 17 世纪至 18 世纪西欧社会发展的产物，是随这一时期的资产阶级革命和资本主义制度的建立而萌发的。一批启蒙思想家在顺应市民社会自由、平等、天赋人权等新价值观念的同时，也通过现代性理论为新时代的政治、法律秩序进行论证与规划。这些思想中，最重要的两条，一是通过人的自然本性论推导出自然法与自然权利（后来被称为“人权”），一是由社会契约论推导出人民主权，它们都与对权利或权力的理解密切相关，都既是法律的理论，又是政治与国家的理论。可以说我们今天熟知的平等的理论、民主的理论、自由的理论、法治的理论和代议制的理论，都是这个时期资产阶级思想家们的发明。[⑤]虽然他们的理论是奠基性的、范式性的，但它们留下的漏洞与现代社会本身面临的问题交互回荡，为漏洞打的补丁，又造成

① 童之伟：《法权与宪政》，济南：山东人民出版社 2001 年版，第 92 页。

② 高鸿钧：《走向交往理性的政治哲学和法学理论（下）——哈贝马斯的民主法治思想及对中国的借鉴意义》，载《政法论坛》，2008 年第 5 期，第 57 页。

③ [德] 鲁道夫·冯·耶林：《为权利而斗争》，郑永流译，北京：法律出版社 2012 年版，第 87 页。

④ 同上，第 62 页。

⑤ 徐爱国：《西法肆言——漫话西方法律史》，北京：北京大学出版社 2009 年版，第 10 页。

新漏洞，依次循环往复，“现代”不仅走上“不归路”，而且无论是早生原发现代国家，还是被动向现代转型的后发国家，都是前路多艰险，难言一马平川。现代性理论留下的最为重大的悬疑之一，就是人权原则与人民主权原则的竞争与平衡问题。法权观念试图解决这个问题，并提出修补方案，但仍然留下不少缺憾。不过，人权观念、人民主权观念与法权观念对社会现实进程的影响却已经留下深刻的印记。为了对这些观念及其实践做出公正评价，我们不得不回过头重新检视人权与人民主权的分野和矛盾是如何产生的。然后再讨论何为“法权”与法权哲学，及其与权利、权力两个概念之间的关联。

自然权利（人权）与人民主权 自然权利来自于人性推论与人作为人的尊严，而人民主权则来自于人民渡让自然权利时的法律约定。在整体意义上人民主权是现代社会最高形式的权力来源，是基本的政治原则，也是基本的法的原则，两者合二为一，即为宪政原则。这时的人民主权是超越于一般权利、超越于一般法律的宪政原则。

社会是由人构成的，因此讨论并规划社会政治与法律制度离不开对人性的洞察。有什么样的人性就有什么样的制度，这是启蒙思想家们秉持的前提。以此为出发点，他们认为在现代文明社会之前的野蛮社会阶段，人们完全处于一种无政府的自然状态。在这样的状态下，没有国家，没有政府，没有法律，没有商业，也没有文明，人们依照本性来行动。而人的本性中既有不好的一面，又有好的一面。不好的一面，是人们互相猜忌、竞争、唯利是图、爱慕虚荣，所以人和人之间就处于“永无休止的战争状态”，遵循的是“丛林法则”，这些是霍布斯（Thomas Hobbes，1588—1679）特别强调的。人性好的一面，则是卢梭所看重和强调的那一面——有同情心和怜悯心，人和人之间总存在一种脉脉含情的关系。卢梭(Jean-Jacques Rousseau，1712—1778）甚至因此认为自然状态在某种程度上是人类的黄金时代。因为彼时人类没有政府、没有法律，人们可以做愿意做的事情，不被强迫做他不愿意做的事情，人们有普遍的自由和权利。从原初状态出发可以得出以下结论：首先，一个人作为一个生理上的人，是一个生物，或是一个存在物，因此，他也就有他的生存和发展的权利。这种权利是他成为人就具有的权利，不依赖于外在的任何权威和理论，也就是说人具有生命权，一个人的生命是神圣不可侵犯和不可剥夺的。其次，人具有自由权。人不同于动物，他能够思考问题，作为具有理性的存在物，他有权利按照自己的意愿去做自己愿意做的事情，他不受任何外在的束缚，应该受到他人的尊重；再次，人具有财产权。人们有通过自己的劳动来获取物质财富的权利，有维持和享受自己生活的权利。最后，在自然状态下，当别人侵犯我的权利的时候，我可以采取任何报复手段来惩罚侵犯我的人。这些权利被启蒙学者们称为一种自然状态下的权利，也就是所谓的自然权利。我们以前把这套权利学说叫作“天赋人权说”，但是因为“天”的概念只在中国才有，西方只有自然的概念，所以“人权”的概念保留下来，而“天赋”的说法为“自然状态”所取代。统而论之，启蒙思想家为平等、自由的价值观念和权利进行初步的正当性论证，权利也开始成为后续政治哲学和法哲学架构国家和法律制度时绕不过去的坎。

不管人性是好是坏，人类的野蛮时代毕竟是暂时的和有待发展的，因为没有工业的发达、没有商业的繁荣，人们的生活是短暂的、龌龊的、卑鄙的，人类必须要向前发展，发展到一种文明社会，也就是必须从一个没有国家、没有法律、没有政府的社会变成一个有国家、有法律、有政府的社会。从野蛮时代进入到文明时代，其中介的方式是社会契约。在他们看来，自然状态下的每一个人通过社会契约的方式成立了国家，建立了政府，然后颁布了法律。这套理论称为社会契约论。通过这种社会契约，每一个人把自己在自然状态下的权利全部地或者部分地让渡出来，交给一个社会形成一种公共的权力。个人的和私人的权利集合而成一种公共的权力，也就是国家权力。他们的理想是：个人的私人权利转变成了一种公共的权力，公共权力反过来保护每一个人的权利，契约乃是国家和法律建立的一种方式。从自然状态到自然权利，再到自然法最后到社会契约，17 世纪至 18 世纪的思想家们提供了一种初步具有系统性的国家理论和法律理论。国家就是一种社会的契约，契约论下的国家，可以是代议制，也可以是直接民主制，两种形式都是人民主权的表现。这个国家的最高权力交给人民的代表，称为代议制；交给人民全体，称为直接民主制。依此前提，国家只是一条“看家狗”——政府与国家的角色是一条狗，狗的主人就是国家的人民。[①] 用林肯 (Abraham Lincoln，1809—1865) 的话说，政府来源于人民，服务于人民最后回到人民中去。人民当家做主，这就是人民主权。国家的最高权力属于人民，这就意味着国家大事由人民说了算，它并非自上而下的，而是自下而上的。统治者的权力和国家的权力来自人民的授权，这是西方现代社会的一个根深蒂固的观念。当一个政府不再为人民谋福利的时候，这个政府就不应该再存在下去。

① 徐爱国：《西法肆言——漫话西方法律史》，第 10 页。

人民有权利起来推翻现有的不为人民谋福利的政府，而建立一个新的为人民服务的政府。这被称为暴力革命的理论，洛克（John Locke，1632—1704) 和卢梭都有类似的提法，也为 19 世纪的马克思（Karl Heinrich Marx，1818—1883）所吸收。[①]

无论是霍布斯的“自然状态论”，还是卢梭的“社会契约论”都是对现代国家、现代法律和政治产生之前状况的一种虚拟。这些虚拟一方面论证了现代性的某些原则，强化了它们的规范性，对现实也产生了深远的影响，例如它们就对建立一套约束国家权力和公共权力的分权制度和宪法制度起到重要作用；但另一方面来说，现实总是复杂的、变化的，因此理想化的理论也就面临不少悖逆，包括理论自身的逻辑自洽性悖逆、理论与现实的悖逆、目标与手段的悖逆。在哈贝马斯（Jürgen Habermas，1929— ）看来，以 (恣意的) 主体行动自由为内容的私人自主与关切共同福祉的公共自主之间的矛盾关系，无论是霍布斯、还是卢梭抑或康德（Immanuel Kant，1724—1804）的法权理论都未能给出合理的解释和缓解的方案。哈贝马斯认为从摆脱自然状态到通过社会契约达成合作，必须符合两个条件：一是人们必须学会采用他人的视角，把自己置于同他人的相互关系中，彼此承认自由和权利，但只有在社会状态下才能具备这个条件，霍布斯所描述的“自然状态”中的人根本不会采取这种他人的视角；二是缔约各方必须采取社会的视角，也就是主体合作互动的视角，而“自然状态”中从私利出发的单个主体也不会采取这种视角，所谓“己所不欲，勿施于人”这个自然法则实际上本应是社会状态中才会有的道德原则。[②] 由此可见，从自然状态过渡到社会合作，从私人自主过渡到公共自主，从私人权利过渡到公共权力是充满矛盾和悖逆的。这个矛盾在现实中的集中体现，就是公共权力的拥有者，作为人民权力的代理人，在获得个体权利渡让、人民的授权后，是否真正地能为人民权利（包括个体权利）的实现正确地行使公权力，而不是侵害个体权利。正如哈贝马斯所认为的那样，自然权利原则与人民主权原则之间实际上出现了一种竞争关系，这种竞争又交织着自由主义与共和主义、人的自我决定与人的自我完成、个人生活（人格）与集体生活（人格）、个人道德与共同体伦理、道德原则与民主原则之间的竞争。它们能被和谐、平衡地安置于一个政治法律制度中，是包括法权哲学在内的法哲学与政治哲学理论努力的目标。

---

① 徐爱国：《西法肄言——漫话西方法律史》，第 10 页。

② 郑永流主编：《商谈的再思——哈贝马斯〈在事实与规范之间〉导读》，北京：法律出版社 2010 年版，第 85—86 页。

法权哲学与法权　法权哲学是对权利（包括人权与人民主权）的正当性和合理性加以辩护的哲学，同时也是对人权原则与主权原则关系加以诠释，对两者加以平衡、协调的理论。那么什么是法权呢？要说明这个问题，还是要追溯到词源。法权的概念，首先出现在德语世界。[①]Recht 一词，在德语中，同时兼有“法”“权利”和“正当性”的含义。它不是具体权利，也不是实证法，这种综合的内涵，翻译过来，只能是“法权”。法权是一种在法的框架下的权利与权利的关系（此时称为“法权关系”），或者说是关于正义缘起及权利与公正关系的学说（此时称为“法权哲学”），或者泛指法的现象（此时称为“法权现象”）。Recht 的复杂含义，确实令中文读者感到非常难于把握，到底是把它表述为“权利”还是“法权”，亦或其他，也曾经产生过激烈的争执。Recht 有明显超越于权利之外的内涵，翻译为“权利”肯定不妥当，但翻译为“法权”，又未免令人感觉生涩，因此 2000 年，也有学者用“法（权利）”这样一种特别的办法来对译 Recht。

1956 年为开展法权讨论而编辑的莫斯科中文版革命导师经典论述片段中，Recht 被翻译为“法权”。翻译为“法权”可以使得这个词汇与具体权利和具体利益的表述区别开来，凸显这种讨论背后深邃复杂甚至晦涩难懂的先验的理性主义法哲学思考——这层含义远非“权利”所能涵盖，非“法权”不足以信达地迻译。1958 年起时断时续的“破除资产阶级法权”意识形态论辩，与现实中乌托邦式激进路线配合，“资产阶级法权”被标签化。这也反映了外来思想迻译与运用的背后具有超越于简单文字翻译的一面。1976 年“文革”终结，当年 12 月 12 日的《人民日报》就发表专论，指出 Recht 应该译作“权利”，把 Recht 翻译为“法权”不妥当。尘埃落定，回头看，需要切割的是作为极“左”路线话语体系的“法权”与作为法哲学思想正常概念的“法权”及法权观念，而不是语词迻译出现了问题。今日学术界以“法权”迻译 Recht 已经是通行的做法。

其实，“法权”，接近于法学通说中的“广义的权利说”所指。美国法学家庞德指出，“广义权利”有六种含义：一是利益；二是利益加保障它的法律工具；三是狭义的法律权利；四是权力；五是自由权；六是特权。“广义权利说”的要害是把权力也看作是一种特殊的权利，如实反映了在法定利益层面上，权力与狭义的权利能够直接还原为无差别的存在所具有同一性。一直以来，法理学界是接受“广义权

---

① ［美］汉娜·阿伦特：《康德政治哲学讲稿》，曹明等译，上海：上海人民出版社 2013 年版，第 16—17 页。

利说”的；不过，法权概念更为简洁紧凑，它的形成和运用，实际上有助于结束法学论述往往不自觉地混淆权利和“广义的权利”的历史，提高法学概念的准确性和法学研究的科学性。

不同时代、不同社会条件下，人们对法权的定义有不同的侧重点。如何给法权下一个周全的定义，这仍然是一项困难的工作。费希特（Johann Gottlieb Fichte，1762—1814）认为，所谓法权，是“关于自由存在者彼此必然关系的概念”；所谓法权关系，就是“每个理性存在者都必须在自己用另一理性存在者的自由限制自己的自由的条件下，用那个关于另一理性存在者的自由的可能性的概念，来限制自己的自由”。康德认为，法权就是“一个人的任性能够在其下按照一个普遍的自由法则与另一方的任性保持一致的条件的总和”。科耶夫 (Alexandre Kojeve，1902—1968）在《法权现象学纲要》[①] 中使用类型学方法与行为主义方法，诠释“法权现象”。经过他的一番演绎，“法权现象”几乎就等同于“法现象”。区别仅在于对“法权现象”的解释是从权利视角开始，以探求正义缘起为中续，最后落实在法权与法的实现必须仰赖一套“不偏不倚的第三方”的制度架构上。我国学者给出的法权定义有：(1）法权实质上是法律承认和保护的全体国人整体利益的法学表达；[②]（2）法权，就是反映在法哲学上的，由法律承认和保护的全部利益，具体表现为各种法定之权。[③] 所有对法权的定义的共同点在于，法权不是具体的权利，而是关于权利与其他权利之间关系的法哲学的抽象和理论的论说。这就不难理解，“法权”常常需要与表示理论、观念的词汇一起连用，常见的搭配包括“法权原则”“法权哲学”“法权视界”（马克思的使用）、“法权关系”等。本文将以上种种统称为“法权观念”。法权观念，就是以处理权利问题为核心的、为基础的各种法哲学。因为权利问题在现代政制中是具有相当高度与较广覆盖面的议题，因此法权观念实际上不仅在法哲学中具有重要地位，而且在整个国家政制理论及思想中具有不容忽视的影响力。理由如下：首先，权利与法律、法治相伴随，没有法律与法治，谈权利是一种奢谈，开的是空头支票，但是权利并不是被动地等待法律与法治的单向度影响。权利观念，尤其是与国家政制哲学联系密切的、更为抽象的法权观念，会反过来影响到对法律与法治的信仰，影响到国家法治道路的最终确立；其次，国家政制

① [法] 亚历山大·科耶夫：《法权现象学纲要》，上海：华东师范大学出版社 2001 年版。

② 童之伟：《法权与宪政》，济南：山东人民出版社 2001 年版，第 23 页。

③ 亓同惠：《法权的缘起与归宿——承认语境中的费希特与黑格尔》，载《清华法学》，2011 年第 6 期。

哲学倾向于怎样的法权观念，往往取决于对自由、平等、民主、正义、权利等价值的排序，并通过在地化的制度安排来加以实现，法权安排是所有价值观念的一种统整、一种具体化（比如说，它可以通过教育制度安排加以落实）；最后，权利的最终实现与对权力的授权和控制分不开，成熟的法权观念对权利与权利、权利与权力加以平衡，是对法治思想的一种丰富。

康德晚年完成的《法权论的形而上学初始依据》，通过人的实践理性与权利关联以及把人定义为一种立法性存在（a legislative being）的探讨，确立了法权概念。康德认为法权就是“一个人的任性能够在其下按照一个普遍的自由法则与另一方的任性保持一致的条件的总和”。[①] 人是自己的立法者，因为任何人都不会对自己不义，他对自己总是最公正的。因此解决一个人的理性能力和立法能力是使个人为自己确立行动准则，并通过这个准则协调与他人的关系的关键。法权可以划分为自然法权与公民法权，也就是私人法权与公共法权。[②] 对于公共法权，康德说，一个国家就是一群人在法权原则之下的联合。[③] 一切法权都出于立法权，理论上来说，立法权不应该通过其法律对任何人不义。但是不是所有的立法都能切实地体现普遍联合的人民意志，康德的解释，在哈贝马斯看来，还是不够彻底的。[④] 显然，仅凭借意识哲学理性主义的法权理论去化解自然权利与政治统治的矛盾、化解私人立法与公共立法的矛盾、化解个人权利与公共权力的矛盾，还是远远不够的。问题的进一步解决还需要对权力行使（即社会支配类型）现实状况的经验分析。而对人类权力现象进行现实视角与经验类型化分析来说，最为突出的学者就是马克斯·韦伯。韦伯最为重要的学术贡献之一，就是对基于知识和专家权威的科层官僚权力崛起的揭示与剖析。高等教育哲学的政治论与认识论无法回避科层官僚与专家权威这样一个社会学与政治学问题。

社会分工条件下专家权力的崛起　韦伯认为权力的描述定义可以这么来下：权力意味着一定的社会关系，是哪怕遇到反对也能贯彻自己意志的机会和能力，而不论这种机会与能力以什么为基础。尽管现代社会与自然法理论构造出自然权利和人权概念，以至于公共权力必须以人民权利为基础，为源泉，为了人民权利必须抑制

① 李秋零主编：《康德著作全集（第 6 卷）》，北京：中国人民大学出版社 2007 年版，第 238 页。
② 同上，第 251 页。
③ 《康德著作全集（第 6 卷）》，第 323 页。
④ 参见 [德] 尤尔根·哈贝马斯：《在事实与规范之间：关于法律与民主法治国的商谈理论》，童世骏译，北京：生活·读书·新知三联书店 2003 年版，第 34—39 页。

公共权力，但无论怎样，权力的实质仍然是支配者与被支配者关系，而支配者和权力是一种现实的存在。韦伯写道：

> 支配者及其行政干部表面上看起来是被支配者的公仆或代理人，这个事实当然不足以否定支配的本质。往后我们将讨论所谓“民主政治”的实质构成要素。无论如何，任何我们想象得到的制度，都不能没有权力——即使是最有限的——来发号施令，因此，就有支配。①

在韦伯看来，即使在人权与民主原则之下，也仍然存在 A 对 B 的强制和支配关系。A 对 B 发号施令，要 B 作为，B 不得不为即权力。人类社会，自古至今，正当性支配的基础有以下三种类型：

（1）理性。确信法令、规章必须合于法律，以及行使支配者在这些法律规定之下有发号施令之权利。这种在理性基础上的支配类型，就是法理型支配（Legale Herrschaft）。

（2）传统。确信渊源悠久的传统之神圣性，及根据传统行使支配。在传统基础上的支配类型，就是传统型支配（Traditionale Herrschaft）。

（3）卡里斯玛。卡里斯玛支配类型（Charismatische Herrschaft）足以对个人，及他所启示或制定的道德规范或社会秩序之超凡、神圣性、英雄气概，或非特质的献身或效忠为基础的。个人特质就是这种支配类型的基础，被支配者服膺于支配者的个人特质。②

韦伯虽然并未直接分析支配者支配行为与权利及法权的关系，但他以政治社会学视野对三种支配类型（亦即权力模式）运行机理的分析，为理解法治状态下权力与权利关系提供了开阔深远的背景。三种支配类型——卡里斯玛支配类型、传统支配类型和法理型支配——与现实社会的治理模式有高度的对应关系。例如，卡里斯玛支配类型就是人治的基础，法理型支配就是法治的基础，而传统支配类型则有可能是德治或礼治的基础。在人治、传统治理和法治三种类型的支配模式与治理模式中，只有法治模式具有权利和法权的完整话语体系，因而也是最为晚近，最适应现代需要的治理模式。但是，这并不意味着卡里斯玛支配类型与人治、传统支配类型

---

① [德] 马克斯·韦伯：《经济与历史 支配的类型》，第 296 页。

② 同上，第 297 页。

与德治礼治就消失殆尽了。用韦伯的话来说，就是“每一个有关支配的历史现象”并非如“一本摊开的书”那样一目了然，每一种支配类型本身有多种形式或变形，一个社会也可能交织存在多种支配类型。[①] 韦伯本人就因为对现代官僚制及科层制抱持一定的谨慎态度，而对与前者关系密切的法理型支配形式也并未做简单而肤浅地肯定。

在韦伯看来，现代社会分工条件下，支配者已化身为各个领域的专家和科层官僚，他们的权力来源一方面是其占据的公共职位，但另一方面来源于因其长久浸淫于某个专业领域而获得的专业知识。现代社会，专家（科层官僚）权力的膨胀，主要体现在三个方面：

（1）渗透在各种社会组织中。教会、国家、军队、政党、盈利企业、利益团体、基金会、俱乐部，以及司法系统、医院、学校都是按照科层制、官僚制运行。以至于可以说，“官僚组织的发展是现代西方国家的根源”，官僚行政系统之所以扩散到各组织中，有超强渗透力，就是因为专业知识在现代科技及经济生产企业技术中的不可或缺性。[②] 经济活动与科技理性化带动了社会各种组织的理性化。

（2）专业权力有自我增殖的倾向。一方面，专业性的知识本身足以保证非常的权力地位。另一方面，官僚组织，或利用官僚组织的支配者，又可能以处理政治事务所累积的经验和知识，来增强其权力。他们通过其职位的运作可了解许多事件的真相，并且得以接近许多只对他们开放的资料。“职务机密”是追逐权力的产物。[③] 韦伯强调，专业权力自我增殖的情形非常突出，以至于只有资本家才能多多少少避免受理性的官僚知识控制，其他所有人都不可避免地受制于官僚系统的控制。[④]

（3）专家权力超越意识形态与社会制度。韦伯认为，没有了官僚制度，资本主义确实不可能发展，但是任何理性型的社会主义也同样不可能没有官僚制度，而只能接收它，并增加其重要性。[⑤] 事实上，社会主义比资本主义可能需要更高程度的形式官僚化。[⑥] 如果在社会主义，没有官僚化的制度，那么将暴露出另一个根本的非理性因素——形式理性与实质理性之间的冲突。[⑦] 在韦伯看来，任何一种支配现

① [德] 马克斯·韦伯：《经济与历史 支配的类型》，第 299 页。
② 同上，第 311 页。
③ 同上，第 313 页。
④ 同上，第 314 页。
⑤ 同上，第 312 页。
⑥ 同上，第 313 页。
⑦ 同上，第 313 页。

实的策略都蕴含了朝向提高绩效的价值尺度，而科层官僚支配是在制度上最能够契合于这种价值的一种发明。科层官僚制在韦伯看来，属于一种既不值得去歌颂美化，也不需要如马克思所强调的那样必须摧毁破坏的制度。①

综合以上三方面，基于专业权威的官僚权力极大膨胀，而他们又与现代社会之工具理性有机结合，势头很猛，看不到遏止的可能，使得韦伯对近现代社会抱持一种谨慎的态度，他把现代社会的这种状态称为“理性的铜墙铁壁时代”。而这个“铜墙铁壁”的内核之一就是基于理性化的专业权威的科层官僚权力，“铜墙铁壁”是包裹这种权力免受约束的防护，而不是约束权力的“铁笼子”。科层官僚权力确实具有以往支配者权力所不同的特点：现代社会分工条件下，各个领域的专家和科层官僚，他们的权力来源一方面是其占据的公共职位，但另一方面来源于因其长久浸淫于某个专业领域而获得的专业知识。如果说第一方面的权力来源是因自然权利让渡产生的公共意志和公共自主，因而必须服膺于人民主权，那么第二方面的权力来源就不能单纯地归于公共意志和公共自主，因为在占有某个专业的公共职位之前，个体已经通过较高等教育或必须通过较高等教育进行先期的专业学习投入，为胜任专业的公共职位做准备，这就造成这一部分权力来源的复杂性。这一部分权力来源包含了个体通过智力努力所获得的知识产权，这样的个体权利与公共职位所赋予的权力和权利矛盾地统一于具体个人身上。所以对专家权力和专业科层官僚权力加以约束的法理学和政治原理还不能停留于社会契约论与民主原则。但在韦伯的有生之余，他未能完成自己要讨论“民主政治实质构成要素”的全部计划，他所看到的是专家权力的无限膨胀趋势——尽管这种权力总的说来已经被纳入法治范围，即支配者（专家或“上级”科层官僚）自身也得服从于一套无私的法令和程序，“他的决定和对下属的命令，都受到这项秩序的指引”。②

韦伯的忧惧，经过历史发展检验证明，并非杞人忧天，而是如炬洞识、真知灼见。但科层官僚权力是否就真的无法控制，无法被装进“铁笼子”，无法受到制约呢，可否把希望寄托于卡里斯玛型人治或传统型德治呢？事实上，共和国六十多年来所走过的曲折道路，说明以人治和传统型治理（包括德治和运动型治理）对抗科层官僚制的思路和尝试必然失败，其结果正如现实所昭示的那样，法治仍然是唯一稳定的、可行和主要的能把科层官僚手中的公权力关进笼子里的治理模式，因为只

① [德]施路赫特：《理性化与官僚化——对韦伯之研究与诠释》，顾忠华译，第123页。
② [德]马克斯·韦伯：《经济与历史 支配的类型》，第301页。

有法理型支配与法治模式唯一具备了权利意识与权利话语体系，这是唯一可与所有支配权力（包括卡里斯玛来源的权力和传统基础来源的权力）相抗衡的话语体系。依法治国的法治之路，在今天仍然前路多艰险，行之不易，其内在的阻力就有部分来自钱理群先生所批评的“精致利己主义者”[①]和既得利益者。而他们与高等教育系统和专业教育的联系，时时提醒高等教育系统的内里人士必须保持足够的警醒和反思。但正如我们不能因为部分接受高等教育者成为“精致利己主义者”而否定高等教育一样，也不能因为科层官僚制与法理型支配的关联，而否定法治、否定法理型支配。

这样看来，哈贝马斯所指出的现代社会相互竞争的人权原则与民主原则、自然权利原则与公共权力原则的平衡，就不能仅在法律和法理学框架内得到彻底的讨论与解决，还需要扩大到政治的范围。法权，位于法与政治的交结点，最终表现为某种宪治理论和国家哲学。尽管直到今天法权哲学家们仍然未能很好地就这个问题给出令人满意的答案，但至少他们提出问题，找到一个把政治与法协同探讨的命题和思想路径。当然，韦伯政治社会学理论的重心，仍然在于政治权力的几种类型及其支配基础，不过，他从经验研究视角所见，毕竟与意识哲学的视角所见有极大不同，法理型支配条件下科层制及科层官僚问题的阐发，更是直击现代社会功能分化状态下支配者权力约束问题的要害。

理论上说，现代法治社会，权力是权利的一种特殊形式，公共权力更是服务于权利、来源于权利的特殊形式。但现实中权力则是积极或消极地挤压、对抗权利的主要力量。现实的矛盾反映在理论上就是权利与权力包涵关系的套套逻辑和悖论。

① 钱理群在多个场合批评大学培养了“绝对的、精致的利己主义者”。他指出：“我们的一些大学，包括北京大学，正在培养一些‘精致的利己主义者’，他们高智商，世俗，老道，善于表演，懂得配合，更善于利用体制达到自己的目的。这种人一旦掌握权力，比一般的贪官污吏危害更大。”（2012年5月3日，《中国青年报》，转引自 http://news.sohu.com/20120503/n342213439.shtml，浏览时间 2015年6月5日）；在更早一些，他批评现行教育正在培养“绝对的，精致的利己主义者”，“所谓‘绝对’，是指一己的利益成为他们一切言行的唯一驱动力，为他人、社会所做的一切，都是一种‘投资’；所谓‘精致’，是指他们有很高的智商、教养，所做的一切在表面上都合理、合法，无可挑剔；同时，他们又惊人的‘世故老成’，经常作出‘忠诚’的姿态，很懂得配合，表演，最善于利用体制的力量，最大限度地获取自己的利益，成为既得利益集团的成员，因此，他们要成为接班人，也是顺理成章的”。（http://www.360doc.com/content/13/0325/19/21412_273864197.shtml，浏览时间 2015 年 6 月 5 日）。钱理群的观察与当年韦伯的忧虑，有相通之处。当然也有人把钱理群的观点理解为对大学生的一种偏见，因而并不认同或不完全认同“精致利己主义者”的提法。但很明显，钱理群的批评针对的是利用体制的漏洞与不成熟为个人谋取利益者，以及为保全个人利益甚至不惜阻滞体制变革的人。这些人因为有学术文化的背景，头顶精英院校（名牌大学）镀就的精英光环，其恶行有更大的隐蔽性。

美国法学家庞德罗列了权利的六种含义，这六种含义分别是：(1) 利益；(2) 利益加上保障它的法律工具；(3) 狭义的法律权利；(4) 权力；(5) 自由权；(6) 特权。作为权利之一种情形的权力，如果其本身仍然是支配者与被支配者的支配关系的话，如何令它实然地保障（而非仅限于理念上的应然保障）被支配者权利？作为权利一部分的权力，如何通过自己作为部分的构成保障整体？法权理论大多没有直接而正面地解决这两个难题，但它们仍然是法权理论的核心。法权论说者，自康德、黑格尔至马克思，再到哈贝马斯，都看到了法理型支配形式和以形式法为特征的现代社会隐藏的问题。

套套逻辑引申出的法权哲学问题 马克思认为，法律上的形式平等掩盖着事实的不平等，因此对于按照所有者利益设计并由他们操控的法律制度，只能用革命的方式去完成法律变革。马克思所批评的既得利益者的立法权力，是政治经济学意义上的生产资料所有者（即资本家）的立法权力。韦伯则更为全面地看到日益膨胀而又极难于驾驭的（哪怕是革命也难以驾驭的）科层官僚的立法权力对权利的蚕食。韦伯从科层官僚制与形式法理性的严丝合缝的运行中，看出像铜墙铁壁一样坚实的理性化运行机制，而对未来感到悲观。哈贝马斯则像所有有良知的知识分子那样，敏锐地看到虽然形而上学法哲学对民众个人权利进行了完美论证，“天赋人权”的口号也喊得震天响，但是在现实中，权力与金钱的侵蚀仍然是对民众个人权利和法律体系的威胁。

不过在尼克拉斯·卢曼 (Niklas Luhmann，1927—1998)[①] 看来，诸位先贤对症状的把握和处方本身已成问题。他认为近代社会已经步入功能分化阶段，然而绝大多数学者仍然停留于旧有的“中心论”宇宙图像中对中心已经消散的新社会进行自我描述，这就使得理论呈现出语义比时代“慢半拍”的现象。针对哈贝马斯的方案，他评论说，那种没有强制和压迫的、基于政治平等和表达自由至上的、以达成共识为目标的理想辩论图景，其实是在一种思古幽情左右下为治疗现代疾病而开出的空洞处方。这种寄希望于“共同体”的社会整合力量去对付“社会”系统分化所造成的缺陷的社会处方，其实还没有逃出腾尼斯（Ferdinand Tönnies，1855—1936）关于共同体与社会的区分模式，也没有走出涂尔干（Émile Durkheim，1858—1917）和帕森斯（Talcott Parsons，1902—1979）社会理论中通过社会心灵以及核心价值

① 尼克拉斯·卢曼 (Niklas Luhmann)，德国当代最为重要的社会学家之一。他的自创生社会系统论是本书最为重要的理论资源之一。后续有专门章节对他的理论加以介绍。

观实现社会自我控制的“中心观”老路。[①]

黑格尔（Georg Wilhelm Friedrich Hegel，1770—1831）教导说，哲学作为有关世界的思想，要直到现实结束其形成过程并完成其自身之后，才会出现。因此关于指导世界要如何如何方面，哲学总是来得太迟。“概念所教导的也必然就是历史所呈示的”，“直到现实成熟了，理想的东西才会对实在的东西显现出来”。[②]当社会需要一个闭合的限制公共权力以保障权利实现的法律系统时，法权概念与理论才应声而出。但是社会功能分化条件下的理性规范的发展却又已经超出了传统法权概念赖以产生的“中心观”和大写的整体的理性。相对于社会“去中心化”和“去整体化”的近两个世纪的发展，理论的成熟又显得滞后了很多。理论是在引领现实，还是在追赶现实，这是一个问题。至少我们已经观察到的实际情形是，在多元化、去中心化的时代，一元化的理论与大写理性，已经越来越失去其规范现实的能力。法权哲学在多大程度上描摹现实，又具有多大引领现实的能力，值得人们关注。

总的来看，权利是一个人应该拥有利益的法定资格，法权则是多个权利及其主体之间关系的总和，是对权利的法地位的承认。法权哲学，是对权利（包括人权与人民主权）的正当性和合理性加以辩护的哲学，同时也是对人权原则与主权原则关系加以诠释，对两者加以平衡、协调的理论。法理型支配虽然不直接安排权利和法权，但它对法律规范的重视强化了法律对社会控制的能力，推动了用法律框架协调利益的格局，最终影响到权利的实现。不过，法理型支配中的支配者（科层官僚、专家）本身也有一个既得利益固化的问题，他们中部分人基于专业权威的精致利己主义形象及其实际作为，最终又会引发法理型支配乃至统治权合法性危机。从理论的角度看，在多元化、去中心化的时代，符合社会实际特点的复杂性理论及基于系统论的法哲学将成为新的规范性来源。

第三节 “高等教育系统”之已有研究

伯顿·R·克拉克（Burton R. Clark）于1983年出版的《高等教育系统——学术组织的跨国研究》，是用系统观点研究高等教育的典范。克拉克力图揭示高等教

① 宾凯：《公民社会的历史语义学——基于卢曼社会系统论方法》，《交大法学》，2010年第1期，第129—144页。

② [德]黑格尔：《法哲学原理》，范扬、张企泰译，北京：商务印书馆2013年版，第14页。

育系统的内部要素及结构、高等教育系统与环境的关系，他的高等教育系统理论主要内容包括以下几方面：

（1）高等教育系统独立性增强，从社会边缘走向社会中心。从19世纪末到20世纪下叶，高等教育系统已经成熟，成为现代社会一个相对独立的部门，它已经发展出庞大结构和“有界限的程序”，具备“对某些任务和职能提供一些绝缘作用和强化的盟主地位”。学科知识与社会组织的专业化、官僚化的结合日益紧密，从而推动了更为巨大的组织、部门和强有力的社会行动者，高等教育系统的独立性和能量表现得更为充分。[①] 因为高等教育系统的界线“越过时间和空间”，“蜿蜒曲折，有时扩大，有时收缩”，加上高等教育组织的独特性，人们比较传统的印象，反而是认为高等教育系统越来越依存于社会其他部门，“严重处于从属地位”。[②] 克拉克则通过他对高等教育组织要素的分析，扭转人们对高等教育系统的印象。

（2）高等教育系统的内部要素决定了高等教育系统的独立性与独特性。高等教育系统内部要素从组织视角看具体包括：①由知识的生产与再生产所决定的工作方式；②学术组织的文化价值观念与规范；③学术权力的表现形式与制衡等等。克拉克对高等教育系统的独特要素——学科、专业、院校组织及环绕其间的文化观念和权力分配进行了深描和剖析。他深刻地指出：

> 学科明显是一种联结化学家与化学家、心理学家与心理学家、历史学家与历史学家的专门化组织方式。它按学科，即通过知识领域实现专门化。专业也遵循类似原则，将相同专家汇集一道。但学科（或专业）同样具有综合性，它不是根据所在地点实现专门化，而是形成一个跨地区的行会性的利益团体。尤其它能横跨各院校，将各院校的相同部分联系起来，因此，一个全国性的高等教育系统同样是一批学科和专业……学科的范围也不限于一国的学术系统。[③]

高等教育系统以学科方式进行知识生产，以专业方式进行人才培养，进而又通过院校的组织与行政程序整合知识生产与人才培养两大系统，而最终培育出以学科文化、专业文化、院校文化为内容的系统文化。后者成为高等教育系统与外界沟通

---

① ［美］伯顿·R·克拉克：《高等教育系统——学术组织的跨国研究》，王承绪、徐辉等译，杭州：杭州大学出版社1994年版，第3页。

② 同上，第3页。

③ 同上，第34页。

的介质。高等教育系统在学科知识的分裂中走向整合，正是学术系统的这种性质，决定了思维模式与行为过程的日益多样化，但“个性寓于共性中”，高等教育系统“既沿着文化的路线前进，又根据行政的程序行事”。[①] 学科文化是跨界的——跨院校组织、国家系统；行政却是边界清晰的、按部就班的；高等教育系统在这种矛盾调和中发展。

（3）高等教育系统与外部环境的关系。高等教育系统与外部环境的关系可以归结为国家体制、市场体制与学术体制三种理想类型，各国现实的高等教育体制取决于三种理想类型较量、调和的结果。如果把国家力量、市场力量、学术力量作为三角形的三个顶点，根据对三种力量调和后的定性、定量分析，可以制定一个国家高等教育体制在三角形中的位置。如果再加上时间维度，则可以看到一国高等教育系统与环境调适状况的变化轨迹。克拉克注意到，在不同环境条件下，一国的高等教育系统可以是官僚化或政治化的，也可以是行会化的。在行会化的高等教育系统，教育界和科学界精英处于支配地位的利益，却被轻易地构画成“公众的利益”；专业的赞助者穿着政府的外衣，甚至是法衣，使得赤裸裸的私利不需要公开显露。[②] 克拉克的评论非常犀利，他指出了高等教育系统不单是以“真理”和“知识”为媒介与环境交换能量，权力与金钱正日益深入地介入高等教育系统，并更为频繁地充当介质。他的判断与哈贝马斯的见解不谋而合。

克拉克为了说明以上观点，对高等教育系统中的学术权力进行了层层剖析。他指出，权力作为高等教育系统的基本要素之一关系到：（1）谁统治高等教育？（2）众多的学术群体是如何把它们的利益结合在一起的？（3）工作和信念的分裂力量怎样被权力的整合形式所平衡？通过考察他认识到，学术系统中的权力受到专门知识的微妙影响，“专业的和学者的专门知识是一种至关重要的和独特的权力形式”，“它授予某些人以某种方式支配他人的权力”。总的看，高等教育系统权力又可称为学术权力，具体包括三个层面九种权力形式：（1）扎根于学科的权力，包括 a. 个人统治（教授统治）权力；b. 学院式统治权力（即教授对学院的统治）；c. 行会权力；d. 专业权力。（2）院校权力，包括 e. 董事权力（院校层面上的）；f. 院校层面上的基于行政的官僚权力。（3）系统权力，包括 g. 政府层面上的官僚权力；h. 政治权力；i. 全系统学术权威人士的权力。高等教育系统的三个层级九种主要权力归纳如

---

① [美] 伯顿 · R · 克拉克：《高等教育系统——学术组织的跨国研究》，第 115 页。

② 同上，第 189 页。

下表所示：

表 1　高等教育系统（学术系统）权力的科层分布

权力层级	权力形式
系统权力	i. 全系统学术权威人士的权力
	h. 政治权力
	g. 政府层面上的官僚权力
院校权力	f. 院校层面上基于行政的官僚权力
	e. 院校层面上的董事权力
扎根于学科的权力	d. 专业权力
	c. 行会权力
	b. 学院式统治权力
	a. 个人统治（教授统治）权力

（资料来源：整理自克拉克：《高等教育系统——学术组织跨国研究》，杭州大学出版社 1994 年版。）

在学术系统所有权力中，有以下几种权力需要得到重点讨论：首先是行会权力。马克思曾预言，当资本家和工人出现时，整个行会系统（包括师傅和雇工）就会消失，因为，“工人和资本家的金钱关系”取代了“雇工和师傅的宗法关系”。但情形并非如马克思所预言的那样，无论在学术工作还是其他行业，行会权力仍然存续，并且渗透进政府部门。行会权力对学术系统的影响，即使在今天也仍然是人们可以真切感受到的。[①] 其次，是官僚权力。官僚权力既存在于院校层面，也存在于政府对院校的管控层面。官僚权力的合法性极大地来源于官方等级制度，同时存在自我利益的问题。仅以美国中央行政官员为例子看，官僚们已经不再是高等教育政策的中性推动者，他们本身已经形成利益集团。[②] 最后，则是政治权力。克拉克不无幽默地说，政治权力的合法性源头是对高等教育系统的资金支持，谁出钱谁统治。在各国，政治权力的表现形式多种多样；在共产主义模式中，党和政府对高等学校实行双重控制。[③]

① 参见宋晓华：《体育行会权力及其行政法控制研究》，苏州大学硕士学位论文，2005 年。

② [美] 伯顿 ·R· 克拉克：《高等教育系统——学术组织的跨国研究》，第 133 页。

③ 同上，第 134 页。

克拉克指出三个层面九种权力形式之外，还有一种与各层面权力百搭的以个人卡里斯玛气质形式表现的权力，其合法性来源是洞察世事的个人品质和领导魅力。在学术权力更外围的非正规权力形式，则包括友谊、交换和群体保护。从克拉克的观察与描述看，学术系统与高等教育系统存在着与外部环境一样的法理型支配和个人支配相结合的支配模式，这种支配模式最重要的特征——科层制——在学术系统中的体现丝毫不逊于其他社会组织。当然，“学术权力”的科层分布有自己的特殊之处。首先“权利”与“权力”在系统内是可能相互转化的。高等教育系统每个层级相对于下一层级具有支配权能，但很明显这种权能是受到约束的，非万能的，因为它对于上一层级权力而言或者从一特定的角度而言，该层级又是较为弱势的，是受制于上级权势者的，是一种对利益的应然诉求，这时表现的形式是“权利”，是需要受到法律保护的“法定之权”。虽然克拉克并未明确分析高等教育系统中的“权利”的各种表现形式，但是，只要有相对弱势的“权力”，同时这个弱势的“权力”不是可有可无，那么这个弱势者就会有一个权利问题。当然，高等教育系统与学术生态中的“权利”表现形式与特征有自己的特点，例如“学术自由（权利）”“学习权利”等，不同于一般而论的财产权、人身权利。总之，在高等教育的权力系统中，最底层权力与最高层权力都归于学术权威的权力（尽管两种学术权威权能范围已经有所不同），实现首尾衔接。纯粹的学术权力与学术系统中的行政权力、政治权力相互钳制，权力与权利在一定条件下相互转换，这样的复杂规范，法律制度无法缺位。高等教育系统内部的法理型治理必然出场，只是这种治理与外部环境中的法理型支配是如何关联，如何可能，则是一个庞大的课题。本书其后几章会有所讨论。

权力与权利是高等教育系统极其重要的结构要素。权力合法性与权利合法性直接关切到高等教育系统的合法性，权力与权利的对立统一以及制度化安排是高等教育系统合法性的重要观测维度。例如，学术自由是宪法所保障的公民权利（准确地称呼应该是“学术自由权利”）[①]，大学自治是为“学术自由权利”的实现确立的制度保障[②]，但是，大学与教授们手中同样具有需要法律加以制约的“学术权力”。在学术系统内，多种权利、权力相交织与冲突是常态。在法理型支配条件下，学术权

① 参见谢海定：《作为法律权利的学术自由权》，载《中国法学》，2005年第6期。谢海定：《我国学术自由权的法律保障》，载《学术界》，2005年第2期。

② 李建良：《论学术自由与大学自治之宪法保障：司法院大法官释字第三八〇号解释及其相关问题之研究》，载《人文及社会科学集刊》（台北），1996年第3期。

力与学术权利各得其所。但对于法律如何保证对强力的约束和对权利的保障，现有的高等教育系统理论在这方面存在盲点，因此无法给出充分的解释与行动方案。但共和国建政前三十年高等教育制度迟滞发展的典型案例说明，成熟政治制度与法律观念的缺位是需要着重考量的因素。高等教育系统，作为一种现代社会子系统，它与其他子系统的关联与缠绕，特别是与政治和法律的关系，我们无法回避。而对高等教育系统中的权力与权利的纠缠关联的把握，则是切入点。

我们亟须复杂性理论。一旦拥有系统论视角并自觉地以复杂性为对象，我们将看到更多，对高等教育系统的理解也就越深入。当克拉克将“系统”与“高等教育”相联系之时，他已经在用整体有机观点看待高等教育，并力图揭示作为系统的高等教育的运行机制，揭示高等教育自在自为的规律。克拉克正是凭借系统视角，独辟蹊径，建立独到的理论体系。遗憾的是，克拉克的高等教育系统理论仍然存在以下不足：首先是对于因社会功能分化而导致的高等教育系统既封闭又开放状况的认知不够；其次是局限于高等教育的系统论观察，未发展出一般社会系统理论，同时，对高等教育系统与社会其他独立子系统（例如政治系统、法律系统、文化系统等）之间的勾连呼应状况论述不足；最后，他的研究中没能容纳下时间的维度——共时性跨国比较之外的历时性研究是被忽略的，但恰恰是时间对于一个生命有机体而言具有无可比拟的作用和意义。时间是“系统封闭性”“双重偶然性”以及系统与环境之间“结构性关联”的重要节点，决定着系统再生产的品质。从这个意义上说，没有历时性的系统是系统的静态模型，是没有与环境沟通的系统。而我们目前对共和国高等教育系统的认知也恰恰是处于一个历时性探索的空白状态。我们不知自己从何而来，找不到问题的症结，更谈不上具备寻找航道的智慧。如何进行高等教育系统的历时性探索，克拉克的研究没有告诉我们太多。总之，克拉克高等教育系统论所达到的高度及其未达到之广度和深度提醒人们折返社会系统理论的必要。

第四节　第三代社会系统论

中国作为一个后发现代国家，它的现代性常常是“反西方的现代性”。西方具有“普世价值”的现代性对于后发现代国家来说，并非放之四海而皆准的真理，却往往可能意味着强者对弱者的挟持。华勒斯坦 (Immanuel Wallerstein，1930—) 曾经指出：

> 普遍主义是强者给弱者的一种礼物，它以双重的约束出现在后者的面前：拒绝这种礼物是失败，接受这种礼物也是失败。弱者惟一可行的反应，是既不拒绝也不接受，或既拒绝又接受——简言之，弱者这种看似不合理的东奔西突，成了十九世纪特别是二十世纪历史大多数时期的特征。①

后发现代化国家常常无法回避“东奔西突”的困窘与尴尬。我们对官僚科层制、对法理型统治方式的拒绝与接受，在市场经济与计划经济之间的游移，以及对高等教育制度中部分制度的排斥与接纳，甚至高等教育体制在“欧美”与“苏联”模式之间折腾，都带有这种“东奔西突”的色彩。对于后发现代国家的诸多现代性问题，必须跳出既定的、习以为常的思维框架才能解决诸多的悖论，才能转变“东奔西突”的处境。正如约翰·D·巴罗（John D. Barrow，1952—）所说，每当人们发现某一问题不能在已有的框架下得到解决时，就会感到震惊，而这种震惊将促使我们放弃旧的框架，采用新的框架。② 但是新框架的确立又需要突破既定思维模式和一些禁忌，关键是“去悖的悖论”和悖论的创造性应用，以及信息的无限负载向一个有限负载的转变，由不可确定的复杂性向可确定的复杂性的解释转变。③ 社会系统论与自创生社会系统论就是为完成复杂性解释应运而生的理论框架。换言之，我们如果要深刻反思自己在现代化过程中“东奔西突”的困窘，并力求突围的话，我们必须学习应用复杂性理论进行思考。

以结构功能主义为中继的三代社会系统论　自从孔德（Auguste Comte，1798—1857）明确提出“社会学”这一概念以来，社会学在百余年的发展历程中逐渐形成了实证主义、人文主义、批判主义等不同的理论传统。到了20世纪，美国学者塔尔科特·帕森斯（Talcott Parsons，1902—1979）实现了较为成功的综合，他所创立的结构功能主义理论主导了第二次世界大战后近二十年的社会学研究，以至于在很长一段时间内人们甚至认为将结构功能主义当作社会学的代名词。结构功能主义社会学还主导了社会系统理论从第一代范式向第二代的跨越。帕森斯的学生、德国社

---

① ［美］华勒斯坦：《作为一种文明的近现代世界体系》，《国外社会科学》，1991年第5期，第20页。

② ［美］约翰·巴罗：《不论——科学的极限与极限的科学》，李新洲等译，上海：上海科学技术出版社2000年版，第17页。

③ Gunther Teubner, *Law as An Autopoietic System*, Blackwell Publishers, 1993, p. 7, 11-12.

会学家尼克拉斯·卢曼[①]则在第二代社会系统理论的基础上发展出第三代社会系统论，推进了对社会复杂性的理解与认识。

结构功能主义 (structural functionalism) 是现代社会学中的一个理论流派。它认为社会是具有一定结构或组织化手段的系统，社会的各组成部分以有序的方式相互关联，并对社会整体发挥着必要的功能。整体是以平衡的状态存在着，任何部分的变化都会趋于新的平衡。奥古斯特·孔德和赫伯特·斯宾塞（Herbert Spencer，1820—1903）提出了功能主义的最基本原则：社会与生物有机体在许多方面是相似的，具体体现是：第一，社会与生物有机体一样都具有结构。一个动物由细胞、组织和器官构成；与其类似，一个社会由群体、阶级和社会设置构成。第二，与生物有机体一样，一个社会要想得以延续就必须满足自身的基本需要。例如，一个社会必须要有能力从周围的环境中获得食物和自然资源，并且将它们分配给社会成员。第三，与构成生物有机体的各个部分相似，社会系统中的各个部分也需要协调地发挥作用以维持社会的良性运行。帕森斯在前辈学者的基础上成功地将功能主义发展为一个全面而系统的社会学分析理论。

帕森斯将社会行动的基本构成要素——“单位行动”(unit action)——分解为以下几个方面：行动者、行动的目的、行动的处境以及规范性取向。他指出行动主体在行动的时候，受到主观方面与规范方面的双重影响。因此我们能认定，个人在行动过程中并不是一个完全自由的人，因为社会的规范和文化的价值影响了他的行动；但是个人亦不是完全被规范和文化价值所控制，因为个人的心灵在选择行动过程中担当一个重要的角色。可以说，帕森斯提出的这种理论在行动者的自由意志与规范之间建立了一种相互影响与制约的关系，也就是在行动理论层面上回答了社会行动如何形成秩序的社会学传统问题。但直到把行动本身看作一套系统，帕森斯才将研究最终引向对社会系统的分析。这一思路的最终成果，体现为帕森斯在其理论发展后期所提出的“AGIL 模式”。他认为，任何一个行动系统要得以产生和维系，都必须具备四种功能：第一，适应 (Adaptation)——从环境中获取资源，并在系统

---

① 尼克拉斯·卢曼 (Niklas Luhmann）是 20 世纪最为重要的社会理论家，尽管在安格鲁 - 萨克森世界不少社会学家未必听闻其人。参见 Gotthard Bechmann and Nico Stehr (2002) "The Legacy of Niklas Luhmann". In: Society Vol 39 (2002): p. 69–75。卢曼的主要贡献是发展了社会系统论。像他的精神导师帕森斯那样，卢曼也是一个“宏大理论”的推崇者，主张把社会上纷繁复杂的现象全部纳入到一种的理论框架去解释。但与帕森斯不同的是，他把系统看作是社会的本体，而后者仅仅是把系统作为分析社会的工具。具体参见：https://en.wikipedia.org/wiki/Niklas_Luhmann，浏览时间：2014 年 11 月。

中进行分配；第二，目标实现 (Goal Attainment)，即为系统设定不同层次目标；第三，整合 (Integration)，指维持系统各组成部分之间的相互关系；第四，潜在的模式维持 (Latent Pattern Maintenance)，指确保系统中的行动者在主观价值方面能够保持与先前一致的行为模式，以实现系统的长期稳定。① 行动系统的四种功能对应于社会行动系统的四个子系统。这四个子系统分别是：有机体 / 行为系统、人格系统、社会系统和文化系统。其中，有机体 / 行为系统指的是行动者的自然层面，即作为生物体的个人。它通过对自然界的能量吸收与自我改变，使得行动系统能够适应于外部环境。人格系统通过组织个体的欲望和动机，确保行动系统实现其既定的目标。社会系统通过制度化的方式将不同的个体联系在一起，使之处于一种稳定的相互关系中，从而起到了对行动系统进行整合的功能。而文化系统则是由规范、价值观、信仰及其他一些与行动相联系的观念构成的、具有符号性质的意义模式系统，它通过将这些价值观念内化为行动者自身的取向，从而实现维持社会控制和保护社会团结的模式维持功能。四种功能与四个子系统之间的对应关系如下图所示：

A(适应)	G(目标实现)
有机体 / 行为系统	人格系统
社会系统	文化系统
I（整合）	L(模式维持)

图 1 AGIL 功能与子系统对应图

（资料来源：杜健荣:《卢曼法社会学理论研究——以法律与社会的关系问题为中心》，北京：法律出版社 2012 年版）。

四种功能系统之间的联系体现在两个方面：一方面，地位较高的子系统为地位较低的子系统提供信息、指导和行动调节，这被称为信息控制的等级，比如文化系统限制着社会系统的形成，社会系统调整人格系统，人格系统又调整了有机系统；另一方面，地位较高的子系统又依赖于地位较低的子系统提供行动力量，这被称为能量控制等级，比如有机体系统为人格系统提供能量，人格系统为社会系统提供能

① 参见 [美] 乔纳森·特纳:《社会学理论的结构》，邱泽奇、张茂元译，华夏出版社 2006 年版，第 42 页；[美] 杰弗里·亚历山大:《社会学二十讲》，贾春增译，北京：华夏出版社 2000 年版，第 67—68 页。

量。总体而言，帕森斯的这种结构功能主义理论，在解释社会现象时强调和侧重的是社会系统的现存结构及其在维持系统生存中所发生的社会效果。厘清帕森斯的主要结构思想之后，通论认为：

（1）无论在客观还是在主观层面上，帕森斯的结构理论都旨在追求宏观层面上的结构建构。比如，他的社会结构 AGIL 模式，明显引导人们思考大规模的社会现象或社会体系等宏观结构（如政府、科层制度等）；而他的“共同价值内化”的观点，则强调多数人共持一种价值规范，依然属于宏观层面上的论述。

（2）帕森斯的结构理论具有明显的功能主义和自然主义之倾向。它往往让人不假思索地接受以下概念：即社会是明确限定的实体，而社会系统是内在高度整合的统一体。换言之，结构功能主义是从功能的实现来确证结构实体的存在，并认为这些明确的实体之间具有内在的统一性。这种对内在统一性、一致性和均衡和谐的着重强调，无疑使得结构功能主义在关注社会结构变迁问题上趋于保守。有人因此认为，帕森斯“高深理论”具有意识形态意义，它趋向于为“稳固的统治形式”作论证。

（3）在社会决定论和方法论个人主义的争端中，帕森斯的结构功能主义属于前者。他通过价值内化、角色期待而实现的对规范的论述，以及“行动者不能自由选择行动”的说法都说明：社会结构的事实，是一种超越个人并对个人有制约力的行为或思维类型，它们独立于个人之外，但也强加于个人之上。

（4）经过帕森斯的发展，社会结构的概念已初具规模，成了一个包含许多相关概念的支援系统，代表了一整套观察和分类的原则——把社会看成是若干成分之间的功能联系，而不是简单的混合与堆积。

（5）帕森斯把个人行动放在社会系统的不同领域中去分析，开创了从微观的角度考察宏观社会系统及其次系统同个别行动者相互关系的新思路。不过，由于他一贯的宏观研究取向，使得他发展出的带有微观取向色彩的行动理论与其结构功能论的混合，多少有些牵强，并显得不能自圆其说。比如，他在行动论中曾强调行动志愿主义，但在后来的结构功能论中却否定了行动者的志愿，反而认定行动者是受外在结构和文化控制的。

以开放代替封闭，以系统 / 环境的区分代替部分 / 整体，结构功能主义促成了第一代社会系统理论向第二代社会系统理论的重要转变。第二代系统理论，又称为开放系统理论。开放系统论否定了原有的那种静止的封闭性，转而认为系统可以借由与其环境的交换过程发展出一种动力，并且能按当时条件而变化其状态，同时又不需随着每次环境条件的改变而马上完全改变系统的结构。系统与环境之间并不存在直接的因果关系，它在环境改变的时候自己调整内部的组织，而不是被外界因果地限制着以及单线地被规定。开放系统理论坚持系统的内部和外在的交互开放，发展的不可逆性及系统对环境的反馈与物质 / 能量的交换。它意图说明系统的起始互动与之后衍生的结构之间是不连续的、偶然的，系统与环境处于不间断的输入—转换—输出（Input-Output-Model）的循环中。但是第二代系统理论无法解释投入与产出之间的关系如何在系统内部被组织连接起来，只能称之为黑箱子（Black Box）。第二代社会系统论在对系统内部过程中的自组织性质还缺少有穿透力的解释。毛治国举过一个例子，装有回形针的盒子持续摇晃一定时间后，打开盒子会发现，许多回形针已经自动地勾连在一起，成为长短不一的链子。这种自动勾连成为链子的现象就是自组织——每一个回形针两端的回形钩就是所谓的内在因素，它象征系统内部个单位之间的某种潜在的关联性；至于摇晃盒子的能量，则代表所谓的外在力量，没有往复搅和的运动，回形针就不可能发生勾连。[①] 回形针盒子内发生的“自组织”过程，在第二代系统理论那里还无法得到透彻的理解。而第三代社会系统论则试图以“自组织”“运算”“结构耦合”对“黑箱”加以解释。

不少批评者指出，帕森斯过度地强调了社会系统的现存结构及其在维持系统生存中所发挥的社会效果，因而仅仅关注那些有助于系统存在的因素、机制和过程，诸如秩序、均衡、适应、稳定、整合等受关注，而对社会系统的存在具有威胁和破坏作用的方面则被忽略了，因此对社会冲突和变迁问题的解释力下降。此外，帕森斯将“function”（功能）置放在“因果科学的功能主义”之下，在理念上试图无限后退地寻找本质与真理，是一种传统的本体论（ontology）。[②] 而在卢曼看来，现代社会的本体论与认识论都有重新梳理的必要，同时卢曼指出，系统理论所关注的不应该仅仅是系统内部的问题，而应该注重系统与环境之间的关系，因为系统只有在与环境的关联中才能被建立起来，也才能被观察和确认。[③] 卢曼反对把封闭系统作为模型，而更多地强调系统内部的均衡问题。在特定的本体论与认识论基础上，卢曼把智利生化学家马图拉纳 (Humberto Maturana，1928—) 和瓦雷拉 (Francisco

① 毛治国：《决策》，台北：天下杂志股份有限公司 2010 年版，第 249—150 页。

② 黄钲堤：《鲁曼行政官僚系统理论之初探》，载《行政暨政策学报》（台北），第 59 期（2014 年 12 月发行）。

③ 高宣扬：《鲁曼社会系统理论与现代性》，北京：中国人民大学出版社 2005 年版，第 95 页。

Varela，1949—2001）自创生概念移植到社会系统理论，形成了第三代社会系统论，完成了社会系统理论范式第二次转移。

三代社会系统论在本体论立场、系统环境关系认知、系统定义、思考方法、对世界的定义以及逻辑观等诸多方面存在着巨大差别，如下表所示：

表 2　三代社会系统论比较

	一般系统理论（第一代）	开放系统理论（第二代）	自创生系统理论（第三代）
本体论立场	不变的本体论	变的本体论	反本体论
系统与环境的关系	系统与环境无关	系统与环境互赖	系统界定环境
系统定义	系统是整体与部分关系	系统依赖于系统与环境关系	系统是自我组织的过程
思考方法	因果功能论	函数对等论	观察理论
对世界的定义	世界就像个大钟摆	世界是系统与环境之间差异的统一	世界是一个以意义为选择机制的选择过程
逻辑观	二元逻辑	辩证逻辑	自创生逻辑

（资料来源：依据黄钲堤:《论社会系统理论及其对公共行政研究之意含》，载《公共行政学报》（台北），2000 第 4 期，第 31—63 页，有改动。）

第三代社会系统论的理论基础　卢曼刚开始也是在“系统 / 环境—差异”的模式下进行思考，后来他修正了帕森斯的理论，更加注重探讨“系统 / 环境—差异”如何在系统内部生产出来，以对应于外部环境的复杂性。自创生系统论认为，“系统 / 环境—差异”是系统以封闭的方式进行的一组运算，如果运算的封闭性被破坏，系统的自创生亦随之崩溃。自创生系统（例如细胞、有机体或人类神经系统、心理系统与社会系统）只根据自己内部特有的运算规律性来实现自我连续性，而不是依靠外部的直接调控。系统是否是自创生系统，卢曼认为非此即彼。他说，一个系统只能是或不是自创生系统，而不可能是一点点是，这就像一个女子只有怀孕或不怀孕，不可能是一点点怀孕。①

① Luhmann Niklas.1985.Einige Problem emit reflexiven Recht.,Zeitschrift fur Rechtssozioligie,6(1):1-18. 转引自黄钲堤：《鲁曼行政官僚系统理论之初探》，载《行政暨政策学报》（台北），第 59 期（2014 年 12 月发行）。

第三代社会系统理论的理论基础包括：卢曼自创的系统层级划分理论，乔治·斯宾塞布朗（George Spencer-Brown，1923—）的形式理论和生物学的自创生理论。以下分述之。

在卢曼系统论中，最高层级的是“系统”，“系统”之下包括“机械系统”“生命体系统”“社会性系统”“心理系统”。“社会性系统”是卢曼的重点研究领域，“心理系统”则有所兼顾，“机械系统”“生命体系统”则在卢曼研究范围之外。“社会性系统”之下又可以区分出三种不同的系统——“互动系统”“组织系统”与“(社会）功能系统”——它们都由社会交往构成，但是“互动系统”依赖于交往双方的“相互感知”，一旦“感知”不存在了，互动系统也就不存在，而“组织系统”依赖于“成员”。在三个系统中，卢曼最为着力，也是使他的自创生系统论成为瞩目焦点的，是“(社会）功能系统”。“(社会）功能系统”具体包括许多的功能子系统，例如政治系统、法律系统、经济系统、知识系统、教育系统、宗教系统、道德等等。卢曼几乎对所有的功能子系统都有深入的研究，与每一个子系统领域的学者开展对话，基于全新的系统观对传统观点提出自己的看法，并完成专门论述。《社会的宗教》《社会的法律》《社会的知识》《社会的教育》《社会的艺术》《社会的经济》等力作的完成，使得卢曼和韦伯一样成为百科全书式的学者。而我们对卢曼理论或理解或批评都离不开对他的系统层级的理解或批评。比如，他所谓的“组织系统”，是与所有功能子系统的总和的“(社会）功能系统”并列的系统。为什么对社会任何一个功能子系统都不能套用“组织系统”模式来把握呢？因为在卢曼看来社会功能系统不是由职业角色和他们的团体构成的，不是由特定的人或者角色、地位、阶层界定的，而是由“交往”（communicate，另一译为沟通）构成的，因此，在功能分化的现代社会里，一个功能子系统最宽泛的意义上仅仅意味着一种交往方式。

“交往”在卢曼的理论中具有非常重要的地位，但他的这一概念与哈贝马斯的“交往”（或称“沟通”）又有很大的区别。哈贝马斯的“交往”，是个人之间以取得一致为导向的行动，它往往假定有一个“应然性”的好理由或“好”的中心。卢曼的“交往”是由“讯息”“通知”“理解”等三个运算所形成的综合。例如，潜水艇通过声呐而建构外部海底世界的温度有了变化（这是问题意识阶段），然后进一步建构得知这种温度变化可以定义为温度太低（这是问题定义阶段），最后则进一步建构得知温度太低可以启动暖气装备来应对（这是问题解决阶段），整个过程就包含了“讯息”“通知”“理解”的运算。卢曼的“交往”概念在心理学上对应的就是“运算建构主义”[①]——在“吊诡开展”与“去吊诡”之间展开的多个回合的“进入”“再进入”过程。它们的哲学基础就是斯宾塞布朗的“形式理论”。

斯宾塞布朗的“形式理论”对卢曼的影响很大，这从卢曼在几乎所有的著作中都反复地使用“形式”(Form)、“再进入”(Re-entry) [Wiedereintritt] 等术语就可以管窥一二。斯宾塞布朗大作《法则的形式》引用《老子》的“无名天地之始”开篇。“无名天地之始”表征万物最原初的状态，也就是“初始状态”，用系统论的语言来说，就是一种“对称”的状态。对称意味着一切都是一样的、均等的，没有“上 / 下”“大 / 小”“内 / 外’的区分，一切都从无名开始。这是一个必然被超越的状态，而要达到“非对称化”，则必须从标识差异和区分开始。斯宾塞布朗认为：我们假定区分和标示，并且假设，不做出区分我们就不能做出标示。[②]卢曼接受了这一观点，把它作为自己理论的起点，因为在他那里“观察”就是由区分与标示构成的。为了更好地理解什么是区分、标示、差异与观察，我们不妨设想有一张白纸，原初状态是什么都没有。当一根线出现在白纸上，就有了区分，意味着在对称状态下出现了两面。但是有区分，不一定有差异，我们仍然无法分辨“内 / 外”、“上 / 下”等。如果我们加上观察的视角，差异就产生了。这个观察的视角如果用横线来表示的话，就是与第一根横线形成一定排列关系（例如一横一竖相连）的那个变量。这样第一根横线区分出来的两面就不是对称的了，而是有“内 / 外”“上 / 下”等区别的形式。总之经过区分和标示，我们获得了差异化了的空间，也就是斯宾塞布朗所说的“形式”。“形式”是区分和标示的结果，它包括四部分——“标示出来的一面”“未标示出来的一面”“形式的边界”“空间全体”。卢曼认为，系统就是一个具有两面的“形式”，这一“形式”预设了一组区分，把两面中的一面标示为“系统”，另外一面标示为“环境”。因此从这一个角度看，系统不是别的，它只是差异，是系统与环境之间的差异。但是具体到一个社会系统，它怎样生成本系

① 黄钲堤认为通过“判断日月潭是大还是小”这个例子，可以说明“运算建构主义”的要义。甲以儿时住地南投县埔里附近的鲤鱼潭为参考框架，判断出日月潭为“大”，这个过程涵盖了多个“吊诡开展”与“去吊诡”的过程。首先“大 / 小”区别是一个吊诡，甲以“鲤鱼潭 / 非鲤鱼潭”对它进行去吊诡化，而选定鲤鱼潭作为参考架构，是因为甲小时候住在埔里的鲤鱼潭附近，他实际上又一次地以“家住埔里 / 非家住埔里”对“鲤鱼潭 / 非鲤鱼潭”进行了“去吊诡”化。如此“吊诡开展”与“去吊诡”可以持续下去，直至达到“固有值 (Eigenwert)”或者基于实用的理由而暂停。参见黄钲堤：《鲁曼观察理论与政治论述解读》，载《政治科学论丛》（台北），第 56 期，第 39—90 页。

② Spencer-Brown George, *the Laws of Form*, London: Laiien and Unwin, 1969:1.

统与其环境的差异呢？卢曼在斯宾塞布朗“形式”概念基础上发展了“观察者”概念，即任何主体，只要能做出区分并标识，它就是观察者。这个观察者不一定是要有生命的机体，它甚至可能只是一个机械系统中的一条传输带，只要这条传输带能够根据运送物品的重量或大小的区分把物品送到不同的地点，它就是在观察。当一个细胞（作为生命体系统）通过细胞膜功能对不同物质选择吸收或不吸收时，它也是在观察。系统要能够将特定的能实现自己与环境差异化的特点区分出来，就离不开观察。系统观察理论吸收了自然科学，尤其是生命科学与物理学的成果，并发展出独特的认识论。

量子力学上的波粒二象性（wave-particle duality）是一个有力佐证。波粒二象性是指某物质同时具备波的特质及粒子的特质。在量子力学里，微观粒子有时会显示出波动性（这时粒子性较不显著），有时又会显示出粒子性（这时波动性较不显著），在不同条件下分别表现出波动或粒子的性质。这种量子行为就是波粒二象性，是微观粒子的基本属性之一。1905 年，爱因斯坦 (Albert Einstein，1879—1955) 提出了光电效应的光量子解释，人们开始意识到光波同时具有波和粒子的双重性质。1924 年，德布罗意 (Louis Victor de Broglie，1892—1987) 提出“物质波”假说，认为和光一样，一切物质都具有波粒二象性。著名的测不准原理，则进一步说明观察所见依赖于观察者，观察者是参与到观察对象中的。就系统论角度看，系统从环境中区分出来更加依赖于系统对自己作为观察者的自指涉，即把区分的事物的一面标示为自身，把另外一面标示为环境。因此，可以进一步说，系统就是观察，就是观察者本身。但人们因此就会担心，这个世界上还有没有真实的知识，有没有真理。卢曼就说，知识确实有真实的，不过这种真实是依赖于观察者的非自足的真实。在一个功能分化社会的内部，必然有许许多多不同的真实。“真实”不是“反映”，而是“建构”，是作为观察者的系统作出特定区分和标示的产物，所有系统都有自己的“真实”，对于不同系统而言，“真实”也是不一样的。因此，观察，在卢曼这里也并非指向客观世界，它仅仅指向系统所做出的“区分”和“标示”，观察者标示为自身的那一部分就是系统。

不过，卢曼也强调所有观察都有自己的盲点：“观察所运用的区分就是观察的盲点……所有的观察都会产生不可见的东西。”[①] 这就好像我们用眼睛看世界时，以

① Luhmann Niklas, *Einfuhrung in die Systemthrorie, 4 Auflage*. Heideberg: Carl-Auer-Verlag, 2008:S.147.

为自己所看到的一定是全部的世界，后来却发现有一样东西离自己最近，却最无法看见，那就是我们的眼睛——我们在看他物的同时无法看到自己的眼睛。同样的道理，我们在区分事物的时候，无法同时对区分标准加以分辨。例如，当我们观察大街上汽车运动速度是快还是慢的同时，我们无法思考为什么要用快慢去区分速度，何谓快？何谓慢？如果想太多，观察就无法进行。这些就是观察的局限、盲点和吊诡。当一个杯子掉在地上，常人看见一个器具的损坏，法律人看到一个所有权的终结。一个穷人经过富人门前被富人的狗咬伤，简单的正义论者看到阶级分化，甚至主张阶级斗争，经济学家则可能考虑是把责任归咎于富人还是归咎于穷人才能达到社会的帕累托最优，而法律人则可以主张通过质证、法庭辩论来提供第三方的不偏不倚的裁决，还可以通过上诉来改变前一次裁定。可见，不同的观察角度，有不同的观察所见，也有不同的观察盲点。我们必须承认，是观察的盲点使得观察成为可能，观察者只有使用区分才能进行观察，但同时，他所使用的这组区分对本次观察而言是最不可观察的东西，为了观察它，必须使用别的观察。这需要耗费时间，需要做出新的区分。就即时的角度，无论从最具体的观察看，还是从最抽象意义的观察论，观察的同时是排除观察的——观察，则，不能观察！——这就是观察的吊诡与窘迫。系统处理这一类型悖逆的方法，一般来说，首先会无视之——否则就无法使自己从环境中区分出来（也就是无法观察、无法指涉自己）。

卢曼自创生社会系统论的提出，明显受到智利生物学家马图拉纳和瓦雷拉在20世纪70年代所开创的神经生物学研究理论的影响。马图拉纳和瓦列拉希望通过他们的研究，回答“生命是什么”这样一个问题，换言之，就是回答是什么使生命与其他现象得以区分开来，比如说，如何区分一匹马与一辆汽车？一个细胞的生产方式与一个生产复杂化学产品的工厂又有何不同？以最基本的活体细胞而言，一个细胞是由细胞膜包围而成的各种结构组成，包括核酸、线粒体、溶酶体，当然还有它内部产生的各种各样的(通常也是复杂的)分子，这些结构发生着持续的化学相互作用。而对于细胞膜来说，这种相互作用就是它与外部介质的关系。所以细胞实际上是一种动态的、包含着惊人复杂性的化学网络。但是，这种复杂的网络，与一个同样是生产复杂化学产品的化工厂的区别又在哪里？马图拉纳和瓦雷拉认为首先要考察两个相关的问题。第一，细胞在生产什么？第二，是什么生产了细胞？他们通过对两个基本问题的考察发现，一方面，细胞是在生产细胞体内的复杂的或者简单的物质；另一方面，细胞则是由细胞体内的物质所生产的。也就是说，通过外部媒介输入的基本化学材料的帮助，细胞生产了它自己的构成。而将这两方面综合起来，我们就会发现，细胞正是通过对自身构成要素的生产而生产了细胞自身，这是一个封闭的、递归（recursion）① 的过程。马图拉纳认为这个规律适用于所有生命体，而且，这也正是生命体与非生命体之间最为根本的区别。②

如何描述这样一种封闭的自我生产机制？马图拉纳对当时存在的各种理论都不能感到满意，以至于他认为有必要创造一个新的术语。1974 年马图拉纳和瓦雷拉合作，首次使用 autopoiesis 这一新的术语来说明系统自我生产的特质，以取代“循环组织”的表述。Poiesis 是一个希腊名词，意为创造、生成，而 auto 的意思是自动。马图拉纳和瓦雷拉将生命系统比喻成一台自创生的机器。所谓自创生的机器，是指一个作为生产构成要素的要素生产过程网络而组织起来的机器，通过这些要素之间的互动和转变，持续地革新生产他们的过程的网络。它是一种不同于人造机器的“他创生”的自创生 (autopoietic) 系统。③

另外一位自创生理论学者 Minger 用下图表现自创生过程：

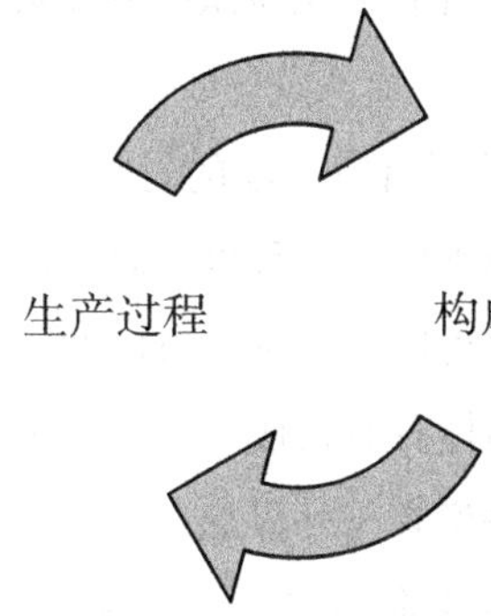

图 2　自创生过程

（资料来源：转引自杜健荣：《卢曼法社会学理论研究——以法律与社会的关系问题为中心》，北京：法律出版社 2012 年版，有改动）

---

① 递归是指把一个大型复杂问题层层转化为一个与原问题相似的规模较小的问题来求解的运算方法。递归策略只需少量的程序就可描述出解题过程所需要的多次重复计算，大大地减少了程序的代码量。

② 杜健荣：《卢曼法社会学理论研究——以法律与社会的关系问题为中心》，北京：法律出版社 2012 年版，第 54 页。

③ https://en.wikipedia.org/wiki/Autopoiesis，浏览时间 2015 年 1 月。

自创生概念来自于生物学领域，对于社会现象的描述来说，如果没有任何的转换，那基本上也就只能停留在描述语言的一种隐喻的水平上。卢曼的志向在于把它发展为一般的、抽象的社会系统理论，并能够以此为理论分析框架对社会方方面面进行缜密严谨的分析。在综合了以上三方面的理论资源（卢曼社会系统本体论、斯宾塞布朗形式理论与马图拉纳的生物控制理论）后，他提出了社会自创生理论。卢曼认为：

> 以生命作为自创生系统的自我再生产的一种模式，这使得自创生理论并未真正达到一般系统理论的层次，此一层次会将大脑及机器，心理系统及社会系统，社会及短期互动等事物包含在内。从这个观点来看，有生命的系统只是一种系统的特殊类型。然而，如果我们走到“生命”这个概念更加抽象的层次，而把自创生界定为运用自我指涉封闭性之系统形构 (system-building) 的一般的形式，那么我们便必须承认有非生命的 (non-living) 自创生的系统，有不同的自创生的再生产模式，以及有自创生组织的一般原则。[①]

卢曼特别强调了自创生中的“自我指涉的封闭”。在他看来，不管何种类型的系统，只要能够达到这种自我指涉的封闭程度，就应该被认为是自创生系统。

卢曼的自创生系统理论大致可以作以下几方面的归纳：

（1）系统是生命体。就生命体具有自成一格统一体的性质而言，它就是一个封闭的系统。说它是封闭的，不是说它与外界毫无关系，而是指它依靠系统内部各组成部分的相互关系来建构统一的生命网络。这种封闭的生命网络如果要存续下去，就必须在面对复杂环境的情况下能够进行自我生产和自我参照。卢曼的观点无疑深受马图拉纳和瓦雷拉的影响。后者认为，如同计算机是由各个组件所构成的一样，凡是能够自我生产的系统，都是由具有一定相互关系组件所组成的。组件的相互关系及其网络是系统的生命基础，组件之间的互动和相互关系，使系统持续地生产出新的生产过程。卢曼借鉴自生化科学提出的自我参照（又称自我生产、自我指涉）的概念，主要是用来描述系统内部组件关系的概念，是描述系统的再生产中环境、自身以及自身内部构成要件之间不断区分过程的工具。他说：

---

① [德] 尼克拉斯·卢曼：《社会系统的自我再制》，汤志杰、邹川雄译，载《思与言》（台北），第 32 卷第 4 期。译文将 autopoiesis 翻译为“自我再制”，这里统一使用“自创生”。

> 所谓自我参照，主要是指系统的各个组件之间在其相互关联与同其环境的交往中进行的自我区分和相互区分，而在这种自我区分和相互区分中，系统的各个因素以及整个系统本身，实现经过中介而环环相扣的自我确认、相互区隔和相互作用，同时又完成同其他组件之间的新关联。[①]

系统对环境也有开放性。生命系统为了维持其生命特征，会将外部环境的复杂因素列为本系统内部各组件间相互关系网络获得新生的基本条件，但环境是一个条件，而非要件。因此同它的封闭性比较，系统的开放性是从属的、次要的，受决定的。换言之，生命系统的开放性是为其封闭性服务的，系统的自我生产和自我参照是为了运作的需要才考量到环境，才与环境打交道，相互发生关系。因此系统在其自我生产和自我参照中同环境的往来，都是为了强化其生命本身，都是为了使系统能在下一轮的交往中变得更加自律。[②]

卢曼将生化科学关于系统自我生产和自我参照的理论和方法，普遍地应用到社会研究中，认为自我生产与自我参照不仅存在于生命系统，而且存在于社会系统的各个领域，存在于人的意识系统和心理系统。他将自我生产和自我参照概念一般地扩展到社会科学领域，并以此作为工具分析社会整体及其各个组成部分。在掌握以上分析方法后，卢曼在分析心理系统、意识系统、宗教系统、法律系统、语义系统、教育系统等系统的特征时，总是针对这些特殊系统的功能、运作过程及其不同组成因素的相互关系，描画出它们自我生产和自我参照过程的细节和不同程序。[③]

(2) 人在观察世界的时候，总以为自己无所不能，观察到的是整个世界，但正如维特根斯坦（Ludwig Wittgenstein，1889—1951）所提醒的那样，我们并不能看到自己的眼睛，在可视的范围内没有任何的证据证明我们可以用眼睛看到自己的眼睛。这是一个悖论。观察者把观察对象放在自身之外，对象此时成为被观察者，观察者会把被观察对象看作（或虚构为）世界的全部，但实际上，只要是进行观察，观察者就始终不能观察到作为观察者的自身，那么那个被观察到的对象就不是真正的“全部”世界——“全部”世界应该既包括观察者，也包括被观察者，是观察者

---

① 转引自高宣扬：《鲁曼社会系统理论与现代性》，第37页。

② 同上，第40页。

③ 同上，第40页。

与被观察者的统一。但观察者却不能看到这个统一，不然就什么也看不见。这种悖逆也是一阶观察的窘态。为了打破这个窘态，需要一个二阶观察（Beobachtung zweiter Ordnung）者——一个观察者的观察者——才能够克服盲点。在卢曼的系统论看来，一阶观察（Beobachtung zweiter Ordnung）与二阶观察是相互循环的，是一个吊诡不断展开和又不断被消除、被克服的过程，系统从数个回合的“吊诡展开”和“去吊诡化”得到持续复杂化的动力。悖逆与吊诡是具有生产性和重要意义的。卢曼的社会系统认识论，对传统理性主义主客二元对立的认识论，是一个非常大的冲击，它不仅支持了人们对理性主义认识论的怀疑与警惕，而且也推动了对本体论的探讨。而冯·福斯特 (Heinz von Foerster，1911—2002)“二阶控制论”（second-order cybernetics）启发下的关于认识生成的“二阶观察论”这样的建构主义知识论有助于去除遮蔽，从而逼近知识的自我指涉性和反身性。卢曼的观点对于理解知识与意识的关系、社会理论与社会现实世界的关系有极大的启发意义。

（3）在社会系统中的任何个人行动，其实现的程序不仅依赖于个人的所作所为，依赖于这种所作所为同周遭世界的复杂关系，而且也依赖于同一个社会系统中的另一个个人的行为的实现程度，依赖于另一个个人对于他所遭遇到的个人行为的期待状况。两个相遭遇的行动者所产生的相互期待和相互反应的不可完全预测性，以及围绕着这两个行动者周遭环境的各种变化的不可完全预测性，造成了社会系统中的行动脉络的复杂性和双重偶然性。① 系统在与环境的作用中的“双重偶然性”又造就了“规范的期待”“双重选择”和“沟通”，他们为解释社会秩序如何从充满双重偶然性的复杂环境中产生提供了思路。

自创生系统理论对于传统观念的冲击具有相当的震撼力。传统理论把社会看作由个人组成的世界，现在见“物”不见“人”，只看到社会是一个由再生产自身构成要素的系统，而人成了环境，不由不让人指责卢曼“目中无人”。以法律系统为例，作为自生产系统的法律，既不由其他社会子系统所决定，也不由人的意志决定，法律有了自己的生长逻辑。关于法律与人的关系，卢曼通过自生产系统理论看到的，就与韦伯有很大的不同。韦伯始终希望在冷酷的社会秩序（系统）中找回人的“自由”和“意义”，卢曼却认为无论是“全社会”还是社会中的法律系统，都是自我生产的“无人”之境；人有人自己的内在世界，人是社会的环境，社会也是

---

① 高宣扬：《鲁曼社会系统理论与现代性》，第 152 页。

人的环境（society is people's environment, and people are society's environment）。所以，与德沃金 (Ronald M.Dworkin) 呼唤海格力斯式的万能法官不同，卢曼不会把法律的演化寄托在马歇尔（John Marshall）这样的美国式的司法英雄身上。在卢曼看来，人有人的意义，社会 (法律) 有社会 (法律) 的意义。法律是在社会沟通层次上的系统涌现，人不再是法律系统的要素，甚至韦伯和帕森斯的“行动”也不是法律系统的要素了，因为“行动”的概念还是指向了具有主观能动性的人，法律系统的要素只能是经过“合法 / 不合法”代码化 (coding) 的“沟通”(communication)。空无一人的社会，无人之境的法律系统，社会 (或法律) 只是从一个沟通到另一个沟通的连接并生产自身意义的系统，这就是卢曼的“法律”和“社会”图像，难怪托依布纳（Gunther Teubner）要在耶鲁法学院的演讲中说卢曼的理论就是“酷”(cool)。[①] 不会对人寄予不切实际的厚望，也就不会对丧失“自由”与“意义”的人和社会过于悲观。

见物不见人，是卢曼对传统社会学理论和传统观念的极具挑衅的观点，常常受到批评，并不意外。但如果认为卢曼“目中无人”，却不得要领。首先，卢曼把社会看作一个新的实体，它虽然是通过个人之间的互动形成，但是社会一旦形成，就产生了自身的逻辑，而不再能够被还原为某个个人的心理或意识活动，不能通过人的行为观察社会。卢曼排斥的是那种把社会化约为个人的集合的社会实体论，而非任何道德意义上的反人文主义者。其次，卢曼拒绝把个人作为社会分析单位的另一个原因在于，卢曼特有的历史观。卢曼反思了那些把个人放在宇宙图像中心的哲学传统或把人放在社会图像中心的社会学传统，他批评了西方思想史的一些智力成果，例如，人文主义、自由主义、保守主义以及社会主义等等。卢曼认为，这些智力成果是传统社会理解自身的一种方式，但对于今日之现代社会的复杂性，它们仅提供局部的、不完整的和有限的解释。现代社会分化成许多功能子系统，这些子系统分别界定人的社会立场、身份和角色，无人可以生活在单一的功能子系统中。那么人生活在什么地方，又去了哪里呢？卢曼的答案是，个人是社会的观察者，个人不属于任何特殊社会系统，而是依赖于系统间的相互依存 (interdependence)；个人意识清楚地观察社会，并依赖于社会。人和社会是分离的，尽管他们相互依赖，并发生结构耦合。由此可见，卢曼并不是说要否定个人的重要性，也不是拒绝关注

---

① Gunther Teuber,Dealing with Paradoxes of Law:Derrida,Luhmann,Wiethoiter,Tubner to Deliver Storrs Lectures,Yale Law School, October 09, 2003.

人，而是为了保持社会沟通与个体意识的应有分离，以及对二者作为“意义自治世界”进行棱角分明的建构。因此，也可以说卢曼不仅不是“目中无人”，而是更深刻地理解了人。人，在卢曼的理论中的重要性甚至超过了肤浅的人文主义理论传统。

卢曼学说在认识论与本体论两个方面，有着对传统的重大突破。卢曼认识论的预设出发点不是一个“放之四海而皆准”的统一物（例如理性、全体性、主体、法则、进步、AGIL 图式），而是“差异”（系统内部自我指涉的运算组合）。在卢曼的差异理论与观察理论的观照下，任何观察者的认知只能算是一种带有盲点的观察运算，因此具有认知的吊诡性，因此，研究者应该以对观察的反思或再次观察作为研究立场，养成“不执着的肯定”的心态来看待世界。本体论方面，因为卢曼把社会实在看作是交往沟通的副产品，看作是运算建构的结果，所以，不同于传统的本体论，不同于将社会实在回溯到人的理性或意识的做法，而相通于老庄的“道”、佛家的“空性”，这种对于社会实在动态流转的说法在学理上深具说服力，值得推广。①

功能分化现代社会之所以成为自创生系统的前提条件 包括涂尔干、马克思与韦伯等先贤在内的思想家，都曾经对社会分工、分化、分层给予密切关注，但是没有哪一位像卢曼那样把社会分工与分化看作现代社会最为核心的问题和关键机制来看待。现代社会是一个在分工基础上高度分化了的社会，其基本特征是功能上的急速分化，即现代社会的各个部门与各种制度变得越来越专门化、独立自治、技术化和抽象，人们对“隔行如隔山”的感受也从未像今天这样强烈。功能分化，是现代社会之所以成为自创生系统的现实条件和前提条件。

卢曼严格区分了人类社会经历的三种社会分化形式，它们分别是：区隔分化（segmental differentiation，另译为环节分化）、分层分化（stratified differentiation）

① 黄钲堤：《鲁曼行政官僚系统理论之初探》，载《行政暨政策学报》（台北），第 59 期（2014 年 12 月发行）。对观察的再次观察（二阶观察）或反思的必要性，似乎在现实中不乏其例，例如有人问：一群金鱼被养在圆形玻璃鱼缸里，他们看到的世界和我们所处的世界，哪个更真实？在金鱼的世界里，由于光在进入水时发生了折射，在我们看来做直线运动的一个不受外力影响的物体，在金鱼的眼中就是沿着曲线运动的。而如果金鱼足够聪明，那么，金鱼也可以在他们的世界里总结出一套物理学规律。虽然，这样的规律对于金鱼缸外的我们来说，根本就是胡说。不过，我们怎么知道，我们不在一个更大的我们没有观察到的圆形金鱼缸里呢？诸如此类发问，会引发人们审视自己习以为常的知识、模式和态度。

和功能分化（functional differentiation）。[1]

（1）区隔分化 区隔分化是指在人类文明的早期阶段，社会以家庭、血缘、宗族或部落为基本构成单位，各个单位之间所进行的均质的、平行的分化。各单位就犹如装在口袋里的土豆，所以也可以称其为块状分化。区隔分化的社会中，各社会单位之间缺乏联系，单位内部的社会复杂性程度低。在每个单位内部，权力、信仰、经济、道德、习惯、艺术、教育等功能都没有分化，而是以相互叠加的形式粘在一起。在区隔分化社会中，每个社会单位作为一个沟通系统，其面对的环境的复杂性程度很低，简单的社会结构就可以充分应付简单的环境复杂性。也就是说，从功能等价的角度来看，这样的社会结构足以维持系统沟通的持续性。

（2）分层分化 分层分化是指，社会结构的主导分化形式运用了“上／下”这种不对称的区分，整个社会被区分为“上层／下层”“中心／边缘”或“城市／乡村”的二元结构，“上层”“中心”“城市”是整个社会的中心，代表了整个社会的统一性，“下层”“边缘”“乡村”则成为被代表的那一方，而渐显弱势。无论是希腊罗马的奴隶制，还是中世纪的教会至上和封建制，以及随后的欧洲绝对国家，在卢曼看来，其社会结构的主导分化形式都是分层分化。与区隔分化相比，分层分化所对应的社会沟通形式具有更大的复杂性，能够适应更为复杂的环境刺激。而与功能分化社会相比，分层分化社会的一个重要特征是，在社会的自我描述中，全社会是一个具有中心的结构，社会中的其他部分都附属于这个中心。这样，一个重要的结果是，分层社会强调“至善”，无论是政治、经济、法律、宗教还是艺术，最高的标准都是为了追寻“至善”。因此，政治、经济、法律、宗教以及艺术等都没有各自独有的操作逻辑，即，没有形成封闭的沟通自主性。在分层分化社会中，社会的整合方式是宗教或道德至上，无论是政治、经济还是法律都必须依附于宗教或道德的绝对价值，一切社会沟通最终都可以还原为以“好／坏”这个区分所进行的观察，而“上层”“中心”“城市”则作为全社会的中心，被分配在“好”（善）这一面。[2]

（3）功能分化 功能分化是指整个社会系统分化成诸多功能子系统，各个子系统具有各自独立的运算代码（code）和纲领（programme），形成自主封闭的沟通领域，同时，各个子系统之间又通过结构耦合相互发生影响。卢曼认为，十六世纪晚

① Niklas Luhmann, A Sociological Theory of Law, London: Routledge, 1985, ch 3: law as structure of society.

② 宾凯：《公民社会的历史语义学——基于卢曼社会系统论方法》，载《交大法学》，2010年第4期。

期的欧洲逐渐完成从以“上/下”区分进行自我观察的分层分化社会向功能分化社会过渡。功能分化社会的一个重要特征是“去中心”。在以功能分化为主导的近现代社会中，政治、经济、法律、宗教、艺术等沟通领域分化为自创生（autopoietic）的社会子系统。每个社会子系统都有自己独立的沟通媒介和运算代码，并根据各自所要解决的问题执行着相互独立的功能。比如，政治的功能是做出“集体约束性决策”，政治系统的符码是“有权力/没有权力”“执政/在野”“保守/激进”以及“左/右”，这个子系统最为核心的问题则是如何通过权力的媒介进行持续沟通，换句话说，就是如何通过“有权力/没有权力”这个区分在二阶观察水平上维持系统与环境的边界。法律的功能是“稳定一致性的普遍化期望”，法律子系统的符码是“合法/非法”，其核心问题是如何通过法律媒介进行持续沟通，即通过“法律/非法律”这个区分在二阶观察水平上维持系统与环境的边界。所以，卢曼反对把近现代以来的欧洲社会转型看成仅仅是向资本主义社会的迈步，因为“资本主义”所强调的不过是经济系统这个单一系统在整个社会结构中的独立性和支配性，这种把经济子系统塑造为世界图像“中心”的做法，忽视或遮蔽了政治、法律、宗教、艺术、教育、媒介、医疗等等社会子系统与经济子系统同步呈现的分化趋势或自主性——卢曼把这种同步分化称为共变（covariation）。①

马克思与韦伯都曾经对社会分化议题加以探讨，但他们的观察以及结论都不足以达到撼动社会整体性的地步。②相反，他们对社会的理解是基于一个共同的认识基础，也就是共享一个基于“整体/部分”这个隐含着“中心观”假设的观察框架。在“整体/部分”的框架中，部分在整体之中，同时，某些部分又呈现为整体的中心，担当着统一整体的任务。与“整体/部分”的区分相比，“系统/环境”的观察框架是非中心的。每一个系统都有自己的环境，而不是所有的系统共享“同一个”环境。这样，系统与系统之间不可通约，系统与系统之间不是整体与部分的关

① 宾凯：《公民社会的历史语义学——基于卢曼社会系统论方法》，载《交大法学》，2010年第1期。宾凯认为需要提醒注意的是，卢曼指出，在任何一种社会形态中，以上三种社会分化类型中的每一种都不可能是唯一的分化形式。三种分化形式并不相互排斥，可以同时并行出现在一个社会阶段中。比如，虽然现代社会的主导分化形式是功能分化，但是，环节分化和分层分化依然会出现在现代社会中，当然，是附属于功能分化的。在现代社会中，虽然政治、经济、法律、教育等各个自主的功能子系统成为社会的主导沟通形式，但各个家庭之间仍然呈现为区隔（环节）分化的特征。同时，在企业、政府和政党内部，也存在着根据上/下区分进行沟通的分层分化的特征。

② 参见杨建华：《马克思、韦伯和卢曼的社会分化研究及启示》，载《浙江学刊》，2008年第5期。

系，而是相互作为对方的环境而存在，不是包含关系，而是并列关系。比如，在功能分化社会，作为社会子系统的政治不能还原为法律问题——这可以看成是对凯尔森（Hans Kelsen，1881—1973）纯粹法学的批评；作为社会子系统的法律也不能还原为政治问题——这可以看成是对施米特（Carl Schmitt，1888—1985）绝对主权理论的批评；无论是政治子系统还是法律子系统都不能还原为经济问题——这可以看成是对马克思关于“上层建筑 / 经济基础”这个区分的批评。卢曼认为，社会理论的整个传统都是奠基于“整体 / 部分”的世界图像之上，即便在近代社会步入功能分化阶段以后，绝大多数学者还是希望借助社会理论为整个社会找到一个理解秩序的正当性基础，或者说，还试图为社会重构一个“意义中心”。其中，最为著名的有黑格尔、马克思和哈贝马斯等人的公民（市民）社会观。卢曼本人在看待公民社会问题上则是运用“系统 / 环境”的区分来批评“整体 / 部分”的知识观。他认为，无论是黑格尔、马克思还是哈贝马斯，关于社会的语义描述，相应于其所在时代的社会结构而言，都发生了时代错位。虽然这些学者都敏锐地把握了社会从分层分化向功能分化的历史脉搏，但是由于受到“整体 / 部分”这个观察框架的限制，仍然试图以旧有的“中心论”宇宙图像对中心消散的新社会进行重新塑造，因而呈现出一种语义滞后于时代的“慢半拍”现象。卢曼认为，在现代功能分化的社会中，存在的是一个个既相互独立又发生着结构耦合的社会子系统。就处理社会矛盾和维护社会秩序而言，现代社会的整合机制不再是具有某种规范理想的“社会整合”，而是以各个子系统保持各自边界并处于“共变”中的“系统整合”。①

可见在卢曼看来，社会运行的方式与速度已经远远地把理论抛在后面，社会的整合需要用“系统 / 环境 - 差异”观察框架重新审视并寻找出路。

自创生社会系统论的提出，使得卢曼跻身 20 世纪最具影响力的学者行列。②卢曼的自创生理论已经超越帕森斯结构功能主义，从方法论到本体论，从思考方法到对世界的定义，从“人观”到系统观，都与传统的观念有很大的不同，人们自以为了解自己所生活的现时代，透过卢曼的观察，却发现自己“不识庐山真面目，只缘身在此山中”，其产生的震撼，可想而知。同为现代性理论家的哈贝马斯与卢曼意见相左，两人的观点交锋长达数十年之久。但哈贝马斯无疑也是最懂卢曼的同行

① 参见宾凯：《公民社会的历史语义学——基于卢曼社会系统论方法》，载《交大法学》，2010 年第 4 期。

② 顾忠华：《社会学的启蒙：“卢曼热”的预言》，载《当代》（台北），1998 年第 136 期，第 20—22 页。

之一。他认为卢曼以系统范式所进行的哲学反思，导致西方传统概念框架（例如存在、思想和真理等等）被进一步调整和修正。卢曼的系统理论是一种从形而上学（Metaphysik，元物理学）到元生物学 [Metabiologie] 的思想转变。Metaphysik 这种思想的出发点是，物理现象是“为我们而存在”，“元物理学”对物理现象背后的东西加以追问。“元生物学”从“自为的”有机生命出发，并对有机生命背后的东西加以追问，就是从控制论的角度看，面对一个高度复杂的周围世界，回答系统如何自我关涉，如何自我捍卫。[①] 因此，系统理论不仅在科学系统内部做出了独特的专业贡献，而且也“带着普遍性要求渗透到生活世界当中”。它用元生物学信念取代形而上学的基本信念，这样主观主义与客观主义的冲突就失去了意义，用语言建立起来的主体间性和自我指涉的封闭系统成为下一场争论的关键词。[②][③]

哈贝马斯对卢曼的观点既有批评也有肯定。他说，新形态的社会理论（指自创生系统理论）避免了整体主义和历史哲学基本概念的狭隘性和规范性负担，没有偏见的眼光，放眼看到的是高度复杂社会广泛的可变性、偶然性和多样性。但如果把这样的社会理论发展于考察诸如法律系统等社会系统，并抨击法律系统在全社会范围内已丧失导控功能的结论，则过于消极。[④] 哈贝马斯对卢曼的批评表明，哈贝马斯的“语言建立起来的主体间性”方案与卢曼的“系统自我指涉地再生产”方案之间的矛盾对立，已经成为政治哲学与法哲学的新论争场域。哈贝马斯的“语言建立起来的主体间性”理论曾经启发包括教育学者在内的中国人文社会学者的诸多思考，卢曼思想的影响则在近年逐渐地扩散。汉语学术圈内，台湾学者汤志杰、鲁显贵、顾忠华、高宣扬、黄钲堤、阮晓眉等自 20 世纪 90 年代开始持续介绍卢曼的思想并延展至哲学、法学、行政学、社会学的研究中。可以预见，卢曼的影响还会进一步扩大。

① [德] 哈贝马斯：《现代性的哲学话语》，上海：译林出版社 2011 年版，第 414—415 页。

② [德] 哈贝马斯：《现代性的哲学话语》，第 430 页。

③ 卢曼原本在 1971 年之前，属于默默无闻之辈，后来因为与哲学家哈贝马斯的论战而声名鹊起。从 1971 年到 1998 年卢曼去世，他的系统论与哈贝马斯的交往理论之间的激烈交锋，堪称二次世界大战后思想学术方面的一件盛事。

④ 参见 [德] 哈贝马斯：《在事实与规范之间：关于法律与民主法治国的商谈理论》，第 59—64 页。

第五节　关于本书

2013年至2014年，高等教育学界发生了一场学术争鸣——“认知理性论”对“适应论”。该场论争缘起展立新、陈学飞发表《理性的视角：走出高等教育“适应论”的历史误区》[①]一文，把20世纪80年代以来形成并有一定影响力的“高等教育内外部关系理论”概括为“适应论”加以批评，阐发了“必须走出‘适应论’”并“回归认知理性、建设学术市场”的观点。杨德广与董立平则发表了与展立新、陈学飞商榷的文章。[②]展立新、陈学飞随后发表了对“商榷”的“商榷文”。[③]另有多位学者也参与了讨论。[④]在我看来，在学术争鸣氛围尤其稀薄的中国学术界，这场论争是有意义的。不过，如果把潘懋元的“高等教育内外部关系理论”（或称“两个规律理论”）简化为、标识为“适应论”，然后又片面地把各种有关“适应”的阐述与“附庸论”“被动适应论”“政治适应论”相提并论[⑤]，与事实有出入。暂且不论今日是否仍有必要沿用“适应”这个词汇来表述教育与社会，以及教育与社会其他各子系统的实然或应然关系，也暂且不论“规律”情结、“本质属性”情结以及“两个基本规律”的表述是否有问题，单单就批评方法来说，我们应该穷尽被批评者关于“适应”的多种阐述，并且还原他的语境，才能判断他所说的“适应”到底是什么样的适应，这时再来评判高下对错也不迟。

潘懋元最广为人知的对“适应”的论述，是他在“内外部关系（规律）”里谈到的“适应”：教育外部关系基本规律，指的是教育作为社会的一个子系统与整个社会系统及其他子系统——主要是经济、政治、文化系统之间的相互关系的规律；内部关系基本规律，指的是教育作为一个系统，它的内部各个因素或子系统之间

---

① 展立新、陈学飞：《理性的视角：走出高等教育“适应论”的历史误区》，载《北京大学教育评论》，2013年第1期。

② 杨德广：《高等教育适应论是历史的误区吗？——与展立新、陈学飞商榷》，载《北京大学教育评论》，2013年第3期。董立平：《高等教育科学发展的理性选择——兼与展立新、陈学飞商榷》，《大学教育科学》，2014年第1期。

③ 展立新、陈学飞：《哲学的视角：高等教育“适应论”的四重误读和误构——兼答杨德广“商榷文”》，载《北京大学教育评论》2013年第4期。

④ 王洪才：《论高等教育“适应论”及其超越——对高等教育“理性视角”的理性再审视》，载《北京大学教育评论》2013年第4期。冯向东：《走出高等教育“适应论”意味着什么——对教育“适应论”讨论的反思》，载《北京大学教育评论》2014年第4期。

⑤ 同上。

的相互关系的规律。“适应”，包括两个方面的意义，一方面教育要受一定社会的政治、经济、文化科学所制约；另一方面教育必须为一定社会的政治、经济、文化科学的发展服务，“它一方面‘受制约’，一方面‘为之服务’，二者之中‘受制约’是前提，‘为之服务’是方向”。[①] 没错，从字面上看，这里讲适应，说的是既要“受制”，又要“服务”，它们无论在生活语境还是学术语境中，都是带有被动意味的词汇。但“附庸说”“政治至上”“经济至上”乃至“权力至上”是不是潘懋元的原意呢？我看没有人能够从以上表述中看出这样一层意思。相反，在 1989 年谈到高等教育如何应对商品经济的冲击时，他说，主动适应就是指教育者或办学者主动去判断选择商品经济的积极面，努力发挥它的积极作用；面对商品经济的消极面，则尽量消除或减少它的影响；所以，主动适应，就是发挥主体的判断与选择的作用。[②] 潘懋元关于“适应”的观点，既包括了实然描述层面上的“适应”，也涵盖了理想与规范意义上的“主动适应”。更为关键的是，他是在讨论高等教育作为社会子系统与其他社会子系统并立关系的大前提条件下提出的“适应”概念，高等教育系统与政治系统、经济系统与文化科学系统并立为社会各子系统是他谈到“适应”的基本语境。如果没有基本的自在、自为、自主地位，谈什么某样东西与另外一个东西的并立关系呢？！所以，把基于系统论的教育内外部关系理论理解为“(机械被动)适应论”甚至是“附庸论”，把一位学者的观点抽离其言说语境和大前提加以批评，恐不利于问题的深入。

1985 年，中共中央就已经在《关于教育体制改革的决定》中明确“教育必须为社会主义建设服务，社会主义建设必须依靠教育”的“两个必须”原则，而潘懋元认为它归结起来就是“教育必须与社会发展相适应”。[③] 那我们不能说政治、社会“依靠”教育，其实质仍然是想控制教育，使得教育成为附庸，使得教育不能按照某种理性原则自主运行。如果这样想，那就钻了牛角尖；如果认为文件上写了，却没有成为现实，一定是理论出了问题，那就犯了幼稚病。

当然，理论不可能没有改进的空间，也一定要接受批评、反思与修正。在系

---

① 潘懋元：《教育外部关系规律辨析》，载《厦门大学学报》（哲社版），1990 年第 2 期，第 1—7 页。

② 潘懋元：《正确对待商品经济对高等教育的冲击》，析自章贻俊主编：《高等教育改革与教学理论研究》，第 25 页，湖北教育出版社，1989 年版。《高等教育改革与教学理论研究》为 1989 年 3 月在湖北江汉石油学院举办“高等教育改革与教学理论研究讲座”材料汇编。

③ 潘懋元：《教育外部关系规律辨析》，载《厦门大学学报》（哲学社会科学版），1990 年第 2 期，第 1—7 页。

统论基础上发展的“内外部关系理论”存在以下三方面的问题和改进的可能：首先，系统论是该理论的基础，但系统论本身是一个待发展的理论。从系统论到社会系统论，从一般社会系统理论到教育系统论，从社会系统理论框架到与中国高等教育在地经验的结合，是一个复杂的、艰难的探索过程。卢曼的第三代自创生社会系统理论，令我们看到一个更为贴近中国高等教育在地经验的系统理论框架存在的可能，我们已具备用发展了的系统论更为立体地探索中国高等教育在地经验与问题的条件；其次，在“外部关系论”对“适应”的演绎方面，确实容易使人产生误读，造成分歧。不得不把“适应”区分出“被动适应”“主动适应”，就已经显露出逻辑悖逆的风险。试想一下，对于两个或多个并立主体之间的关系，我们如果用“交往”“沟通”之类的词汇，应该能更准确地反映他们之间平行并立同时又相关联的关系，也能够避免被误读成某物为某物“附庸”的麻烦，但“交往”“沟通”的哲学意味会不会使人们感到难于理解，从而产生新的问题呢，也很难说。我们要考虑到教育理论一直以来形成的一个特点（尽管它并不一定正确），那就是教育理论的现实指向性和对实务工作指导的抱负是较高的，为实际事务工作者所乐见并能被理解，这样一层考虑会影响学者的措辞。但无论如何，人们在（高等）教育到底是“适应”还是“超越”，抑或是“引领”社会（及其他子系统）上，已经牵扯进太多的精力，没有必要久讼不决。事物之间的关系有多种样态，加上每位观测者观察角度不同、知识背景与知识结构不同，一定会产生多种不同的表述，人们可以进入言说者的语境中（例如分辨一下是在讲实然状态，还是在做应然宣导，抑或两种情况都有），对其抱持“一定的理解”，不宜苛求统一。如果非要对高等教育系统在中国社会应有的地位和作用，做一个评估的话，不宜评估过低——作为某个子系统（例如政治系统）附属品当然不宜，实际上也不可能——在社会功能分化为主流的今日中国，“去分化时代”政治强人意志不受任何制约的图景已经不再。但我们也没必要对高等教育系统地位和作用做过高估计，按照卢曼的理解，对探求“中心”过于迷恋的理论或者说对成为“中心”过于执着的计划，在社会功能日渐分化、“中心”日渐消散的今天，未必是合时宜的；当然，最后，“内外部关系理论”和“适应观点”最为突出的问题以及后续最为艰巨的工作，就是直面历史。确实，对于高等教育系统独立性的丧失，简单一句那是政治（领导人）的问题，或仅仅做实然的描述是远远不够的。反思历史，关照现实，作为研究者来说，是他的使命和荣光所在，但探索的道路曲折而漫长。

本书的主体部分完成于著者对这场学术争鸣的关注之前，在修改和定稿过程中始注意到各方观点。在这里之所以不揣浅陋加以评点，是因为它与本书的问题领域是一样的——对共和国建政以来高等教育在地经验的探讨与反思，对高等教育与外部环境关系的把握，等等，都较为接近。只是得益于著作篇幅稍宽，史论皆可铺排。尽管如此，因为本人功力至浅，也不过完成此抛砖之作，参加讨论。

权利的时代并非完美，却无法超越。教育领域的权利问题，实际上已经成为教育法学的核心议题。杜文勇著《受教育权宪法规范论》、温辉著《受教育权入宪研究》、劳凯声主编的《变革社会中的教育权与受教育权：教育法学基本问题研究》和孙霄兵著《受教育权法理学——一种历史哲学的范式》，皆为教育法理学领域有一定影响力的专著。在中文学术著作中，还包括台湾学者的诸多力作和探索。例如台湾学者许育典指出，高等教育领域的人权主要包括了“受教育权”与“学术自由权”，而“学术自由权”及其制度性保障是高等教育法制区别于基础教育法制与一般学校法制的不同之处。“受教育权”是基础教育法制的重心，“学术自由权”是高等教育法制的重心。[①] 这是对高等教育法律制度的内在逻辑加以探讨的先行尝试。

经年的学术积累极大地推进了人们对教育权利的认知，丰富了教育法理学的研究，开启了教育部门法哲学研究的初始路径。但是，很明显，如果讨论视野囿于受教育权与教育权的等具体权利形式，而教育法哲学与政治哲学视角缺失，那将不利于讨论与认识的深入。我们有必要在多学科背景下，以教育改革实践所带来的问题意识为基础，拓展对权利政制安排与教育制度之间关联的认知，深化基于法权制度嬗变而产生的包括高等教育系统变迁在内的教育系统变迁现代性的讨论，以发展了的高等教育法哲学和发展了的系统论解释现象、引领现实。以卢曼系统论为指导，以共和国法权观念及相应制度安排流变为切入点，本书完成了以下工作：

(1) 完成了对高等教育系统闭合与开放条件（也就是自创生条件）的论述。本书认为高等教育系统是一个与政治、经济、文化科学、道德等社会子系统并立的系统，各子系统分别以其他所有子系统为自己的环境，而不是共享同一个环境。在社会分工和社会功能分化条件下，高等教育系统有自己独特的不能为其他子系统所替代的功能，而“学科”（disciplines）就是高等教育系统把自己从环境中区分开来，并承担独特社会功能的“运算代码（code）”。学科是社会分工在知识体系上的反映，

① 许育典：《法治国与教育行政——以人的自我实现为核心的教育法》，台北：高等教育文化事业有限公司2002年版。

同时也是一个专门知识与专业人才耦合性生产与再生产的机制，是高等教育组织和制度架构的基石。高等教育系统的自创生耦合论终结了高等教育“本质属性”到底是人的培养还是知识生产的纷争。

（2）探讨了政治系统、法律系统、道德系统与高等教育系统交往的重要介质——“法权”及“法权观念”。法权是权利的法的承认。法权观念，简单地说就是各种利益及其背后起支撑作用的各种价值观的法政哲学。法权观念在高等教育系统中有各种具体的表现，并在与国家法政哲学基础互动的条件下，决定着高等教育各项制度安排，尤其是高等教育法律制度的安排。在一个权利的时代，法权学说及观念史的梳理，有利于我们深化对高等教育法理型治理及高等教育哲学基础的讨论，当然，也使得我们有可能将共和国高等教育史的探索向前推进。

(3) 分析了共和国以改革开放为界，自建政至今前后两个历史时期（又称前后两个三十年）国家举办高等教育的不同的指导思想及哲学基础，讨论了两个历史时期之间的区别与联系。本书不倡导把两个历史时期割裂开来看待，但也强调要对历史教训做深刻的反思，特别是改革开放前，以政治强人意志推动的“去分化”导致社会所有子系统失去各自闭合与独立的条件，丧失平衡与自创生能力，直至“文化大革命”时的全系统崩溃。高等教育系统是分化的社会各子系统人才与知识的储备库，是知识分子的主要栖身之所，因而高等教育系统所遭到的破坏和损失扩散到整个社会功能系统，加速了这个进程；“文化大革命”终结，社会系统重建自恢复并重建高等教育系统开始，正是前一历史阶段的“反题”。历史，我们无法回避，也不容回避，对国家建构过程中种种时代的局限、外部环境的限制以及系统耦合偶然性，进行开放性的讨论和反思，有利于我们更为理性地看待历史、汲取教训，有利于人们打开心结、寻求共识。

（4）高等教育系统要成为一个认知上开放、运作上闭合的自创生系统，保持与政治、经济、道德、文化科技等社会子系统的正常交往，稳定性预期与法律制度健全基础上的法治是前提条件。在改革开放前三十年，出于对科层制与法理型治理的疑惧，中国社会走上“去分化”的道路。社会功能系统的“去分化时代”，领袖意志、意识形态、阶级斗争、政党伦理、行政手段、大民主运动等等都曾经以公平、正义、道德或者效率的名义支配高等教育，销蚀高等教育系统的独立性与内生动力，直至高等教育系统消融于环境之中，无力自拔。今天人们认识到，权利与法的时代、功能分化的时代尽管并非完美却不可逾越。法治仍然是规范一切权力，保障权利的良善制度。社会各子系统要学习在程序与实质合法条件下与高等教育系统交往的手段和路径，高等教育系统要学习法治条件下的生存之道。

2013 年，执政党高层指出："党领导人民进行社会主义建设，有改革开放前和改革开放后两个历史时期，这是两个相互联系又有重大区别的时期，但本质上都是我们党领导人民进行社会主义建设的实践探索"，并认为，中国特色社会主义是在改革开放历史新时期开创的，但也是在新中国已经建立起社会主义基本制度、并进行了二十多年建设的基础上开创的。虽然这两个历史时期在进行社会主义建设的思想指导、方针政策、实际工作上有很大差别，但两者绝不是彼此割裂的，更不是根本对立的。不能用改革开放后的历史时期否定改革开放前的历史时期，也不能用改革开放前的历史时期否定改革开放后的历史时期，而是要坚持实事求是的思想路线，分清主流和支流，坚持真理，修正错误，发扬经验，吸取教训，在这个基础上把党和人民事业继续推向前进。①

我们探求中国在现代进程中的"支流""错误"与"教训"，绝对不是为了妄自菲薄地否定或者无视中国这个晚生后发现代国家宝贵的"主流""真理"与"经验"，而是只有以客观的态度认真地梳理自己的历史，才能更好地总结两方面的经验和教训，才能使"主流""真理"与"经验"站得住脚。前后两个三十年对权利与法权安置问题的求解，对实现公平正义制度的探索一直未中断过，同样，对于现代性或接纳或排斥的批判性思考实质上也贯穿着近七十年的共和国历史。基于这种探索的延续性与艰巨性，在充分汲取历史教训的前提下，不妨放下包袱，打开心结，重建信任。共和国高等教育观念史的探索与系统论背景下的高等教育法哲学讨论志在于此。

如果说，中国作为晚生后发现代国家是一个自创生系统的话，我们就需要对系统本身的一阶观察进行再观察，才能避免它继续承受在与其他系统的交往时因观察盲点而"东奔西突"的窘迫。作为西方知识之社会系统自创生理论与本土在地经验的对话融合，相信它展示出的是全球化进程中的中国自信。

---

① 《毫不动摇坚持和发展中国特色社会主义 在实践中不断有所发现有所创造有所前进》，载《人民日报》，2013 年 1 月 6 日第 1 版。

第一部分　法权学说：创生与发展

十六七世纪的欧洲，面对传统世界观解体所导致的价值坍塌，用什么替代物来填补价值的真空，以便为多元化社会提供新的精神整合媒介，为原子化个人提供新的认同纽带，进一步为政治制度和社会规范提供新的正当性基础，成为一道难题。这道难题既涉及现代社会的自我确证，又涉及为未来社会提供方案，当然，它也是现代之理性反思所提示的问题，因此，可统称为现代性问题。时代迫切寻找这些问题答案，任务先是落在启蒙思想家肩上，后来逐渐由学术体制内专业知识分子和学者接棒。洛克和卢梭等启蒙思想家以虚拟的“自然状态”作为原型，从人和理性出发推导出“自然法”和“自然权利”，并进而推导出现代社会和法律安排之正当性基础。康德和黑格尔则承接笛卡尔的自我意识主体哲学，以同一性、理性和主体性三位一体的形而上学配合了自然法学理论以理性替代传统形而上学。正如哈贝马斯评论的那样，康德为现代世界的思想大厦确立了理性主体的主人地位和权威，明确地反映了时代的本质特征，而继康德之后，黑格尔则是第一位明确地意识到现代性问题的哲学家。黑格尔眼中的现代世界，优越性与危机同在，进步与异化精神共存，因此他一面对现代世界的思想大厦进行纠偏，一面却又加固了现代世界的思想大厦，使之成为一个更加充满矛盾和困顿的地标。以上思想活动就是法权哲学问题背景之所在。法权哲学作为现代哲学的一部分，其核心范畴与现代哲学的核心范畴——主体性与理性——具有极其重大的关联。在现代性变迁中的“主体”的嬗变及至颠覆[①]，“理性主体”原则的萎缩乃至销蚀[②]，无不成

① 参见张汝伦：《主体的颠覆：从黑格尔到马克思》，载《学术月刊》，2001年第4期。

② 参见王振林：《从主体理性的凯旋走向理性主体的黄昏》，载《社会科学战线》，2003年第5期。

为法权哲学递变的底色，反之，法权哲学的递变也集中而深刻地反映着现代哲学与现代性的诸多矛盾与困境。

欧陆理性主义法哲学，尤其是德国法哲学思想是法权学说创生与发展的主要力量。德国哲学界关于法权的几部著作出版的时间其实较为接近。费希特[①]的《自然法权基础》最早出版时间是1796年。康德[②]的《法权论的形而上学初始依据》作为《道德形而上学》的首发篇，出版时间是1797年。黑格尔大约在1802年或1803年完成《伦理体系的手稿》，于1821年出版《法哲学》[③]。正如康德以三大批判为基础演绎《法权的形而上学初始依据》，费希特以《全部知识学的基础》原则演绎《自然法权基础》一样，黑格尔以《伦理体系》所萌发的思想演绎了《精神现象学》和《法哲学》。哲学家们对本体论、价值论和知识论的睿智见解和辛苦探求最后都要归总为现实政制哲学，并通过法政哲学的思想落实到人间。而此时，他们所置身的"人间"与早期哲学家已经有很大不同——柏拉图亲眼目睹了一个信仰和旧传统日趋瓦解的社会，笛卡尔和斯宾诺莎看到的是宗教冲突的连绵不绝，而康德所看到的则是理性的胜利这一重大社会进步，因为像美国和法国革命这样激烈的社会变革，就是这种理性胜利的典范。因此，与他的前辈们相比，康德能更坚定地并更富有批

---

① 约翰·戈特利布·费希特（Johann Gottlieb Fichte,1762—1814），德国哲学家、爱国主义者。作为一个哲学家，他寻求哲学思想，特别是康德唯心主义思想的统一；作为一名爱国主义者，他试图唤醒德意志人民要求国家统一。费希特往往被认为是连接康德和黑格尔两位哲学家的过渡人物。近些年来，由于学者们注意到他对自我意识的深刻理解而重新认识到他的地位。和在他之前的笛卡尔和康德一样，对于主观性和意识的问题激发了他的许多哲学思考。费希特也涉及政治哲学，他被一些人认为是德国国家主义之父。

② 伊曼努尔·康德（Immanuel Kant，1724—1804），出生于普鲁士的柯尼斯堡（现俄罗斯加里宁格勒），德国哲学家、思想家、德国古典哲学创始人。他被认为是对现代欧洲最具影响力的思想家之一，也是启蒙运动最后一位主要哲学家。其一生深居简出，终身未娶，过着单调刻板的学者生活，直到1804年去世为止，从未踏出过出生地半步。

③ 格奥尔格·威廉·弗里德里希·黑格尔（Georg Wilhelm Friedrich Hegel ，1770—1831），德国最伟大哲学家之一。是德国哲学中由康德起始的德国古典哲学运动巅峰，德国古典哲学集大成者，虽然他对康德时常有所批评，但假使没有康德的学说体系，决不会产生他的体系。其思想体系是马克思唯物主义辩证法的主要源流。十九世纪末年，在美国和英国，一流的学院哲学家大多都是黑格尔派。黑格尔自1818年到柏林大学任教后直到1831年去世，总共讲授了《自然法与国家学或法哲学》六次。1821年后，出版《法哲学》一书作为教材。黑格尔的《法哲学》的出版和在都柏林大学的其他讲学活动使他成为普鲁士王国的"官方哲学家"。他在这本书中明确提出"哲学主要是或者纯粹是为国家服务的"观点。他的法哲学同时也被视为他的所有著作中政治观点和立场最为保守的著作。贺麟：《黑格尔著〈法哲学原理〉一书评述》，析自《法哲学原理》序，北京：商务印书馆1982年版，第1页。

判精神地倡导人类的理性。[①] 而就身份来看，费希特、康德与黑格尔都已成为哲学、法学等学科建制和大学建制中的一份子。大学教师的职业身份影响到他们思考与写作的方向，同时，他们的思考与写作又反过来强化了他们与国家学术体制之间的某种耦合关系。这是与过往哲学家非常不同的地方。里克曼评论说，柏拉图在他的学园里尽管也是一位教师，但他的对话录却是面向广大公众的；笛卡尔和斯宾诺莎像十七和十八世纪大多数著名哲学家（霍布斯·培根、莱布尼茨、休谟、伏尔泰和卢梭）一样，并没有能够占据公共的教育职位；笛卡尔的著作是为受过教育的平民而写作，斯宾诺莎是为自己及后代著书立说，而到了康德，则是一个“由国家聘任的专职哲学教师”，一个“作为大学教授”的伟大哲学家在写作。不过，平心而论，康德虽偶有雄文，但大多文章通常比较冗长，往往论证重复、晦涩，有时不免带有学究气。[②] 所幸，康德自己对于这一点是自觉的。他在回应要求哲学学术语言必须通俗化的观点时说，为了“使鲁莽的理性达到在其独断的命题面前首先理解自己”的目的，“学究气的一丝不苟是必须的”[③]。康德的文风不仅得到了谅解，似乎还招引了不少后继者，因此尽管有批评指责康德带坏了风气，却无法阻止这种来自讲堂和现代学术体制文风的流行。学术语言风格的变化，言说对象的日益专门化，在大学成建制地加以研究，经典作家逐渐为现代学术体制与学术系统所网罗，这些都成为现代学术系统日趋封闭和独立的征兆。法权学说作为国家法政基础加以论证的学说，既是法国大革命与美国革命后法治国在民族国家得以构建的产物，又是现代学术体制的产物。

在康德看来，法权学说这样一种讨论外在立法（与伦理的内在立法相对的）法则的总和的学说，其目的在于汇聚法学家与立法者相关的法权经验（Iurisperitus），发展法权机智（Iurisprudentia）。而为实证的立法提供不可改变原则的系统知识则是纯粹的法权科学（Iurisscientia），在当时，也就是自然的法权论（Ius naturae）。[④] 所以法权学说狭义地说就是立法原则的学说，从宽泛一些的意义，则可包括所有以权利的政制安排为核心，讨论和反思政治系统、法律系统与道德伦理之现代关系的学说。权利为什么成为宪法的中心议题，国家如何成为法权最后的归宿，法治、宪

① ［英］H·P·里克曼：《理性的探险——哲学在社会学中的应用》，姚休等译，北京：商务印书馆1996年版，第103页。

② ［英］H·P·里克曼：《理性的探险——哲学在社会学中的应用》，第104页。

③ 李秋零主编：《康德著作全集》（第6卷），北京：中国人民大学出版社2007年版，第124页。

④ 李秋零：《康德著作全集》（第6卷），第237页。

政与人性的关系，以及法权观念对于宪政的意义等，都是法权学说的直接或间接议题。从这个意义上说，自康德、费希特之后的法权学说的经典作家包括了黑格尔、马克思、韦伯、科耶夫等等；法权学说在中国的影响则体现为马克思法哲学观点在中国的具体应用和发展，在改革开放后，康德、黑格尔、韦伯、科耶夫等日益受到重视。

第一章　康德：基于个体道德实践理性的法权

康德的法权学说是其对法国大革命进行反思的结果，他为此重新界定自由的概念，疏远他自己早年揭示的高绝目标和理想主义话语，尽量避免在欲望与义务之间作激进的道德选择，而把政治哲学的重心下降到现实政治的可操作性的法哲学的讨论。[①] 直接的成果是康德开创了形而上学法权学说的话语体系。

康德是德国先验哲学的奠基者，他的“三大批判”缔造了德国先验哲学的基础。但晚年康德的理论兴趣转向了政治问题，撰写了被研究者称为“第四批判”的一系列政治哲学著作。这些著作就包括了《法权论的形而上学初始根据》和《系科之争》等等。那么，康德的政治哲学、法权哲学与他的整个先验哲学、特别是其中的先验道德哲学是什么关系？康德的政治哲学、法权哲学是否有助于使先验道德哲学落地？这些问题引来后世研究者经久不衰的讨论。最早是黑格尔指责康德的道德哲学落入了形式化、内省化的封闭性之中，隔绝于现存世界中具体自由的一切内容。平心而论，黑格尔似乎完全忽略了康德政治哲学的存在。[②] 阿伦特在其康德政治哲学的讲座中评论道：虽然康德晚年关注政治哲学问题，但其政治哲学论著只是一些幼稚平庸的作品，根本达不到“三大批判”那样的理论高度，康德晚年智力衰退的迹象已经显露无遗。[③] 这些争论表明，康德思想中政治与道德、先验与经验之间的张力，是康德研究的一个真正难点，直到今天仍是一个有待探究的开放性课题。从今日哲学界所达到的问题视野看来，康德全部事业中最深刻的矛盾，不在知识理论领域中的问题（如经验与理性的矛盾、现象与物自体的矛盾），而在作为实践问题的道德与政治之间的矛盾。

阿伦特虽然批评康德晚年的政治哲学著作缺乏理论的高度，但她也不得不承认在康德生命最后的岁月里，始终挥之不去的问题——如何把一个民族组织成为一个国家、如何构制这个国家、如何创建一个共和国，以及与这几个问题相关的所有法

---

① 张盾：《“道德政治”谱系中的卢梭、康德、马克思》，《中国社会科学》2011 年第 3 期。

② 同上。

③ ［美］汉娜·阿伦特：《康德政治哲学讲稿》，曹明等译，上海：上海人民出版社 2013 年版，第 28 页。

律上的问题——是一道难题。康德为求解这些难题，1794年完成的《纯然理性界限内的宗教》对人性进行了大篇幅的讨论，1797年完成的《道德形而上学》以《法权论的形而上学初始依据》开篇，在1798年完成的《系科之争》则规范了大学系科与高深学问对宪政国家的意义，以及各自应该承担的责任。通过对人性的分层讨论，借助于法权概念以及对现实事务发表时政言论，康德形成了自己的政治哲学思想，同时也给后来者留下了不亚于其道德哲学高度的政治哲学与法哲学。而它们的基础则是基于个人自由的道德实践的理性哲学。

第一节　法权学说中的理性观念背景

"理性"是理解西方文化以及东西方文化交流问题的最为重要的符码之一。在生活中，人们说一个人不受激情、感觉、情绪、习惯支配，具有相当自我约束和控制能力，总能恰当地安排自己行为时，我们就说他很理性。理性的运用涵盖本体论、认识论、价值论等各个层面，但从哲学的综合的含义上看，它就是理性主义所坚持的特定原则和观念的总和。

理性观念的历史发展 从词源上看，理性概念在古希腊源出于Logos和nous这两个词，它们表达了理性的最初含义。Logos，即逻各斯，作为希腊文中的一个普通词，其最基本的含义就是"词""言谈""叙述"。古希腊思想家赫拉克利特最早把逻各斯作为一个哲学概念。在赫拉克利特著作中，逻各斯决定事物生亡存灭，是协调一切的东西。逻各斯是万物生成的根源。过去，我们常常把逻各斯理解为"规律"，实际上，古希腊时期的逻各斯比"规律"一词的含义更加丰富。逻各斯代表一种共同的东西，共同的理解，是一种人们必须普遍遵循的理智。逻各斯是一种关系的总体，这种关系是动态的，是不同观点之间的关系。所以，逻各斯是由语言来表达自己的，各种事物也都是在各种有争议的观点之间的关系中显示自己是什么。这种关系，这种通过语言展开的事物，都需要遵循自己的"规则"，这就是逻各斯。所以，逻各斯作为理性的最初表达正是指存在关系的这种"规则性"以及对总体与因子的关系的体现与领悟。[①] 理性概念的另一个来源nous的基本意思是"有理性"。但是，这个"有"并非拥有的"有"，而是对存在的观察。nous最初的意思是"看"，其确切的含义是，通过看，突然领悟到一种处境的全部意义。在古希腊思想家阿

① 参见张汝伦：《历史与实践》，上海：上海人民出版社1995年版。

那克萨哥拉那里，nous 是无所不在的东西，但 nous 与任何东西又不同，不会和任何东西混在一起，它是无限的，自立的。nous 决定所有东西，既控制万物的运动，也使万物井然有序。它是一种理智，它的知和判断就像它的力量一样是无限的。亚里士多德则用这个词来表示人的心灵用以把握事物本原的理解样式。这个本原是完整演绎论证的前提。①

我们现在所使用的理性概念经由历史演变而来。在古希腊，最初的理性概念主要是指事物的存在及其显示方式，包含着在对话与交谈中去认识的意思，但总体上是一个本体论意义上的概念。而现在，它则主要是一个认识论和实践意义上的概念。在这个转变过程中，有几位思想家发挥了重要的关键性作用。首先是苏格拉底和柏拉图，他们不仅使理性成为达到真理的手段和途径，而且还使理性成为一种人生方式。逻各斯在苏格拉底和柏拉图那里，不是直接显示事物的东西，而是沟通被显示的事物与使事物显示者的媒介。所以，逻各斯首先不是要超越的东西，而是使人达到真理的途径与方法。而且逻各斯是通过对话即辩证法来显示真理的。需要注意的是，在柏拉图那里，逻各斯是事物本身和途径，通过这种显示，逻各斯沟通了人与存在，从而使人达到真理；而亚里士多德则把理性与感性能力严格地区分开来。同时，亚里士多德还把人的理性划分为理论理性与实践理性。理论理性与实践理性两者既有各自不同的目标，又有共同的目标。不同的目标是：理论理性的目标是科学的原理，理论的真理；实践理性的目标则是把握伦理原理。它们共同的目标就是善，也就是存在的现实性。所以，亚里士多德的理性概念的立足点并非认识主体及其自我意识，而是存在和本体。他提出了三个对后世影响深远的见解：(1) 人的理性与人对善的追求是一致的，这样，知识问题、伦理问题与法的问题就联系在一起了；(2) 人必须在自己的生活中实践自己的理性，即做一个有美德的人，如此，确立了现实的人的行为正当性标准；(3) 人实践自己理性的基本方式是推理，从而建立了正当性、合法性论证的逻辑形式。亚里士多德在确定实践推理方式时，既强调了普遍的伦理原则，又强调局部的经验背景，因此，他的实践理性概念既可以成为普遍主义的出发点（即价值理性），又可以成为经验主义的出发点（即工具理性）。由于两个方面都不是很彻底，从而导致不同的实践理性观。为了彻底地解决纯粹理性在实践中的应用问题，康德提出只有超感觉的东西才能成为实践理性对象

① 参见张汝伦：《历史与实践》。

的观点；实用主义者却反其道而行，否认普遍理性的存在，把实践理性理解为实践经验。康德基于先验哲学角度对理性的阐发对于人类理性认知具有深远影响。

据韩震概括，现有的理性概念可以分别从存在论、认识论、价值论和行为方式等不同角度、不同层面来归类，具体包括：

（1）本体论意义上的理性。本体论意义上的理性概念用于描述一种与物质性、动物性相区别的为人所独有的能力。自然界的物质是混沌无知的，而人却具有自我意识和理智，并且能根据外部条件的变化调整自己活动，这些能力被认为来自于理性。

（2）价值论意义上的理性。价值论意义上的理性与本体论意义上的理性相关，都是从实体角度界定理性的，不同之处在于，价值论意义上的理性尤其强调理性与人的生存意义的关系，认为人的生存的意义和价值也根源于理性。理性既是一个功能性的概念，又是一个富有意义的实体性概念。

（3）认识论意义上的理性。这种意义上的理性，是指人所特有的超越一切动物水平之上与认识相适应环境的能力，是人的身体，尤其是人脑的一种特殊的认识机能。这也是目前最流行的理性概念。这种理性观念近代以来沿着两个方向发展：一个方向是经验主义的——把人的理性能力理解为感觉能力的复合，认为理性与感觉经验是一致的，没有离开感觉经验的理性，如洛克、爱尔维修、休谟；一个方向是唯理论的——认为理性是与感性、知性等对应的概念，是人类所拥有的一种有条理地进行思考的逻辑思维能力，是人的大脑所具有的形成概念、利用概念之间的联系进行逻辑推理和判断的能力。

（4）行为论意义上的理性。这种理性是指人的行为的自我约束和控制能力，类似于我们经常说的“有理智”，也就是通常所说的不受激情、感觉、情绪、习惯支配而总能够恰当地安排自己行为的能力。

韩震对理性作为概念的归纳固然已经较为全面，但在哲学意义上的理性，主要表现为一种理性主义形式的信念，这个信念有如英国社会学家里克曼指出的那样，是由四个原则构成的：

（1）人们只应当接受建立在经过彻底地、批判地考察证据和正当的推理之上的真理。这一传统开始自苏格拉底，他断言，所有传统的智慧、宗教启示、神话、传说以及神谕，在被人们接受之前，都必须受到理性的拷问。

（2）现实是可知的，因为它具有一种理性的因而从理智上可以理解的结构。这个原则的形成，与柏拉图的理念论观点密切相关。柏拉图认为，虽然我们用感官所感知到的世界杂乱无章、混乱不堪，但是一种完美的、合理的和明晰的秩序其实是隐藏在我们所感知的日常世界后面的。通过理性，我们不仅能理解感性世界，而且能为个人提供政治生活的行为准则。

（3）人必须认识自己。这是对第一个原则的扩充。假如我们对任何事情都必须进行理性的考察，那么反过来，人要对自身的各种活动进行批判性的研究，这种研究自十九世纪以来得到持续发展。

（4）理性可以通过提供道德原则以及可被理性地讨论的实践智慧而付诸实践，指导行为。[①]

基于对理性的崇拜，乐观主义盛行。亚里士多德甚至以为，通过激发人的灵魂中的理性，抑制无理性的部分，人们就可以去恶从善。自然法的理论更是在知识能力与道德能力统一的基础上，建立了法与道德统一的学说。然而，这种理性的“迷思”不久就为休谟所打破。这就是休谟基于经验主义的怀疑论，正是休谟的怀疑论把康德从“理性独断论”的昏睡中唤醒。

理性的吊诡及其现代性问题 18世纪，休谟（David Hume，1711—1776）提出了一个著名的命题：“是”（to be）与“应该是”(ought to be) 之间没有必然的联系。休谟命题挑战了自古希腊以来的知识论传统，其中也包括亚里士多德道德论的主要建构——知识与道德的统一，实有与应有的统一，以及作为知识与道德统一的理性在致善中的作用。在传统哲学观念中，一个有道德的人，应该是有知识的人，一个人是否达到善的目的，又取决于他的道德能力和理性。休谟却颇不以为然。他认为，实际存在的东西不可能推导出应该存在的东西，原因和结果之间的联系是凭借经验获得的。离开了经验，理性无法对事实进行有效的推论。形而上学对未来的一切推论都是不科学的。驱动人们行动的不是理性的判断和目的，人的行动总是在个体随意的情感和激情推动下进行。人的理性的对象只能是人的经验范围内已经发生的事实。根据这个判断，他指出：“形而上学并不是一门真正的科学。形而上学或者产生于人类虚荣心的无益的努力 (这种虚荣心使人类钻进了我们的理解所完全不能达到的题目)；或者产生于普通迷信的伎俩 (这种迷信由于不能以明晰的理由来保卫自己，便用纠缠难解的荆棘去掩盖和保护其自身的弱点)...... 要使学问从这些

① 参见 [英] H · P · 里克曼：《理性的探险——哲学在社会学中的应用》，第 11 页以下。

深奥的问题中立即解脱出来，唯一的方法是认真地研究人类理解的本性，并根据对于理解能力的精确分析指示出它无法适应那样幽远深奥的题目。”[①]美国学者麦金泰尔称休谟的理论是对合理性观念的“英国化颠覆”。[②]休谟怀疑论推导下的政治哲学别有洞见。在休谟看来，所谓正义、公正的种种表述，完全取决于它们在促进和维护人类利益方面的作用，取决于它们与人类动机和爱好的关系。理性自身并不能够创造出自然法的各项原则，德行不过是被普遍赞同的行为罢了。鉴于此，休谟对社会契约论的观点进行了批评：即使历史上曾经存在过公众同意基础上的社会，它也与当前的社会无关，不能根据过去发生过的事件就推定这种事件今后一定还会发生。现实中，没有一个政府征求过公民的同意，而且除非在极端暴政的情况下，公民也很少对现存秩序提出疑问。公民的服从很大程度上来源于习惯。社会契约论把公民服从的政治义务与信守协议的义务混为一谈，实际上它们并不是一回事。公民的服从是为了建立良好的秩序，保证安全与和平，遵守协议则是在私人之间建立信任，以利于进一步的交往。这两种义务的共同点只是它们都产生于人类社会的需要。而这种需要，部分地来源于传统教养形成的习惯，部分地来源于自利。休谟进一步总结了三条自然法的原则：“稳定财物占有的法则，根据同意转移所有物的法则，履行许诺的法则。”[③]这些自然法的根据都不是理性，而是人类的经验，是与人类的秩序需要密切联系的制度，是人类的需要经过长期的演化而通过习俗形式得到了确认而已。功利和自利就是人类的需要，所以，所谓自然法原则不过是习俗的体现，它的正当性不是来自于理性，而是依赖于社会需要。当它们被人们基于共同的利益而接受的时候，就成为判断行为正义与否的标准，既维护社会稳定，又满足人类的偏好。但是，无论习俗多么有根据，都不是必然的东西，而是或然性的，相反情形仍然有可能出现。人类的需要的变化，也会引起习俗的变化。简言之，构成所谓自然法原则的，不是人的天赋权利或其他先验的原则，而是人类的需要和功利。[④]

罗素对休谟的评价认为：“休谟得出了一些怀疑主义的结论，这些结论既难于反驳，同样也难于接受。结果成了给哲学家们下的一道战表，依我看来，到现在为

① ［英］休谟：《人类理智研究》，吕大吉译，北京：商务印书馆 1999 年版，第 6-7 页。

② ［美］麦金太尔：《谁之正义？何种合理性？》，万俊人译，北京：当代中国出版社 1996 年版，译者序言。

③ ［英］休谟：《人性论》，关文运译，北京：商务印书馆 1991 年版，第 566 页。

④ 葛洪义：《法与实践理性》，中国社会科学院研究生院博士学位论文，2002 年，第 75 页。

止，还没有够上对手的人的应战。”[①] 然而，与其说休谟击败了“理性”，切断了从真理直接通往秩序的道路，不如说，理性自身的悖论击败了自己。

对于大多数近代思想家，尤其是启蒙思想家来说，理性是将人从一切束缚中解放出来的工具和保证。有了理性与科学，人就不再服从任何超人的权威。但人毕竟不是上帝，他无法像上帝那样认识终极实在和至善。这就是说，理性无法提供终极目的知识，它无法从整体上说明人类活动的意义。这是现代虚无主义的根源。此外，按照近代所谓科学理性的标准，终极目的之类的东西根本就没有科学的地位，因而也不是科学研究的对象。科学只是预设它的目的，但不反思它们。这就是说，科学（理性）不能自己证明自己的正当性。科学或理性一味向外探求，却昧于自身的目的。这就是理性自身的吊诡。

卢梭是第一个对近代理性的吊诡有深刻洞察的人。他看到，人们固然在将理性用于科学和艺术时取得了不少成就，但理性在这个过程中却变成了人欲望和激情的工具。近代哲学家，无论是唯理论者还是经验论者，都将理性视为激情的仆人或奴隶。既然理性是征服自然、满足我们欲望的工具，体现或增加了我们的权力，那它当然只能是工具理性，只是工具，而与价值和意义无涉了。在理性工具化的过程中，它失去了自己的目的。康德则意识到在他的时代，理性与人性面临着前所未有的危险，因为人们已经失去了对理性指导人类事务的信仰和信念。而此前的近代哲学，却未能提供一个一以贯之的理性的目的论概念。在康德看来，理性危机的出路在目的论，目的论是理性批判的最终归宿。批判的目的是将工具理性（即知性）限制在现象领域，而将目的领域留给实践理性。这使得康德将他的哲学思考的核心转到了实践哲学，转到了人类理性对善的追求上来，由此萌发了一种以“自由”为基础的全新的理性概念，逐渐发展为对理性的整个系统进行批判的考察。

但是，如果目的论在实践中只是一个“独断的观念”，它如何能在我们的世界中有说服力并有成效？其实，恰恰是因为理性甚至都不能说服它自己，才需要这样的“独断的观念”。因此，尽管这种目的论在黑格尔那里得到了进一步的发展和完善，但它所表现出来的强烈的末世论色彩，却使它“无可奈何花落去”，似乎成了对现代性而言最不合时宜的传统遗迹，更由于它将意义问题从实际推到了彼岸世界，它对现实生活也就无法产生积极的影响。然而，哲学理论的意义和价值并不在

---

① ［英］罗素：《西方哲学史》（下卷），马元德译，北京：商务印书馆 1982 年版，第 200 页。

于它解决了什么问题，而在于它针对什么问题和进一步提出了什么问题。况且，康德的法权学说正是试图通过实践理性与政制安排解决问题的有益尝试。

第二节 康德法权学说中的理性观念

历史地看，法与理性的关系，首先反应在“自然法”与理性的关系中。公元六世纪形成的《查士丁尼法典》标志着罗马法的定型，其中贯穿着最早由亚里士多德提出、到斯多亚派成形的永恒正义或“自然法”的思想。这一思想在西塞罗的《论共和国》中表述为：“真正的法符合自然的正当理性；它是普遍适用、永恒不变的；它以其命令召唤义务，以其禁律制止罪恶。……一个永恒不变的法在所有国家和一切时代都将是行之有效的，主人和统治者将只有一个，这便是上帝，因为他是这个法的创造者、颁布者和执行者。”[①] 上帝赋予人的本性（自然）是理性，理性由于其普遍性和永恒不变而成为正义的标准，这就是“自然法”。这种意义的自然法从奥古斯丁到托马斯·阿奎那都没有根本的变化。“自然法”概念虽然有与上帝脱钩的倾向，但从人的理性本性中推出自然法及其正义原则却与古代一脉相承。[②] 康德在法权哲学中所阐述的实践法则进一步被区分为自然法则与自由法则，既是对自然法的继承，又是新的发展。

“自然法则”（die natürliche Gesetze）不同于“自然法权”（Naturrecht）。通常，康德用前者来翻译拉丁文的 leges naturae（自然法则），用后者来翻译拉丁文的 jus naturae（自然法权）。“自然法则”就是“自然规律”，德文中同一个 Gesetze 既可以译作“法则”“法律”，也可以译作“规律”。而 Recht 则既有法律的意思，也有权利的意思，中文为兼顾这两层意思，通常译作“法权”。[③] 这两个德文词在“法律”“法”这层意思上是重叠的，但在权利的含义方面，却为 Recht 所独有。古代人把自然法理解为不可违抗的自然规律，近代人则把自然法理解为人自身的自然权利，即天赋人权、自由。对于这两种自然法，邓晓芒认为，康德虽然没有像黑格尔

---

① ［美］列奥·施特劳斯、约瑟夫·克罗波西主编：《政治哲学史》（上），李天然等译，石家庄：河北人民出版社 1993 年版，第 186—187 页。

② 邓晓芒：《康德论道德与法的关系》，《江苏社会科学》，2009 年第 4 期。

③ 关于 recht 的中文翻译，后续还会专门交代，这里需要指出的是有学者把法与权利同时标注出来，例如韩水法在《康德法哲学中的公民概念》中，提及法权时，用“法（权利）”这样一种很独特的方式。

那样从历史上作出说明，但在概念上已经分得十分清楚了。在这一点上，他比近代那些自然法派的法学家和哲学家都要清醒。① 不仅如此，康德指出自然法则是外在的法则，而自然法权是一种内在的法权——这种内在的、生而具有的法权只有一种，那就是自由。

> 自由（对另一个人的强制任性的独立性），就它能够与另一个人根据一个普遍法则的自由并存而言，就是这种唯一的、源始的、每个人凭借自己的人性应当具有的法权。②

自由权是衡量所有具体法权的最终标准。康德说：

> 人们之所以把这样一种划分引入自然法权体系（就它与生而具有的法权有关而言），其意图在于：一旦对获得的法权发生了争执，出现了问题，谁有责任作出证明……就可以在方法上像依据不同的法权条文那样援引他生而具有的自由法权（这种法权现在就根据其不同的关系而被专门化了）。③

邓晓芒指出，康德所说的“生而具有的法权”是一种使他人“承担义务”（zu verpflichten）的“道德的”（moralicher）能力，这和自然法则作为“赋予责任的”（verbindende）法则是本质上不同的。在德语中，Pflicht 和 Verbindlichkeit 两个词虽然都有“义务”“责任”的意思，康德甚至常常把两个词互换使用，但前者是更为内在的、出于本心的含义；后者则是外在的，词源 verbinden 的本意是“束缚”“捆绑”。这就不难理解，为什么康德认为自然法权作为生而具有的法权是一种“道德的”能力，与内在义务相关，而自然法则却不是，它只是一种外在的责任。所以我们可以认为，正是通过追溯自然法权内在的道德根基，康德把自然法权与自然法则区别开来了。④

行文至此，我们已经能够比较清楚地看到康德在法权学说里对实践理性（道德哲学）的发展。在纯粹实践理性条件下的实践法则就是康德所谓的“定言命令”：

① 邓晓芒：《康德论道德与法的关系》，载《江苏社会科学》，2009 年第 4 期。

② 李秋零主编：《康德著作全集》（第 6 卷），第 246 页。

③ 同上，第 247 页。

④ 邓晓芒：《康德论道德与法的关系》，《江苏社会科学》，2009 年第 4 期。

“你要仅仅按照你同时也能够愿意它成为一条普遍法则的那个准则去行动。”[①] 这是一条道德法则，有时被康德简化为：“按照一个同时可以被视为普遍法则的准则行动。”[②] 而康德提出的“法权的普遍原则”是：“任何一个行动，如果它，或者按照其准则每一个人的任性的自由，都能够与任何人根据一个普遍法则的自由共存，就是正当的。”[③] 可以看出，道德法则中必不可少的“准则”[Maxime] 一词，在法权法则中变得可有可无了。这是一个重大的改变，它说明法权法则不像道德法则那样，硬性地要求把法则置于一个人主观的准则中作为动机，也就是不要求“为义务而义务”，而只要求客观行动上符合义务就行了。当然，一个人出于义务而守法是值得敬重的，但这并不是法律所要求的，法律只要求不违背义务，不论出于什么目的。所以法权义务与道德义务不同，它可以允许“他律”。康德的最终目的在于指出，“法权”这种外在的自由并非彻底的自由，如果它停留在感性，实际上是不自由的；只有我们经过法制的长期的训练，能够从法制中看出它的更深的根基，使自己提升到“为义务而义务”的自律，我们才能达到彻底的自由，这就是道德实践的自由。[④] 至此，实践理性才达到自己的目的。法权状态是建立在道德基础之上的，道德建立在真正的实践自由基础之上。

第三节　人性与法权

政治的本质是如何对待人。因此，任何政治理论、学说、实践都自觉或不自觉地以关于人性的判断为基本出发点。然而，古往今来，人们对于人性的判断莫衷一是，或说是善，或说是恶，或说既非善亦非恶，或说无所谓善恶，例如“食、色、性”之说。此外，还有不少人把不同文化下政制发展的不同，归于人性差异。

自由主义学者殷海光的弟子张灏曾经提出了幽暗意识说，以为西方的民主法治进程和西方基督教传统的一种幽暗意识是分不开的，这种幽暗意识以为人性本恶，对于人性采取一种不信任态度，认为人不可能通过自身的道德达到完善，因此，西

---

① 《道德形而上学基础》，见普鲁士皇家科学院 1914 年德文版《康德全集》第 4 卷，第 421 页。转引自邓晓芒：《康德论道德与法的关系》，《江苏社会科学》，2009 年第 4 期。

② 李秋零主编《康德著作全集》（第 6 卷），第 233 页。在《实践理性批判》中的表述是：“要这样行动，使得你的意志的准则任何时候都能同时被看作一个普遍立法的原则。”邓晓芒译，杨祖陶校，北京：人民出版社 2003 年，第 39 页。

③ 同上，第 238 页。

④ 邓晓芒：《康德论道德与法的关系》，载《江苏社会科学》，2009 年第 4 期。

方在民主进程中更重视制度建设和法治的精神。虽然中国的儒家传统中也有这种幽暗意识，但是孔孟等人仍然对人性抱有着一种乐观的态度，他们坚信人类可以通过自身的道德修养达到圣人境界，所以中国传统上更重德治或人治，而轻法治和制度建设。康德的政治哲学与法哲学讨论也是从人性论的厘定开始的。

在国内外康德研究中，康德关于人性善恶的见解，作为其广义人性论的一个重要组成部分，向来没有像其哲学的其他部分那样受到应有的重视。在国内，随着康德集中阐释人性善恶问题的宗教哲学著作《单纯理性限度内的宗教》中文译本出版，这种情况近来有所改变，人们已注意到康德人性善恶论不仅是其宗教哲学的人性论基础，而且是其道德哲学核心思想在人性问题上的一种深入贯彻，因此人们开始关注和探讨康德这方面的理论，尤其是他有关人性“根本恶”的学说。但是，通观康德《单纯理性限度内的宗教》，康德似乎并没有就人性究竟是善是恶，或者是否既善又恶，或者是否既非善又非恶，以“我认为”的表达方式做出明确的断言，他既谈到了人的本性中有一种“趋善的禀赋”，又说到人性中有一种“趋恶的倾向”，给人的印象似乎有些模棱两可。[①] 结果，有人根据康德的人性中的趋恶倾向和根本恶的说法，认定他是性恶论者；有人则根据他的人性中的趋善的禀赋的说法，宣称他是性善论者；还有人干脆认为康德是一位主张人性既善且恶的折中主义者。其实，康德的人性善恶论既有别于自然主义的人性观，又不同于肤浅的人性本善的理论，具有自己独立的思考。

人的自然本性无所谓善恶　对人的本性之善恶的评价，是以对人的本性“是什么？”这个问题的回答为前提的。按照通常的理解，人的本性（die Natur des Menschen）是指人身上与生俱来的、天赋的属性，而这种天赋的属性又往往是指人作为自然存在者所具有的自然本性。人们往往把人的各种自然本能、冲动和欲求，当作人的本性。在康德的广义人性论中，人的这种自然本性固然构成了他所理解的广义人性的一部分，他也从来没有否认过人是一种自然存在者，但是，康德人性论的一个醒目的独特之处，就是他断定并论证了人身上还具有一种“自由本性”。[②]

作为自然存在者，人不仅要遵循机械的、物理的规律，因而具有物理的属性，

---

① 舒远招：《直指人心的人性善恶论——康德人性善恶论的层次分析》，载《哲学研究》，2008 年第 4 期。

② 舒远招：《直指人心的人性善恶论——康德人性善恶论的层次分析》。以下对“什么是人的自由本性”“自由本性到底是善还是恶”部分的讨论，多采纳舒远招对康德的研究观点，不再一一赘注。

也服从化学的、生物学的规律，具有化学的聚合性和生物的有机性。由于生物又可以再分为植物和动物，而人属于动物物种，因而康德还明确地肯定了人的“动物性”。但康德更强调人不仅是自然存在者，而且是理性、道德或自由的存在者，这就决定了人具有超出自然本性的自由本性。尤其重要的是，当康德承认人的自然本性的时候，他并没有把道德或伦理上的善恶意义，跟这种自然本性联系起来，即拒绝对人的自然本性作道德评价。所谓在康德的人性善恶论中排除了人的自然本性，意味着他仅仅就人的自由本性谈论人性善恶。

康德认为，如果人的本性像人们通常理解的那样，仅意味着人身上所具备的某些与生俱来的天赋属性(如各种自然本能和自然冲动)，那就跟道德上的善恶这些称谓相矛盾了。这些自然的本能和冲动，由于不是人自己有意识地确立起来的，而是大自然预先赋予他的，它们就不能在道德的意义上被称为善的或恶的。

什么是人的自由本性 对人性善恶的追问，以人的本性的自由为前提！康德由此写道：

> 在这里，人的本性，仅仅被理解为人一般地运用其自由（在客观的道德法则之下）、先行于所有落在感官中的行动（Tat）的那个主观根据；而无论该根据存在于何处。而这个主观根据本身又必须始终是一个自由的行动（ein Actus der Freiheit），因为否则的话，人的任意（Willkür）在道德法则方面的运用或误用，就不能由他负责，而且善或恶在他那里就不能称为道德上的善恶了。①

显然，康德把能够进行善恶评价的人的自由本性，理解为一个自由的选择行动。康德此处所谈的自由行动，首先是指在人的内心当中所展开的、面对客观的道德法则所作出的道德选择。这样一种被他称为人的本性的自由行动，并不是经验个体的某种落在经验（时间）当中的具体的自由（道德）活动，而是构成了所有自由选择活动之最高主观根据的、在普泛和族类意义上的自由（道德）选择活动。对康德而言，说人的本性是善的或恶的，意味着人具有采纳善的或恶的行动准则的一个原初的主观根据，这个根据他认为是“无法深究的”，只能源于人的自然任意的原始的“自发性”。另外，人之具有这样一个原初根据，是普泛（allgemein）地作为

① 李秋零主编:《康德著作全集》(第6卷)，第228页。

人如此的，他因而通过采纳某个准则而体现了其族类的特征。

这个构成所有具体的自由（道德）选择活动之最高根据的、源于智性的自发性的、在类的意义上的自由选择行动，由于是人自己有意识地做出的，因而不是由自然天赋于人的，而应该完全由人自己来独立承担责任。严格来讲，它不应该像人的自然本性那样称为天赋的。但是，由于我们采纳准则的这种原初的主观根据（它本身必定始终存在于自由的任意中）不可能是一种在经验中给定的事实，因此，人的自由本性的善或恶就在一种特殊的含义上被康德叫作天赋的，即它被康德想象为先于一切在经验中给定的自由的运用而被奠定为基础，同时被想象为与人的出生同时存在于人心之中，当然，康德并不认为出生正好是其中的原因。可见，康德把人的自由选择活动分为两个层次，一是经验层面上的大量丰富的自由选择活动，它体现在感性的、经验的行动中，二是作为所有这些经验行动之原初主观根据的原始的自由选择活动，它存在于人的内心之中，后者就是康德所理解的人的自由本性，它构成前者的形式根据并体现在前者之中。

由于人必须自己为其自由选择活动承担责任，因此，康德坚决反对把人的自由本性的恶，归结于人身上的自由本能、冲动和欲望。康德反对还原论的处理方法，这种方法总是用人的自然的原始本能和欲望，来解释人的道德意义上的罪恶。他明确指出：恶的根据不能存在于通过爱好来规定任意的客体之中，不能存在于人的自然冲动当中，而只能存在于一个任意本身为了运用其自由而有意做成的规则即准则之中。如果把人的自由冲动当作人采纳或不采纳道德准则的根据，那么，自由的运用就完全被归因于由自由冲动所达成的规定了，这是与自由截然矛盾的。显然，康德对那种简单地把人的肉体欲望当作“原罪”的禁欲主义观念持批评态度。

当康德明确反对把人的自然本性当作人的“原罪”时，我们可以看出其反对宗教禁欲主义的启蒙主义倾向。不仅如此，康德甚至还明确地把人的自然本性中的动物性，当作人的三种趋善禀赋中的其中一种（另两种是人类性和人格性）。正是因为康德把人身上的动物性，包括自我保存的本能、性本能和社会本能，也当作人的一种趋善的禀赋，人们才有可能认为康德对于人的自由本性的看法，是性善论的。应该承认，康德确实没有简单地否认西方人性论历史上的性善论传统，即把人的禀赋当作是趋善的。但是，说人具有趋善的禀赋，并不等于说人的自然本性就是善的。舒国远提醒人们注意：康德常常使用“人具有趋善禀赋”这类说法，而很少说“人具有善良禀赋”。“趋善禀赋”与“善良禀赋”有所不同。康德并没有简单地断定人身上的趋善禀赋本身就已经是善良的了。当然，在动物性、人类性和人格性三种趋善禀赋中，康德最看重的是人格性禀赋，他甚至把人格性本身就当作人心善良的体现，而且认为在人格性禀赋的基础上绝不会嫁接出任何恶果。但是，人类性和动物性这两种禀赋，他认为都有可能嫁接出恶果来。所以，至少就动物性这种自然本性而言，它虽然是趋向于善的，但未必就真的能结出善果，相反，却有可能恰好结出恶果。人的自然本性作为一种趋善的禀赋，并不真的就已经是善良本性了。即使康德在个别场合肯定了人具有善良禀赋，我们也要注意这个善良禀赋仅仅是作为人性的"胚胎""萌芽"出现的，它意味着一种趋向善良的可能性，但并不意味着一定会结出善的果实。总之，在康德人性善恶论中，自然本性由于其非人为性，而并不具备真正的道德意义，所以是无所谓善恶的。康德只对人的自由本性的善恶进行道德审视和评判。

自由本性到底是善还是恶 那么人的自由本性到底是善还是恶呢？康德没有一概而论，而是从可能、实然与应然三个层面上予以探讨。

首先，在抽象的逻辑可能性层次上，康德认为由于人的本性就是自由选择，因此，在他未做出遵循或违背道德法则的选择之前，他始终具有或者选择为善或者选择为恶的两种可能性。就这种可能性而言，人的本性，在康德这里就既不能简单地说是善的，也不能简单地说就是恶的，因为只肯定其中之一，就意味着否定了人的道德选择的可能性。由此可以看出，当康德把人的自由选择当作人的本性的时候，他事实上否定了那种简单的、片面的性善论或性恶论。当然，就道德选择的主体而言，在面对道德法则的时候，他要么选择遵循法则，要么选择违背法则，舍此两种选择，他再也没有其他选择的路径。也就是说，人不能面对道德法则无动于衷，即不作出任何选择，这一点从根本上否认了那种认为人的自由本性无所谓善恶的论调。人面对道德法则只能做出一种选择，而不能既选择了道德法则，又选择了非道德准则，这就否定了那种认为人的本性部分地是善的和部分地是恶的观点。尽管康德也承认，从经验现实来看，人们往往很可能走的是这种严格选择的"中间道路"，但是在理性的法庭面前，人的道德选择始终应该是严格的非此即彼的选择。①

其次，在实然的层次上，康德认为人本性恶。这是康德对人的自由本性的现实所作的冷静的、客观的"诊断"结论。从这一点上看，康德虽然秉持道德的高绝标

① 李秋零主编：《康德著作全集》（第6卷），第20页。

准，却也并非天真之徒。当康德把眼光投向人的自由本性的现实时，他明确地肯定了人的本性是恶的。他甚至明确地指出：所有时代的历史记载都表明，人具有一种善良禀赋的假定是无根据的，它也许仅仅是塞涅卡和卢梭等道德主义者的“一个好心肠的假定”，其目的在于“促进对或许存在于我们身上的趋善的胚胎的那种勤勉的培植”，但人们在人身上可以指望的，至多只有一种趋向于善的自然基础。在“人本性恶”这个标题下，康德还进一步明确指出，关于人的本性的“恶劣”“腐败”或“堕落”，我们根本不需要作出什么死板的证明，因为“在人的行为的经验给我们昭示了大量显著的例证”①。他所提到的例证有：发生于托富、新西兰、纳维加脱群岛上的屠杀事件，美洲西北部辽阔荒野上的无休的争斗（康德由此讥笑了那种认为人类曾经经历过和平的“自然状态”的浪漫主义假说）；文明社会中人的普遍的欺诈（伪善）、忘恩负义、幸灾乐祸等大量恶习；各民族和国家之间长期存在的野蛮的战争状态（康德由此担心人类的永久和平会遭到人们的普遍嘲笑），等等。康德的这一立论，受西方“罪感文化”的影响是确定的。他在许多场合，借用宗教的术语把人类违背道德法则所犯下的道德上的“恶”，叫作“罪”。他所理解的本性上的恶，也同宗教有关人类普遍犯有原罪的说法相似，是一种族类意义上的恶。对他而言，“人是恶的”这一命题，说的是人意识到了道德法则，却偏离道德法则。而“人本性恶”的意思无非是：人在其族类的、普泛的意义上是恶的，按照这个“类概念”，人不可能受到别的评判，人们可以把恶的品质，作为一种“主观上必然的品质”，视为存在于每一个人身上，甚至是最善良的人身上。②不过，他把宗教中所谓的上帝的诫命，理解为奠基于纯粹实践理性的道德法则，从而使他的“单纯理性范围内的宗教”有别于正统的基督教教义，此外，他也坚决反对那种人类后代通过遗传的方式而继承了人类始祖（亚当和夏娃）的原罪的说法。

应该进一步指出的是，康德所谓人的自由本性上的恶，其实就是指人身上一种普泛存在的“趋恶的倾向”——康德甚至用了“自然的”这样的形容词。这种倾向，是人在选择行动准则时偏离道德法则的“主观根据”。它与康德所说的“趋善的禀赋”有所不同：趋善的禀赋是人始源地就具有的，其动物性甚至是大自然天赋于人的，而“趋恶的倾向”，在康德看来是人自己所招致的，它本身就是一种自由的选择行动，不同于作为自然存在者的人的任意的自然的（physisch）倾向，而是一种

① 李秋零主编：《康德著作全集》（第6卷），第32页。

② 同上，第37页。

从属于作为道德存在者的人的任意的道德（moralisch）倾向。这种具有明确道德意义的趋恶倾向之所以被康德成为“自然的”（natürlich），倒并不因为它真的是由大自然天赋于人的（不是人的作为自然存在者的自然本性），而仅仅因为这种倾向是普遍地存在于人身上，以至于康德把它叫作“自然的”了。具体的恶行和趋恶倾向的这种特殊“行动”的区别在于：通过趋恶的倾向，通过这种“自由的行动”，恶的准则被纳入人的任意之中；通过具体的恶行，这个准则在经验层面上得到具体的贯彻和实施。康德认为，趋恶的倾向既是第一种意义的自由行动，又是第二种意义上的所有具体恶行的形式根据。具体的恶行即使可以避免，但第一种“罪责”仍然存在。他还把趋恶的倾向理解为一种“智性的行动”，认为它不需要任何时间条件，单凭理性就可以认识，因而是人身上的一种“智性的罪责”，而具体的恶行或恶习，则是“感性的罪责”，是在时间中给定了的经验的事实。康德由此把这种趋向的倾向，当作“人类本性中根本的、天赋的（但始终不减地是由我们自己招致的）恶”[①]。康德是由经验层面上大量可见的恶行或恶习，而推断人的自由本性中必定存在一种普泛的趋恶倾向的。

趋恶倾向被康德分为人的本性的脆弱（人心在遵循已被采纳的道德准则时的软弱）、人心的不纯正（人心中把非道德动机跟道德动机混杂起来的倾向）和人心的恶劣或败坏（故意采纳恶的准则的倾向）三个层次。[②]最后一个层次是康德最为重视的，因为前两者体现的是人心所犯下的“无意之罪”，而人心的恶劣体现的是人的“有意之罪”。他并且使用了一个更加富有启迪性的术语来表达人心的这种恶劣或败坏：人心（心灵）的颠倒。在他看来，所谓歹心，所谓恶劣的人心，说到底是一颗颠倒的心，它把伦理秩序——着眼于自由任意的动机——弄颠倒了。

康德把人心的颠倒当作人间一切道德罪恶的真正源头。所谓心灵的颠倒，意思是：人在选择自己的行动准则时，没有把道德法则置于最高位置，而是将主观的自爱准则，放在道德法则之上了。康德并没有把人心想得那样恶毒，似乎有意识地要去败坏道德法则。他有关人心颠倒的思想的真实基础，还是在于他的人的存在的二重论。他认为，即使是最坏的人，都不会以叛逆的方式，来有意放弃道德法则。相反，道德法则是借助于他的人格性禀赋，而不可抗拒地强加于他的。但是，由于其同样无辜的自然禀赋，人毕竟有赖于感性的动机，并且将它们作为自爱的主观原则

① 李秋零主编：《康德著作全集》（第6卷），第32页。

② 同上，第28页。

纳入准则之中。但是，如果人把这些感性的动机作为自为的、独立的、对于人的任意的充足规定纳入准则之中，而不把道德法则放在心上，那么，他就在道德上是恶的了。从康德的这些思想可以看出，康德倒并不是反对人们追求幸福和利益，而是反对人们在追求幸福和利益的时候，在遵循自爱原则的时候，把道德法则放在自爱原则之下了。这就是他所理解的心灵的颠倒。

最后，在应然层次上，康德认为人的本性应该为善。康德把这理解为人应该履行的义务和职责。人的本性应该为善，是说具有自由任意的人应该克服其心灵的颠倒，把道德法则真正放在心上来加以敬重，重建人心中的合理的伦理秩序。如果说在实然层面上人心的恶劣或败坏是人的自由任意在运用其自由时的一种“误用”，那么，这种误用必须通过心灵的颠倒而得到纠正。一旦进入到这个层次，康德义务论伦理学的思想便更突出地体现出来了。因为康德思想所指向的，其实就是要让人们在内心深处自觉地敬重道德法则，自觉地遵循道德法则，这也就是他所理解的人（作为理性存在者）的义务。而自觉履行这种义务，在康德看来正是真正的人生智慧：“这样，对于人而言，智慧不外乎就是意志遵守道德法则的内在原则”。对康德而言，仅当自由任意作出了正确的即遵守道德法则的抉择并履行其义务时，它才上升为自由意志，即善良意志。自由任意可以进行自由选择，这种选择在逻辑上排除了人的本性的单一性，因为它至少意味着可以作出两种不同方向的选择。真正的智慧意味着对道德法则的自觉敬重和遵守，正是在这当中，真正的自由才得到体现，于是，能够进行自由选择的自由任意，也跟着提升为作出了正确选择的自由意志，它是跟人的纯粹实践理性完全一致的。

法权安排与良善政制教人趋善　好的制度使人无法作恶。法权安排对恶的抑制是通过“人同此心，心同此理”“己所不欲，勿施于人”的先验化和制度化来实现的。纯粹实践理性的法则应用到实际中，就是“问问你自己，你打算对别人施加的行动轮到你的身上，你是否愿意？”例如说，当一个人对“说谎”这种行为是否道德无法判断的时候，就可以问问自己，能不能把说谎看作一条如同自然规律一样的普遍法则？显然，这一反思性的思想实验马上就会推导出否定的回答，因为如果人人都像服从自然规律一样必须说谎，则必然不再会有人相信任何人的任何话，这样说谎就失去了它的作用，等于白费口水，这就导致说谎作为一条自然法则必然会自我取消，而失去其普遍性，也就不能成为普遍法则。而凡是能够成为普遍法则的一定“己所欲，人所欲”。具体到自由问题时，就是“我必须使自己的外在自由依照普遍法则与他人的自由达成一致（或者不矛盾）”，与此同时，他人的自由受到了相应的强制。这也就意味着，我不仅未丧失外在的自由，我的自由反而有了保障。因此，强力限制是法权的核心意义，甚至可以说法权和强力限制是同义的。这种强制不考虑行为个体的动机，而只是要求行为的合法则性。比如，在法权上，债权人有权要求负债人偿还其债务，这并不是说要负债人以一个出自于道德律的敬畏内在动机选择“欠债还钱，天经地义”的准则并因此偿还债务（这是德性论上的），而是说，无论负债人动机是什么，他都必须做出偿还债务的行为。如果负债人百般抵赖不愿还债，那就成了对于债权人的自由的障碍，债权人就可以通过法庭对于强制权限的使用来强制负债人偿还债务，只有通过这种外在强制，彼此间的外在自由才能在普遍法则之下共存。感性的自由或者说强制的自由的合法性，也许不及内在自由的合道德性高尚，但是这种自由的法权政制却可以阻滞人向恶的本性滑坠。

从以上意义上说，法权的本质就是安置自由与权利。康德写道：法权的概念，首先涉及一个人格对另一人格的外在的（确切地说是实践的）关系，如果他们的行为相互影响的话；其次，法权概念不意味着任性与他人的愿望之间的关系，而仅仅意味着两种任性之间的关系；最后，在这种任性的交互关系中，也根本不考虑任性的“质料”（例如不问某人就他为了自己的生意从我这购买的货物而言是否也得到好处），只问双方任性关系中的形式，只要这种任性，以及通过行动，双方中的一方是否可以与另一方的自由按照一个普遍的法则保持一致。[①] 所以，法权是什么呢？法权是一个人的任性能够在其下按照一个普遍的自由法则与另一方的任性保持一致（即和平相处——论者注）的那些条件的总和。[②]

人的任性与自然的任性一样需要通过相互的制约来加以控制。康德曾经列举过一个树林的例子：许多小树苗挤在一起，拼命竞争阳光，于是长成了笔直秀丽的树木；而旷野里一株孤零零的树则只能长得歪歪扭扭。法权制度对人的任性的控制，就仿佛大自然利用人类的贪欲完成自身的终极目的，成就道德的事业。道德的事业在法权制度的襄助下，成就了个体。

综观康德晚年法权学说对权利的诠释——自由问题的核心是权利，权利的内涵无非幸福、生命和财产——这些全部是洛克以后现代政治的主流观点，并无新意。在道德维度隐退之后，康德开始接受“人还不够神圣”的事实，以“神之下降”的

① 李秋零主编：《康德著作全集》（第6卷），第238页。

② 同上。

思路去架构可能的“道德政治”。与卢梭相比，康德体现出更切合实际的特质。卢梭追求完美的道德政治、纯然正义的城邦，他崇尚美德、爱国心和公共精神，重视教育，向往古希腊城邦和罗马共和国。这种高绝的政治创意基于纯粹的“公意”，不仅难于创立而且更加难于维持，所以卢梭说那是天使的事业。“那样一种十全十美的政府是不适合于人类的”。法国大革命后的康德从法国大革命负面的影响中看到了深刻的教益，认识到无须天使，魔鬼的民族也能立国，只要有政治理性再加上好制度好法律，无须美德和教育，也能建成“真正的共和国”，因为人类天性自私，达不到“公意”那么崇高的普遍性形式，“公意”的运作最终“还要通过这种自私的倾向”①，也就是走出自然状态，进入公民社会——因为公民社会“恰好就是通过法律来保障每个人自己的自由的那种合法的体制：只要他不侵犯别人普遍的合法的自由，因而也就是不侵犯其他同胞的权利，他就始终可以以自己认为是最好的任何方式来寻找自己的幸福”。②

第四节　法权与宪政

宪政是以宪法为中心的民主政治，即以民主与法治的结合构成政权的组织形式。宪政也称“立宪政体”“立宪主义”，是以宪法为前提，以民主为核心，以法治为基石，以保障人权为目的的政治形态或政治过程。③以上是对“宪政”的极为普通却常见的定义，可以说是通识，但是人们要对宪政的推行与实施形成共识，却极为不易。宪政议题是政治哲学与法哲学的共同关注，更是法权哲学的重心所在。康德通过“对卢梭的公意学说先验化和个体化”，把对（宪法）政治的“道德理解”推向空前的高度。这就为现代政治的普遍性原则奠定了全新的先验哲学基础，使其在理论上做到彻底。④康德能给予现代政治——也就是宪政——彻底的理论论述，凭借的是法权学说。

康德讨论法权，是从“我的”和“你的”这样一种纯粹占有的私人法权[Privaterecht]开始的。但这只是一个过渡，因为私人权利在自然状态下虽然可以

① 自私的倾向，语出康德《历史理性批判文集》，第125页。指用法律的形式来约束人性的任意。参见张盾：《“道德政治”谱系中的卢梭、康德、马克思》，载《中国社会科学》，2011年第3期。

② 李秋零主编：《康德著作全集》（第6卷），第392页。

③ http://baike.baidu.com/view/36850.htm?fr=aladdin#4，百度百科，浏览时间2014年7月5日。

④ 张盾：《“道德政治”谱系中的卢梭、康德、马克思》，载《中国社会科学》，2011年第3期。

实现的，却是暂时的、不稳定的。为了获得稳定、持久的权利，需要一个按照普遍立法的意志，建构法权的状态，特别是公共法权的状态，以实现“保护的正义（iustitia tutatrix）”“交换的正义（iustitia commutativa）”和“分配的正义（iustitia distributiva）”。[①] 康德强调人们可以把第一种（正义）状态和第二种（正义）状态称为私人法权的状态，而把最后一种，即第三种（正义）状态称为公共法权的状态。康德认为，为产生一个法权状态而需要公之于众的那些法律的总和，就叫作公共法权。所以，公共法权是对于一个民族亦即一群人为了分享正当的东西而联合起来的意志之下的法权状态。

> 一单个的人在民族中彼此相关的这种状态，就叫作公民状态（status civilis）。而这些人的整体与其自己的成员相关，就叫作国家（civitas），国家由于其形式，作为通过所有人生活在法权状态之中这一共同利益联合起来的，被称为共同体。[②]

正是宪政（constitutio）帮助一个国家成为共同体。学界的共识是：康德的伟大，在于他怀有最高道德理想，第一次使伦理学升入纯先验的界面，为人类的道德生活和道德反思建立了最高的目标与范本。但康德道德研究的最深动机却是完全来自现代性的政治问题。早在“第二批判”问世之前，他就提出：作为“大自然隐蔽计划”之人类历史的最高任务，是使自己脱离自然状态，建立普遍法治的公民社会。[③] 而在 1790 年问世的《判断力批判》第 65 小节的注释里，康德涉及了他早就感兴趣的美国革命，他写道：

> 近来，由一个伟大的民族转化为一个国家的那场彻底的转型中，对行政官员以及其他，甚至整个政治体的管制和调整，常常用到而且用得很恰当的一个词是“组织”(organization)。因为，在这样的一个整体之中，每一位成员，肯定既是意旨也是手段，并且，当所有成员都在为整体的可能性而共同努力时，

---

① 李秋零主编：《康德著作全集》（第 6 卷），第 318 页。

② 同上，第 321 页。

③ [德]康德：《历史理性批判文集》，何兆武译，北京：商务印书馆 1990 年版，第 15 页、第 8 页。

每个成员的地位和作用就该由整体的理念来确定。[①]

美国独立革命，尤其是法国大革命，让康德从他的政治昏眠中惊醒——就像休谟曾让青年期的他从理性独断论的昏眠中惊醒，卢梭曾让成年期的他从道德独断论的昏眠中唤醒一样。康德面临的难题是怎样把“组织国家”这一命题纳入他的道德哲学框架，使“组织国家”符合实践理性的指令。对于这个难题，他清楚地意识到，焦点在于怎样强迫一个人成为好公民，“即使（他）在道德上并非好人”，更进一步讲，“好的宪制，不能指望出自道德性，反倒是可以指望，一个民族在好的宪制下，能有好的道德状况”[②]。然而，“对国家宪制进行设想，这是很甜美的”（Es ist so süss sich Staatsverfassungen auszudenken），圆这个“甜美的梦”是一项义务，（不过）不是公民的义务，而是国家首脑的义务。[③] 此时的康德，对自己作为学者使命的一贯信念——尽其所能确立人的权利与价值——引领着他去承担“圆甜美宪制梦”的义务。康德说，（受卢梭的影响）我开始学会尊重人，而且如果我认为我所考虑的事情无助于确立一切人的权利和价值，我就会自认不如一个普通劳动者有用。[④] 作为一位现代哲人，康德本性中对政治的巨大激情在他的晚年迸发而出。通过实践理性、人性、自由、道德、权利与法关系的讨论，以法权理论为凭借，康德完成了对宪政国家与公民社会理论的奠基性工作。

---

① 转引自［美］汉娜·阿伦特：《康德政治哲学讲稿》，曹明等翻译，上海：上海人民出版社 2013 年版，第 28 页。

② ［德］康德：《历史理性批判文集》，第 126 页。

③ 同上，第 160 页。

④ 转引自施特劳斯、克罗波西主编：《政治哲学史》（下册），第 686 页、第 676 页。

第二章 黑格尔、科耶夫[①]：基于相互承认的法权

起始于二十世纪七八十年代，持续近二三十年的西方“治理革命”与全球化、现代性重建、公民社会重建一道，成为影响今日人类政治生活最为重要的事件之一。尽管这场革命的名称从“重塑政府”“治道变革”到“治理与善治”不一而足，实践模式也从“地方治理”“分散化治理”“新公共管理”到“效能政府”各不相同，但其理论资源却都倚重于以“相互承认的法权”为核心的承认政治理论。能够为治理结构多中心再造实践提供理论支持的，既非传统的行为主义理论，亦非新制度主义，因为多中心治理或善治，不是一般体制转换或行为规范调整，也不是机械地重新配置治理权，而是一个政治正当性获取的问题，是一个不同治理主体间相互尊重的法权关系如何建构的问题。[②]直至黑格尔的以“主奴辩证法”为隐喻的“相互承认的法权”理论经过科耶夫、泰勒（Charles Taylor，1931—）和霍耐特（Axel Honneth，1949—）的重新阐释进入人们的视野，多中心治理或善治才找到了合适的理论资源。黑格尔“相互承认的法权”思想，表达了法权受孕育于市民社会这样一个保守自由主义的政治观，并体现为相互支持的两个知识诊断。第一，个人追求自由的活动得到了市民社会的法权承认，在此基础上建立起来的君主立宪国家则是法权的最高形式——主观与客观相统一的法权；第二，充分肯定了市民社会作为自主运行系统而具有相对于公领域的私领域性质，这等于承认了政治国家之外的其他领域的功能分化。

① 亚历山大·科耶夫（Alexandre Kojève，1902—1968），法国哲学家、外交家，生于俄国。存在主义的新黑格尔主义的代表，提出“历史的终结不是在未来，而是在过去”。亚历山大·科耶夫是一位谜一般的人物——家庭富有，与政界关系密切，拥有哲学家与外交官双重身份；久享哲学盛誉，讲授六年“历史终结”，最后却转战政界；致力于维护法国、欧洲以及不发达国家的利益。1967年科耶夫曾秘密访问过北京。因为他对黑格尔法权思想的诠释，人们把两人的名字连接在一起，说明他们之间在法权议题上的继承关系。

② 孔繁斌：《多中心治理诠释——基于承认政治的视角》，载《南京大学学报》2007年第6期。

第一节 黑格尔法权思想

黑格尔的“主奴辩证法”以主人和奴隶之间的承认不是真正的承认为隐喻，生动而彻底地提出了人的本质在于与他者相互承认的交互主体性以及相互承认的法权原则。他认为，人对人的承认，以及在此基础上对人的财产的承认，就是法的起点，法的命令不是其他，就是“成为一个人，并尊敬他人为人”①。客观性法权就是这样的起点。客观性法权具体表现为一种通过物的占有权利及转让或侵害而形成的，即“我对他的承认”和“他对我的承认”的彼此承认。不过，这种彼此承认不是真正完美的相互承认，因为通过物的中介无法满足主体意识的自觉需要。因此黑格尔想到了基于道德的主观性的法权，它要解决的问题是在非主奴生死斗争条件下的“我对我的承认”②。主观的法权，属于道德的范围，但却并不比法律更具上位性，因为“康德以前的好心肠时代”已经去而不返了。主观性法权的存在似乎就是一种过渡，就是为了与客观性法权形成辩证法意义上的反题，正题和反题结合，进入国家的伦理性法权。国家成为法权安置的最终和最高归宿。他的论证过程是家庭主要讲伦理，却并非不讲法权；市民社会主要讲法权，却并非不讲伦理，只有到了国家层面，才开始既讲伦理，又讲法权，即伦理性法权。国家在黑格尔哲学中，成了理性的自在自为、自由的终极阶段，决定着个人的权利和义务。③伦理性国家因而也成为良善生活的最终载体。

把客观性法权确立为起点，然后以主观性（道德定义上的）法权为过渡，最终推导出国家法权的至高无上，似乎比较牵强，结果遭到波普尔（Karl Popper，1902—1994）的批评。波普尔认为黑格尔通过一系列含糊而混乱的概念来变戏法，通过将历史哲学与伦理和法学的实证主义结合起来，达到为普鲁士国家的合法性提供历史主义辩护的目的。但如果不是着眼于黑格尔为辩证法而辩证法的瑕疵的话，我们仍然要肯定黑格尔对市民社会及其法权关系的洞见。

黑格尔的市民社会观承认了资产阶级从事私人事务的相对独立领域，社会与国家发生分离。他认为市民社会基本等同于以劳动和分工为基础的资产阶级社会，是

---

① ［德］黑格尔：《法哲学原理》，贺麟译，北京：商务印书馆 1961 年版，第 46 页。

② 亓同惠：《法权的缘起与归宿——承认语境中的费希特与黑格尔》，载《清华法学》，2011 年第 6 期。

③ ［德］黑格尔：《法哲学原理》，第 261 页。

一个满足尊重和需求的体系，是通过契约连接起来的保障人身权和财产权的体系，也就是大致对应于民法调整的私领域。尽管市民社会以追逐私利为存在的理由，但在市民社会相互承认的契约关系中，依据同业公会和自治团体形成了一种超越个人的社会力量，这种力量的凝聚成为特殊的私人利益影响政治过程的一种表达机制。而黑格尔所谓国家具有高于私人领域的至上性和统治正当性，国家是“自由的现实化”，是“地上的精神”之美誉，不妨用今天人们熟悉的方式来解读，那就是国家可以修正市场失灵所带来的混乱和压迫，实现真正的社会整合。①

当然，在科耶夫看来，黑格尔的教益远不止这些，而是要深远得多。在科耶夫看来，黑格尔解决了法权的源起与进化问题。法权起源于正义理念，而正义理念是一种“与人自身同步”的理念，它产生于那个“关乎人类起源的行为”，即对于承认的欲望。人只有在另一个人的承认中，并通过这种承认，才能感觉到自身并承认自身，他只有在成为“客体”的范围中才能够成为“主体”，他的存在只能作为一种客观性的存在才能够存在下去。因此，主人或奴隶都是无法单独存在的。作为战败方的奴隶虽然承认了战胜方的价值和尊严，自己的价值和尊严却不被承认；作为战胜方的主人被没有价值和尊严的人所承认则毫无意义，他之所以存在，只是为了让奴隶存在。②人首先要存在，才有正义观念，才有法权的源起和进化。而只有两个人都是公民——主性和奴性的合题——才有资格承认别人，也被别人所承认，才从人的潜在性向实在性进化。为了达到这个目标，正义经历了平等正义、等价正义向平衡性（ēquitē）正义的发展历程。在那场产生主奴区分的战争中，主人与奴隶，其利益和负担是等价的。对奴隶而言，生命安全的利益被作为奴隶的负担所抵消；对主人而言，危险的负担被支配地位的利益抵消。这时候的正义正是平等正义。而有了法律契约后的正义则是等价正义。在黑格尔、科耶夫的解释框架中，平等正义对应的是贵族制古代城邦国家的法权状态，等价正义对应的是资产阶级市民社会的法权状态，但它们都是潜在性的未充分实现的法权（因为所获得的承认是部分的），只有在时间中展开合题，完成平衡正义的公民法权，才

① 宾凯：《公民社会的历史语义学——基于卢曼的社会系统论方法》，《交大法学》，2010 年第 1 期，第 129—144 页。

② ［法］亚历山大·科耶夫：《法权现象学纲要》，邱立波译，上海：华东师范大学出版社 2011 年版，第 251 页。

完成了历史的辩证法。[①]

关于法权、正义与历史的关系，科耶夫显然认同黑格尔的基本意识，他写道：

> 法权是某种正义理念的特定社会相互作用的适用。因此，它的内容既取决于作为其基础的正义理念的性格，又取决于作为这一理念适用对象的相互作用的性质。因此，研究法权的起源与进化，也就是研究社会相互作用本身的起源和进化，研究历史的产生和作为整体的历史过程。不仅如此，与所有人性化的现象一样，法权与所有其他历史现象（如宗教、道德、政治等）关系密切。[②]

法权之所以与宗教、道德、政治关系密切，是因为它们不仅同为社会的部分，而且它们的进化也同样与正义有莫大关联。当然，科耶夫明白要实现法权，需要独立于与宗教、道德规范和政治的法律情境和“不偏不倚的第三方”。

第二节 科耶夫：黑格尔法权思想的诠释者

马克思与科耶夫同为黑格尔最为权威的阐释者。他们都是从对黑格尔《精神现象学》的考察中找到自己的思想问题，并同时对“主奴辩证法”和“自身异化了的教化世界”这两个命题予以密切关注。与马克思不同的是，科耶夫认为黑格尔的《法哲学原理》中的思想问题与《精神现象学》中的法权问题是融会贯通的。科耶夫把法权的缘起追溯到主奴承认并不能使双方满足的悲剧所开启的正义纠葛上。同时，科耶夫试图用他心目中“普通同质国家”——将承认的平等原则和对等原则综合起来的社会——来超越“特殊异质国家”。后者即是黑格尔所指的“自身异化了教化世界”。用“普通同质国家”来取代“特殊异质国家”的目的，是为绝对法权的实现创造条件。因此，在科耶夫看来，历史的根本问题不是如马克思所认为的那样，是异化劳动的扬弃或无产阶级与资产阶级的斗争问题，而仍然是“承认的政治”问题。[③]可见，科耶夫尽管是一个马克思主义者，但他的思想却与马克思本人

① [法]亚历山大·科耶夫：《法权现象学纲要》，第286页、第590页，以及高全喜：《论相互承认的法权——〈精神现象学〉研究两篇》，北京：北京大学出版社2004年版，第27—28页，第77页。

② [法]亚历山大·科耶夫：《法权现象学纲要》，第263页。

③ 一行：《从〈现象学〉到〈法哲学〉：一个自由主义者的“政治成熟”》，载《世界哲学》，2006年第6期。

以及斯大林版本的马克思主义有着深刻差异。[①]

科耶夫的“普通同质国家”是以拿破仑帝国为蓝本的。拿破仑作为一位现代僭主，通过战争与征服，把特殊异质的个人市民凝聚在一个共同的政治目的之下，使他们成为堪与古代贵族制士兵公民比肩的现代帝国的士兵公民。由此，他从根本上颠覆了古代的主奴关系，因为这一帝国既不只是建立在古代平等原则之上，也不只是建立在现代的对等原则之上，而是对古代贵族制和现代市民社会的双重克服。拿破仑帝国的公民既非奴隶也非主人，而是由《拿破仑法典》给予了法权地位的士兵公民[②]。科耶夫认为从此以后不再有主奴辩证法了，历史的根本问题已经解决，因而拿破仑帝国标志着历史的终结。在拿破仑帝国之后的世界过程无非是这个普通同质的国家进一步实现的过程，无论是斯大林式的苏联社会主义，还是美国民主，抑或是欧洲共同体形式。

有了普通同质国家，就有了绝对的法权。科耶夫给“法权”下了一个行为主义的理想类型式的定义。法权的存在首先是基于这样的法律情境：(1) 存在两个不同的人 A 和 B（它们可以是自然人，也可以是或个体性、集体性或抽象性的法人），在 A 和 B 之间存在一种相互作用，即 A 的行为引发 B 的反作用行为；(2) 存在于来自第三者 C 的干预行为（这个 C 可以是立法者、司法者或警察，即政治排他性集团中的任一个）；(3) 只要因 A 拥有权利而发生 A、B 相互作用，都会引起 C 的干预，而必要时，C 会以一种不可抗拒的方式撤销 B 的反作用行为。在这样的法律情境中，A 可以被称为权利主体，定义权利的命题可以称为法律规则或客观法律。所有法律规则的总体构成了法权自身。法权或法权的某些构成要素，如果作为人性化内容来看待，可以被称为法律现象。对法律现象的描述称为法权现象学。[③]因为“不偏不倚”“公正无私”的第三方只有在普世均质国家，才有可能存在，所以法权只有在普世均质国家才是“唯一的法权”，“再也不会有变化”。[④]

虽然国家实现普世均质，历史终结了，但正义是时间与空间的函数，是社会、政治、宗教、道德与审美共同作用下社会或国家的函数，所以并不存在一种单一的法律，只会有为数众多的、随地点（即社会形式）和时代变化的法律体系。而法律

① 一行：《从〈现象学〉到〈法哲学〉：一个自由主义者的“政治成熟”》，载《世界哲学》，2006 年第 6 期。

② 高全喜：《论相互承认的法权——〈精神现象学〉研究两篇》，第 41 页。

③ [法] 亚历山大·科耶夫：《法权现象学纲要》，第 113 页。

④ [法] 亚历山大·科耶夫：《法权现象学纲要》，第 92 页。

体系与政治、道德、宗教相对分离，它们之间既可相互协调，也可不相互协调。[①]科耶夫通过把法律现象等同于法权现象，并以法权现象的行为主义定义为视角，以法权现象的基本要素为依据，有力地探讨了法律与政治、道德、宗教之间的深刻差异。

关于宗教与法律　科耶夫的观点是，法律是一种发生在三个人之间的关系，宗教则是一种只发生在两个人之间的关系。法律现象不能还原为宗教现象，而且，如果这两种现象都真实充分的话，它们还相互排斥。科耶夫承认，神可以扮演“不偏不倚、公正无私的第三方”，或为立法者，或为法官，或为警察，但如果神在干预时，只是为了化解人与人的争端，只是为了正义与法在人间占统治地位，那么，在这个情境中，就没有专门的宗教性的东西，这是一个真正的法律情境，而非真正的宗教环境。要让一个情境成为专门的宗教情景，必须与彼岸发生关系，而不是为正义而与世界、与同伴发生关系。人只有追求超载或者“得救”才是真正宗教意义上的人，而他是孤立的，在与神发生关系时他也是一个人。同时，神也不可能作为“不偏不倚、公正无私的第三方”，而是“当事人”。对信教者而言，做“不公正”的事，不是对人的“冒犯”，是对神的冒犯；信教的人之所以“正义”，因此神是“一方当事人”。至于说宗教以教会形式将自身社会化为自己披上法律的外衣，则应该理解为为了自身生存需要以法律的形式维持统治者与被统治者关系，这种关系的法律维护，则属于法律情境，而非宗教。科耶夫由此证明，法律独立于宗教。

关于道德与法律　科耶夫的观点可以归结为以下三方面：(1) 正义理念是道德范畴的，但需要澄清的是，正义只是实现道德完美的手段之一，而对于法律来说，正义的实现本身就是目的，并且是唯一目的。道德规定正义，是希望个体化地在每个人身上实现某种（道德）价值，而实现正义的法律，是想用某种特定的方式组织人与人之间的关系，它并不考虑人本身是谁。法律实现正义的方式是直接的，道德实现正义的方式是通过使人类在首先上完美间接实现的。正义理念可以用来实现道德目的，但正义理念的真正实现不会产生道德，只会产生法律。这种法律本身跟严格的道德不再有任何的关系，因为即便在跟道德完全没有关系的人中间，即使在不道德的人中间，仍可以是实现正义。正义也倾向于通过法律来实现自己，所以可以说，正义是一种独特的法律性意义的理念，与其他具特殊道德意义的理念根本不

① [法]亚历山大·科耶夫：《法权现象学纲要》，第86页。

同。[①]（2）绝大多数的法律规则都可以从道德上进行解释，大多数的道德规范也都可以转化为真正的法律规则；道德可以宣称，如果不遵守某种特定的法律，就不可能达到道德完美，从这一点上，可以说法律是一种道德义务。但是，即使法律与道德有同样内容，差别仍是本质的。因为“公正无私的第三方”（法律意义上的法官）审判的是相互作用，而道德意义上的“法官”却只愿评价这些客观相互作用的内在主观投射。法律是为了实现正义，道德是为了实现一种内在于自己深层的价值。[②]（3）道德情境排除“第三方”，它考虑的是孤立的，“深层次的”或“内在的”人格；而占据在法的主导地位上的社会利益，以及实现正义的意志需要“第三方”的干预。简而言之，法律不可能还原为道德，反之亦然。[③]科耶夫由此证明，法律独立于道德。

关于法权与经济 科耶夫不否认法权有法权利益，除了法权利益之外，仍然有其他具有特殊人性化意义的利益存在，例如一直以来最受人们眷顾的经济利益，因此问题是，法权是否可以还原为经济活动？或者同样的问题，法权是否是人类经济生活的附带现象？在马克思主义者和许多一般意义上的经济学家看来，回答是肯定的。[④]而科耶夫有不同看法。他认为，法权不可以还原为经济活动。经济活动由劳动和交换构成。从经济活动的劳动这个部分来看，劳动将人与自然对立起来，人与自然的关系里，没有人可以扮演“不偏不倚、公正无私的第三方”的角色，因此劳动本身不可以成为法权的源头；从经济活动的交换部分看，经济的交换要素与法律的关系则是非常密切。具体来说，商人盘算一桩生意时，他绝不可以只考虑自身利益，还要考虑交易伙伴的利益，他必须从一个“不偏不倚、公正无私的第三方”的角度看问题。所以商人生来就倾向于接受法官和仲裁人对其商业活动的规范，他从根本上就愿意接受法律意义上的立法的规范；其次，作为商人，他倾向于“顾客”的利益与自己的利益相互等价，以及“竞争对手”所处条件与自己的所处的条件相互等价，但是不能因为以上两个原因，就认为等价正义以及实现等价正义的法权，只是经济活动的附属现象，原因是等价正义以及与之相应的法权，适用的领域远远大于严格的经济领域。至于说在法权活动中，“第三方”自身的报酬和司法支出等，供求规律会起到一定作用，但一定是以这一规律绝不可以影响法律判决的内容为底

---

① [法] 亚历山大·科耶夫：《法权现象学纲要》，第 239 页。

② 同上，第 238 页。

③ [法] 亚历山大·科耶夫：《法权现象学纲要》，第 237 页。

④ 同上，第 210 页。

线。[①] 科耶夫由此证明法律独立于经济。

关于法律与政治 科耶夫分别考察了两种最基本的政治范畴情境下的法权状况。（1）敌—友范畴。首先，政治性的敌人范畴情境。敌人之间的政治关系与法权无关，不仅无关，而且是对于法律关系的否定，因为当问题涉及一个独立国家与其敌人开战时，不存在“公正无私的第三方”，也不存在法官或仲裁人。其次，政治性的朋友范畴情境。政治上的朋友虽然可以用法律的纽带联系在一起，但不是因为朋友身份。因为，原则上说来，朋友之间不应该有争讼，此外，对于仲裁的“第三方”来说，他们彼此是朋友这个事实并不重要，重要的是，他们不是敌人就可以了。法官在政治上是中性的，他不会从政治角度对待他们，他不会把他们看作政治意义上的人。因此，法权非但根本不是起源于政治，并且，只有在政治的中性化状态下，在一个与政治绝缘的领域，才能发展。[②]（2）另一对基本政治范畴：统治者与被统治者。在被组织进国家的社会里，法官和立法者是统治者，诉讼当事人是被统治者。被统治者从其作为被统治者的身份出发，被统治者之间是平等和等价的。统治者对于被统治者之间的相互作用，可以扮演“第三方”角色。统治者在被统治者中实行法律和正义的统治是有利害关系的，因为只有支持这个被统治的社会，也是为了支持作为统治者存在下去。支持法律，既是支持这个被统治的社会，也是为了支持作为统治者的自己。[③] 但法律与国家之间这种可以说“预先构建起来”的和谐，并不能证明法律与政治在根本上是同一的。在某些情形下，社会会认为某种法律“反社会”，国家也可能觉得某种法律在政治上有害。反过来，某种特定的法律也可以将某些社会或国家看成“非正义”，所有这些都清楚说明，法权的领域和政治领域各自独立。在“正常”情形下，法律都是国家授权的，国家也都是合法的，但法律与国家仍然不是一回事，如果它们是一回事，它们相互就绝不会有冲突发生。科耶夫由此证明，法律独立于政治。

廓清法律与宗教、道德、经济和政治边界，法律的中立性和独立性就一目了然了，为此科耶夫写道：

> 就现实来看，法律行为既不利己，也不利他……它既不是来自实施法律行

---

① ［法］亚历山大·科耶夫：《法权现象学纲要》，第212—213页。

② ［法］亚历山大·科耶夫：《法权现象学纲要》，第219页。

③ 同上，第220页。

> 为的人的利益，也不是来自他对别人的爱，它是不折不扣地不偏不倚和公正无私。之所以说法是特殊的、独立的，法律行为本身的这种绝对中立性是一条非常重要的根据。①

如果一定要探究法律行为的“利益”动力，那么这种“利益”不是别的，正是“人们要实现正义之理念的愿望”，为此只有在绝对中立的、彻底的“不偏不倚”和完全“公正无私”的透明而冰冷的气氛中，正义理念才“在法律中并通过法律”“作为法律”而被实现。②

① [法] 亚历山大·科耶夫:《法权现象学纲要》，第247页。
② [法] 亚历山大·科耶夫:《法权现象学纲要》，第247页。

第三章　马克思：基于穷人权利的法权

马克思谈论“法权关系”时，首先表明的是自己出身于法学专业却又超越法学视界的“圈内的圈外人”身份。他说，“我的专业本来是研究法学，但我只是把它作为一门附属科目拿来与哲学和历史一同进行研究。”接着他介绍自己研究工作得出的结论是：

> 法权关系，也如国家形式一样，不可能从它们本身中得到理解，也不可能从所谓人的精神一般发展中得到理解；恰恰相反，它们根源于物质生活关系，黑格尔曾经按照十八世纪英法两国作家先例把这些关系的总和称为“公民社会”，而对于公民社会的解剖则应当在研究物质生活的政治经济学中去寻找。[①]

在马克思看来，法权以及围绕权利安排的政法制度乃至国家是上层建筑，法及法权关系并没有自己独立性，它们都是由经济基础所决定的，只有通过对以英法两国为现实模型的市民社会的政治经济学分析，才能实现对法权关系的正确解读，最后回到人的精神的非一般的发展中，直至共同完成一种社会组织和人的发展的美好蓝图的架构中。马克思对法权起源的追溯是从“劳动”开始的。“劳动”是马克思对黑格尔的“主奴辩证法”及其承认范畴予以承接并全面超越的重要范畴。马克思也是在发现异化劳动违背了平等交换的自然法则模式的基础上，揭示市民社会所谓“普通权利”的虚伪性，从而形成试图超越法和权利的法权观念，也就是研究者所认为的试图从更为广阔的层面改造社会的社会学和经济学的世界观。[②]

---

① 马克思：《〈政治经济学批判〉序言》，见《马克思恩格斯文选》两卷集，第一卷，1954 年莫斯科中文版，第 339—340 页。转引自中共河北省委宣传部马克思列宁主义研究室编：《马克思 恩格斯 列宁 斯大林论资产阶级法权》，保定：河北人民出版社 1958 年版，第 2 页。

② 王沪宁：《转变中的中国政治文化结构》，载《复旦大学学报（社会科学版）》，1988 年第 3 期。

第一节 无产者在一切民族皆遭遇不公

黑格尔“主奴辩证法”就是揭示主人奴隶角色及其相互关系在一定历史条件下变化翻转的历史哲学。黑格尔认为，当主人确立其统治地位后，奴隶通过劳动来为主人提供各种产品和服务。由于劳动的陶冶，奴隶超越了其“自然意志的自私的个别性”，“站得比受自己利己主义束缚的”、“被一个不自由的意识以表面的方式所承认的主人更高”，“对奴隶的利己主义的这种制服构成人类自由的真正开始”。[①]由此看来，劳动创造了历史，“历史的进步，人类历史的生成，是劳动的奴隶的产品，而不是战争的主人的产物”。在黑格尔看来，人的自我完成过程，包括相互承认为人的过程，都离不开劳动，劳动形成人的品性，智慧的人等于劳作的人。[②]马克思对黑格尔的观点予以高度肯定，认为黑格尔抓住了劳动的本质，“把对象性的人，现实的因而是真正的人理解为他自己的劳动的结果”，这是黑格尔《精神现象学》的伟大之处。[③]

在黑格尔基础上，马克思对“劳动发现承认”命题做了进一步推演，舍弃了劳动与承认之间必须以历史辩证法为中介的观点，而把劳动与承认直接连接起来，在《詹姆斯·穆勒〈政治经济学原理〉一书摘要》中，马克思写道：“我们每个人在自己的生产过程中就双重地肯定了自己和另一个人”，也就是，“在你享受或使用我的产品时，我直接享受到的是：既意识到我的劳动满足了人的需要，从而使人的本质对象化，又创造了与另一个人的本质的需要相符合的物品。对你来说，我是你与类之间的中介，你自己认识到和感受到我是你自己本质的补充，是你自己不可分割的一部分”。[④]但被强迫的劳动则是自主活动的否定形式。具体到市民社会的社会现实中，作为现代奴隶的工人，“只有在运用自己的动物机能……的时候，才觉得自己在自由活动，而在运用人的机能时，觉得自己不过是动物。”[⑤]劳动对于工人而言只是一种谋生的手段，此时的人不是他人的奴隶，却是自己劳动以及劳动产品的奴

---

① [德] 黑格尔：《哲学全书：精神哲学》，扬祖陶译，北京：人民出版社 2006 年版，第 232 页。

② 陈良斌：《“主奴辩证法”的扬弃与承认的重建——从黑格尔的“主—奴关系”论到马克思的承认理论》，载《武汉理工大学学报》，2009 年第 5 期。

③ [德] 马克思：《1844 年经济学哲学手稿》，北京：人民出版社 2000 年版，第 101 页。

④ 同上，第 184 页。

⑤ 同上，第 55 页。

隶，也即“个人创造物表现为异己的力量”[①]。这就是马克思所揭示的拜物教形式下的全新的主奴关系。

在异化劳动当中，对象化本质力量的外化和占有之间的循环被打断了。生产者再也不能从他的产品中得到享受，并同他自身发生了异化，而他本可以在他的产品中找到自我。特别是资本主义的雇佣劳动打破了循环。雇佣劳动关系把具体的劳动转变成了抽象的劳动，也就是说，转变成了对资本自我实现的积极贡献；而劳动力与报酬之间不对称交换机制，使得与雇佣工人相异化的力量获得了彻底的独立。异化劳动不仅偏离了劳动的原有模式，同时违背了平等交换的自然法则模式。[②]

马克思的论题自然转向了法权的核心——财产权的安置。在这里，马克思显然接受由洛克奠定的现代的前提性观点，即现代人自由的基础是权利，权利的核心是财产权。但对异化劳动不平等交换机制的发现，使得马克思质疑财产权是否就是一种天然合法的公民权利。在发现现代政治“特权变成法”的顽症基础上，马克思指出，私法对于财产的信条是“先占权”（即“谁先占有就归谁所有”），但在现代市民社会、贫苦阶级“正是由于这种先占权而丧失了任何其他财产”。[③]而在马克思看来，资本以财产权名义索取增值价值，是一种“不支付等价物便占有他人劳动的权利”，而劳动者则因为异化劳动“生产了他人的财富和自身的贫困”。“劳动创造财富”“等价交换的正义”的现代金科玉律顿时成为悖谬。为了彻底解决这个悖谬，马克思在《德意志意识形态》中阐明了“真正共同体”的政治形式，是“每个人通过联合获得自己的自由”。黑格尔把普通性赋予了国家，马克思把普通性赋予了无产阶级，“工人的解放包含着普通的人的解放”，因为没有财产的人在一切民族中共同遭遇的不公正是普遍的。“自由联合的劳动”是人的自由、自觉、自主的活动，解放的人与解放的劳动才能使人的本质联系得以恢复，真正的相互承认才得以实现。

马克思的法权观念与法律观念是一种超越于法学的世界观。马克思注重于市民社会的内在机制与内在关系，注重生产关系与生产力，在他看来国家与法不仅不是社会主导力量，相反还受到生产关系的诸多制约。马克思力图超越于这种价值系统，从更广阔的层面改造社会。因此，马克思的法权法律观念是一种超越于法学的

---

① [德]马克思：《1844年经济学哲学手稿》，第171页。
② [德]哈贝马斯：《现代性的哲学话语》，曹卫东译，上海：译林出版社2011年版，第74页。
③ 《马克思恩格斯全集》（第一卷），北京：人民出版社1995年版，第251—253页。

世界观，或者说是一种经济学和社会学的世界观。研究者指出，对于中国这个从未有过法学世界观的国度，超越于法学世界观的马克思主义所带来的结果并不都是好的。[①]

第二节　法权的阶级性与“资产阶级法权”的错用

在马克思、恩格斯观念中，法权无疑是有阶级性的，而其阶级性的根源在于经济关系。恩格斯认为，随着经济关系的历史变化，新阶级形成，旧阶级没落，阶级之间利害对立发生变化，最终会通过新的法权要求体现出来。而其时的法权哲学，在本质上可以称为“资产者的法权哲学”，它维护的是“资产者”的既得利益，代表的是他们的法权要求；因此在“资产阶级的法权哲学”的对面，应该确立“用社会主义形式并排地站起来”的“无产阶级的法权哲学”。[②]想来马克思、恩格斯也自视自己的法哲学与政治哲学是为“无产阶级法权哲学”开辟了道路，打出了旗帜。恩格斯上述表述更是明白地传递了他的基本观点：法权及其哲学是有阶级属性的，或者更准确地说是有“阶级立场”的，即“资产阶级及无产阶级各有其独特的法权哲学以适应各自的阶级情况”[③]，不同的阶级有不同的法权观念和法权要求。马克思恩格斯都没有否定过社会主义要有法律，无产阶级也有法权，更进一步马克思主义甚至强调保障更为广泛的普遍的人权。可见，后来发展到实践和探索中谈“权利”色变，并非初衷。

除了“资产者的法权哲学”之外，马克思还使用过“资产阶级式的法权”[④]这样的术语，意指资产阶级式的法权观念。但随着这些概念与术语使用的频率提高，“资产阶级”前缀与“法权”的联结方式日益简化，日益丧失了原来表述的严谨性和含义的精准性，先是由“资产阶级式的法权”转变为“资产阶级的法权”和“‘资产阶级’的法权”，[⑤]最后变成“资产阶级法权”，并衍生出“资产阶级权利”的错误使用，以至于在后来的实践中发展为“权利”与“法权”为资产阶级所专有，一

---

① 王沪宁：《转变中的中国政治文化结构》，载《复旦大学学报（社会科学版）》，1988 年第 3 期。

② 恩格斯：《法律家社会主义》，载《新建设》第一卷第 7 期，第 14—15 页。转引自中共河北省委宣传部马克思列宁主义研究室编：《马克思 恩格斯 列宁 斯大林论资产阶级法权》，第 7 页。

③ 中共河北省委宣传部马克思列宁主义研究室编：《马克思 恩格斯 列宁 斯大林论资产阶级法权》，第 9 页。

④ 同上，第 18 页。

⑤ 同上，第 24 页。

度出现了否定权利、谈权利色变，甚至把具体的利益、劳动报酬或学位、学衔等视同“资产阶级法权”或资产阶级不当特权的情况。术语混淆或误用的后果主要是两方面，一方面“权利”与“法权”的混淆，另一方面是权利的超阶级性和普适性在性质上的含混，隐藏着权利本身被污名化的危险。

在马克思和恩格斯的论述中，“法权”与“权利”的概念边界一般来说是异常清晰的，即使它们有时出现在一段论述中，也绝不混同。权利是具体的利益和法律资格，例如所有权、财产权；法权则常被表述为“法权原则”“法权关系”“法权哲学”，它们是关于具体权利政制安排的合法性、正当性的抽象概括或主张的抽象论证。法权的抽象性和概括性由马克思、恩格斯对它的使用可见一斑。马克思在《政治经济学批判》中，把“法权关系”与“国家形式”相提并论，恩格斯在他的著述或通信中，则习惯于把法权与政治、经济、哲学、宗教、文学、艺术并立。[①]可见马克思、恩格斯把法权作为“法律”或“政制”的替代概念而使用。所以在马克思、恩格斯论的语境中，法权有两个意思，一是与政治、经济、宗教、文化、艺术并列的法律，二是指某种法权哲学、法权要求或法权的“资产阶级的狭隘眼界”所主张的权利安置制度，却从不可能与权利混淆。所以，一般来说，马克思、恩格斯把“资产阶级”与“法权”或“法权哲学”相连缀时，表述总是固定、含义明确的。前文所列的恩格斯论及“资产阶级法权哲学”是一个典型的例子。

但马克思在《哥达纲领批判》中一段关于法权的著名论述却留下了一个难题，那就是他直接把社会分配问题的不合理直接评判为“资产阶级式的法权”，最后又被人们简化为“资产阶级法权”，甚至“资产阶级权利”，那么就自然地产生一个“符合逻辑”的推论，“分配不合理”=“资产阶级法权（资产阶级权利）”=“社会主义社会如果出现分配问题，那么就存在资产阶级法权”。

马克思在《哥达纲领批判》中批评社会按劳取酬的“平等的权利”仍然是一种“不平等的权利”。一个人在体力或智力上胜过一个人，或者他的工作时间较长，因此获得较多报酬。这种“平等”是形式上的“平等的权利”，而它的前提是默认个人天赋或工作能力的差别是天然合理的，因此就其内容实质上这种“平等的权利”，“像一切权利一样是种不平等的权利”。到了消费环节，不平等就更加突显了。例如一个工人已经结婚，另外一个则没有；一个工人的儿女较多，另一个工人的儿女较

---

① 《恩格斯致施塔尔肯堡信》转引自《马克思恩格斯文选》（两卷集），第2卷，1955年莫斯科中文版，第505页、第3页、第7页。

少，这些情况导致在同等报酬的条件下，有些人得到了较多消费品，有些人得到了较少消费品，“某一个人就会比另一个人富些”。马克思把这种情形下，仍然无视阶级差别、无视贫富差距存在、仍然沉醉于“平等的权利”假象的状况称为“资产阶级式的法权”。随后，马克思写道，在共产主义社会高级阶段上，当劳动本身成为第一要素，当生产力发展、公共财富泉源涌现时，“才可把资产阶级式的法权的狭隘眼界完全克服，而社会就能在自己的旗帜上写着：各尽所能，各取所需！”[①]在这里，马克思其实对“资产阶级式的法权”并非全盘否定，只是对无视贫困劳工权利、以权利神圣不可侵犯为名粉饰既得利益的狭隘法权观念予以抨击。这种吁求对于社会重视劳工利益，积极寻找通过二次分配逼近公平的途径具有推动作用，但通过一次分配就要达到公平，或者完全寄望于分配手段和经济手段达到公平却也凸显出这种吁求的激进性。

马克思在这段著名论述中，两次使用法权概念。第二次出现的“克服资产阶级式的法权狭隘眼界”与“资产阶级的法权哲学”是同义的，表述是严格限定的，不易引起误解。只是在第一次出现“法权”的语境，是把“平等的权利”与“资产阶级式的法权”联系在一起。马克思的原意是指这种权利观念（即认为按劳取酬是公平的观念）是“资产阶级式”的法权观念，并非指有某种具体的权利可以称为“资产阶级法权”或可以看作是资产阶级专有的权利。不过，马克思在整段论述中确实扩展了法权的用法，也转移了法权的固定内涵。因为，分配公平问题其实不仅仅是权利和法权观念的问题，如果马克思构想的“各尽所能，各取所需”的宏大蓝图要实现，恐怕并不是简单地克服法权狭隘视界的问题，法权观念仅仅是解决分配公平公正的一部分条件而已。法权问题既是法律问题，又是政治问题，当然也是观念问题；但分配问题除了具上述所有问题的性质外，还是经济问题与社会问题。但在这里，马克思显然把分配公平问题就当成法权问题，实际上，这已经超出了人们通常主要在法哲学意义，兼顾于政治哲学意义上讨论的法权概念的内涵。马克思在此把它等同于法权问题，实际上是他的“去分化”和“一体化”理论模式特质所致。在实践中把分配问题等同于法权问题一度被视同马克思重要思想遗产，因此为了解决分配的均平问题，人们也在“破除资产阶级法权（观念）”上兜了不少的圈子，反而忽视了普遍权利的诉求与保障，而对被认为不正当的权利，棒喝以“资产阶级法

① 中共河北省委宣传部马克思列宁主义研究室编：《马克思 恩格斯 列宁 斯大林论资产阶级法权》，第18页。

权”，则成为极“左”路线压制对手的利器。

在马克思看来，科层制与官僚支配也是需要克服的制度。尽管它们与资本家一样皆有功于资本主义发展，但是经由他们的“第二特性”，终将成为寄生式的存在。因此如果采用公社式的自我管理以及生产过程就事论事式的领导方式，就可以避免官僚的统治和政府的管理，“把支配减低到技术上的必要程度”。[①] 对科层制与官僚制的疑惧，导致马克思的法权观念不仅是超越于法学的世界观，而且是“去分化”的世界观。

第三节 社会功能分化视角看马克思主义法权哲学

马克思关于市民社会决定法权关系与国家形式的思想，仍然在为社会的自我理解寻找中心，这个中心就是经济，经济基础决定阶级结构，阶级结构决定法权哲学。哈贝马斯把马克思的哲学看作强调行为主体与可操纵的客体世界之间关系，并把“类”（根据自我外在模式进行）的自我教化过程看作自我创造过程的实践哲学。[②] 哈贝马斯继而指出，这种实践哲学下人们根本无法注意到这样的问题，即中介化的亚系统是否具有独立于阶级结构功能的独特价值。[③] 而这个问题，如果要卢曼从系统论的角度来回答，答案只能如下，即在功能分化社会，某个功能系统在某段历史时期可能居于主导地位，也就是说相对于其他系统，可能会产生更大的社会影响，可能会导致更大的社会问题，但这并不能因此否定其他功能系统的自主性。马克思看到经济系统在十九世纪欧洲的强势地位，但是这不等同于经济系统能够独自主宰社会运行的命门，不等于所有的社会关系可以化约为阶级分析和经济关系，不等于政治、经济与法律都仅能作为上层建筑而下降到市民社会的经济基础上才能得到解码，最后这些系统丧失自己的功能与独立性，成为经济的附庸，马克思基于政治经济学上的市民社会分析错位地描述了其所处时代社会结构的功能分化特征。[④] 所以，哈贝马斯评论说，实践哲学以为资本主义经济与国家制度之间的系统

① [德]施路赫特：《理性化与官僚化——对韦伯之研究与诠释》，顾第忠华译，桂林：广西师范大学出版社 2004 年版，第 60 页、第 109 页。

② [德]于尔根·哈贝马斯：《现代性的哲学话语》，曹卫东译，上海：译林出版社 2011 年版，第 73 页。

③ 同上，第 76 页。

④ 宾凯：《公民社会的历史语义学——基于卢曼社会系统论方法》，载《交大法学》，2010 年第 1 期。

联系是直接的，国家制度系统本身也未分化，一旦消灭资本主义生产关系，“所有这一切便会烟消云散”，依据实践哲学这样的观点，“所有无法进入行为主体视野的结构差异都立刻失去其合法性”，这是一种按照去分化和非分化模式加以设想的解放与和解。那么从高度复杂性社会系统理论视角来看，这样的解放与和解就成了主体理性一体化原则的十足幻想。[①] 安东尼奥·葛兰西（Antonio Gramsci，1891—1937）作为新马克思主义的代表人物，通过其《狱中札记》对市民社会的属性进行了重大调整，葛兰西认为市民社会如黑格尔所主张的是受同行工会影响的从事精神和智识活动的诸多民间组织的集合，它是统治集团对社会行使“领导权”职能的平台。市民社会不仅具有相对于经济基础的独立性，而且作为上层建筑的一部分具有生产同意的功能，从而有别于国家或政治生产暴力的功能。市民社会生产同意的功能，是指统治阶级通过市民社会掌握文化领导权，通过意识形态辩护和文化活动肯定现在制度的合理性，向被统治阶级灌输世界观，为既有生产体系和政治模式夯实正当性基础，化解和抵御被统治阶级的攻击，整合社会秩序。可见在葛兰西那里，市民社会作为文化领域和意识形态领域担负着相对独立的功能，也有自主运行的逻辑。当然，葛兰西仍然保持着与马克思思想的连续性，未完全否定经济基础决定上层建筑观点，只不过，市民社会不再被简单等同于经济系统，经济系统和经济因素也不再吞没其他诸系统和诸因素的独立性。

除了去分化和一体化问题之外，哈贝马斯也探讨实践哲学及其理性面临的另外一个困境，即劳动概念问题。哈贝马斯指出，把社会劳动和创造性自主活动有机结合的可信前提是以浪漫主义所美化的手工劳动为原型的，但实际情况是，现代工业劳动的发展却在不断地远离这种模式，不过，马克思还是把这种实践概念中尚有疑问的规范内涵纳入到他的劳动价值理论当中，这就解释了“劳动概念及其内在的目的合理性为何始终都是含混不清的”。[②] 科学技术在实践哲学中有时意味着解放的潜能，有时却变成了更加有效的社会压迫手段，这种不同解释的存在与劳动目的合理性解释的含混有关。

哈贝马斯指出，实践哲学面对“去分化”和劳动概念面目不清所造成的困境，就说明生产美学对社会劳动概念的提升以及法权观念（哈贝马斯特别称之为“道德

① [德] 于尔根·哈贝马斯：《现代性的哲学话语》，第 76 页。
② 同上，第 75 页。

实践观念”）对社会劳动概念的拓展的论证还是不够的。[①]黑格尔为了克服以主体为中心的理性的自我矛盾，以绝对精神的自我中介来避免自我意识的绝对化。[②]但对于把自己看作是物化关系的组成部分和后果的实践哲学来说，主体理性原则所突显的矛盾反而更加尖锐了，对膨胀的工具理性的抵抗也成了问题。权利问题是法的核心问题，法权是法制存在的重要基石和要素。所以，当马克思强烈地抨击市民社会所谓“平等权利”并不平等时，他对市民社会的法律体系和法权哲学也是抱持批判态度的。这种批判同时也是法的形式正义与实质正义、形式理性与实质理性矛盾的理论反映。

根据金观涛的研究，自新文化运动开始，国人就已经在权利观念方面逐渐接受了马克思的观点。对穷人权利的伸张，对既得利益者以法律和政权机器维护自己先占权利的不齿，使得马克思试图跨过权利与法，直接从更为广阔的范围改造社会。这种法权观念与法律观对共和国建政后的政制思想及架构产生深刻影响。

---

① [德]于尔根·哈贝马斯：《现代性的哲学话语》，第76页。

② 这正是主体性哲学的问题。黑格尔的“主奴辩证法”主我客我相互承认、客观性法权—主观性法权—伦理性法权演化进路的提出都是为缓解这个问题所造成的矛盾。

第二部分　共和国高等教育政制的法权语境

这是一个权利的时代。在这样的时代，人的尊严和自由借助权利语言成为社会进步和制度建设的核心价值，人的愿望和要求依赖于常规化、程序化的立法活动转换为权利诉求。因此权利语言与权利设置越来越起到结构性和决定性作用。权利义务和权力职责的明定以及权利受损的救济因而成为立法的主要内容，其明晰程度也成为法律文本制作技术的标尺。①一位中国学者在二十一世纪来临之初对权利时代的全面到来做了以上的描画。我们今天看来，权利时代理所当然，权利话语稀松平常，但实际上，不经过艰辛，又怎么可能获得以上的认知？权利的时代并非完美，但却无法超越；法律的正义固然有其限度，但却不容弃置；社会功能分化，虽然仍有不公，但已经是社会的进步，并且是现代化的必由之路。这是花费近半个世纪，人们才深刻体会到的。高等教育的政治哲学基础及相关政制安排，与国家的哲学基础和政制安排具有高度的同构性和耦合性。建政后较长时间内，出于对科层制与法理型统治的疑惧，走上社会系统“去分化”道路。同时，领袖意志、新德治、阶级斗争、政党伦理、行政命令、意识形态都曾经以公平、正义、效率或道德的名义介入高等教育，销蚀高等教育系统独立性和内生动力，直至它消融于环境之中，难于自拔。同样的问题也发生在对知识分子独立性的消解之上。今天社会系统功能分化的常态化与制度化为高等教育系统的闭合与自创生提供了基本条件，高等教育系统与其他社会子系统之间的交往将更多需要依靠高等教育法律制度来提供稳定预期和基本规范，依法治教成为“法治国”政制结构的一部分。

本部分探讨了从不讲法到法言法语，从社会系统“去分化”到功能分化常态化大变迁背景下，高等教育权利话语体系与法权制度安排的变化。第四章讨论近代中

① 夏勇：《中国宪法改革的几个基本理论问题》，载《中国社会科学》，2003年第2期。

国权利观念流变与高等教育法权观念的变化，第五章讨论新德治条件下，领袖意志、意识形态与道德体系对精英养成、知识分子政治认同的掌控，第六章则探讨高等教育法律制度从无到有的历程，以及从法到良法，从“法制”到“法治”可提升空间。

第四章 权利观念流变与高等教育法权观念形成

第一节 近代中国权利观念流变

金观涛、刘青峰指出权利观念在中国是一个外来观念。它的传播经历了三个阶段——第一阶段（1860—1900）为初步接触阶段，此时“权利”就是法律意义上的权力和经济利益，它们是由法律特许和保障的；第二阶段（1900—1915）为学习阶段，国人接纳了天赋人权和个人自主的理念，此一阶段对权利的理解最为接近西方rights的原意，国人普遍使用“权利”一词来表述自主性（国家、群体和个人自主）为正当。这一时期，权利的主体不再限于国家和群体，而更多地是指个人，人们开始接受个人权利为天赋不可剥夺的提法；第三阶段（1915—1924）为重整阶段，也可称为新文化运动阶段。此一阶段受袁世凯、张勋复辟的刺激，知识分子普遍心态是反对中西二元并存（即儒家伦理退出公共领域，只在私领域有效；在公共领域，则采用西方现代观念和制度），重返道德一元论，道德再次成为政治制度合法性基础。[①] 权利道德化而非道德无涉，穷人权利问题便凸显出来，从而为国人接受马克思主义的权利观、法律观奠定了基础。国人的权利观念是西方观念与儒家伦理、在地观念混合的产物。

从rights的逐译说起 用汉语的“权利”译rights，有人认为最早始自明治时代的日本，并由留日学生带回中国。但据刘广京考察，用汉语“权利”一词翻译rights，最先出现于1864年由清政府衙门斥资刊印的国际法教科书《万国公法》，并于翌年传入日本。[②]《万国公法》是19世纪中叶十分著名的国际法教科书，由美国传教士丁韪良译成中文，数名中国学者参与文字润色。1864年清廷总理衙门将其刊印，发给各级政府有关官员参考。金观涛、刘青峰认为这种举动极具象征性。

① 参见金观涛、刘青峰：《观念史研究：中国现代重要政治术语的形成》，北京：法律出版社2010年版。

② 刘广京：《晚清人权论初探——兼论基督教思想之影响》，《新史学》，1994年第3期，第6页。

第一，西方权利观念最早是通过国际法著作传入中国，这使得权利的法律属性最为直观地得到反映，先入为主地影响到中国人；第二，当时清政府刚刚大致平定太平天国大动乱，展开了学习西方的洋务运动，由官方翻译出版国际法著作，无疑代表中国意识到西方冲击的来临，不得不把全球化纳入自己的天下秩序中。[①]但为什么要用"权利"一词来翻译 rights 呢？这与"权利"在中国传统文化中的意义直接相关。[②]

中文里的"权"和"利"二字连用，一般主要有两种意思，一种指权势和货财，另一种是作为动词使用，意思是权衡利害。《荀子·劝学》中的"君子知夫不全不粹之不足以为美也……是故权利不能倾也，群众不能移也"，其中的"权利"是指权势和货财。《商君书·算地》则有相近似用法。到汉代典籍中频频出现"权""利"二字连用，其含义大多是指权势与货财。其中专门讨论国家权利、利益与道德关系的著作《盐铁论》便有十一处使用"权利"。[③]汉代以后，"权利"的主要用法仍是泛指权势和利益，即在某种条件下特许的权力和利益。所以，近代对西方观念的迻译，用"权利"译 rights，是为了表达 rights 在法律含义中对国家或个人的权力和利益两方面的界定。[④]但中国传统文化中，权势、利益及其正当性的源头并非如西方那样的契约和法律，而是儒家道德伦理。例如前述《盐铁论》所涉十一处使用"权利"，除一般意义上指涉权势与利益，大多与"王道""仁义"对立使用。也就是说，在讨论国家或个人权势与经济利益时，不能脱离儒家伦理。特别是汉代以后，权力和利益的正当性愈来愈明显地不与法律而与儒家伦理挂钩。因此我们可以认为，在中国传统政治文化中，合法的权力和正当的利益应该就是符合儒家伦常的权力和利益。[⑤]而这种权利的正当性往往来自于其道德性，而不是如西方权利观念那样的个人自主性，例如人之为人的尊严以及自然人性。也就是中国传统文化限定着正当性的获得必须经由道德论证，对于西方基于个人自主性的权利观念，中国人一开始是非常难于接受的，直到今天，也很难说是完全认同的。

东西政治文化的这种差异，就权利与正当性来源分歧的这个角度来说，可以解

① 刘青峰、金观涛：《19 世纪中日韩的天下观及甲午战争的爆发》载《思想》，2006 年第 3 期．

② 金观涛、刘青峰：《观念史研究：中国现代重要政治术语的形成》，北京：法律出版社 2010 年版，第 111 页。

③ 同上，第 111 页。

④ 同上，第 111 页。

⑤ 同上，第 114 页。

释为对“人”的理解的差异。西方首先基于人的抽象和整体（诸如人性等）论证个人自主与个人权利正当，然后在个人权利渡让假设基础上，得到公共自主与公共权力正当结论，最后在个人自主与公共自主、个人权利与集体（公共）权力之上再高悬一个人民权利（主权）的整体而抽象的宪政原则，来完成社会秩序的勾画，政治与法律制度的安排皆出于此。这个论证过程并非一开始就脱离道德和公共伦理（如康德和卢梭就是以权利的道德论讨论法权），但权利道德话语的依存度随着法律与政治系统独立性和封闭性的增强日益减弱。权利成为宪政和法律系统独断的议题，逐渐撇清与道德的关联，权利既不是道德的，亦非不道德的。而中国传统文化所理解的人，是儒家纲常伦理和社会网络中的具体的人或群体。宗法关系和网络中的人既不可能发展成个人、共同体（公共体）的具体，也不可能发展为人民的抽象，也就是不可能有个人自主与个人权利，不可能有公共自主与人民主权。所有的正当性来源是儒家道德和伦常。传统文化的影响是深远绵长的。直到今天个人对于自主权利的主张仍不时伴随有不道德的耻感，就从一个侧面说明了利益正当性对道德话语体系的依赖。同样基于对儒家群性道德的话语依赖，国人对于群体利益（例如国家利益）比人权（个人权利）更容易接受。这就造成了一种在个人权利（人权）与公共权力两种倾向之间的摇摆，也就是哈贝马斯所说的经过道德论证的人权原则与人民主权原则之间存在一种竞争关系。（当然，如前已指出的，哈贝马斯所说的人民主权原则是指具体的民主原则和公共权力，而非作为个人权利与公共权力之整体来源的人民权利）。不过，中国式的现代权利观念中公共自主比个人自主较长时间地占据上风。

在人权与国家主权之间摇摆的权利观念 金观涛和刘青峰通过文献计量学和关键词计量分析方法，描画了一幅近代中国权利观念的流变图。他们发现，伴随《万国公法》等西学传播，（国家）主权观念早于人权观念获得了儒家政治哲学的接纳。但戊戌变法和1990年的庚子事变使人权观念开始有了发展的空间，权利开始具有道德之外的正当性。1915年共和幻象的破灭和引进西方政治制度的失败，又使得（国家）主权之权利观念占据上风，权利逐渐被演绎为一种新道德，走向更为深入的道德化。以人们接受权利观念的不同层面意识形态情况为标准，自十九世纪下半叶到二十世纪二三十年代，中国人现代权利观念的建构经过三个阶段。第一阶段（1860—1900）为初步接触阶段，“权利”就是法律意义上的权力和经济利益，它们是由法律特许和保障的；第二阶段（1900—1915）为学习阶段，接纳了天赋人权和个人自主的理念，此一阶段对权利的理解最为接近西方 rights 的原意，国人普遍使用“权利”一词来表述自主性（国家、群体和个人自主）为正当。这一时期，权利的主体不再限于国家和群体，而更多地是指个人，人们开始接受个人权利为天赋、是不可剥夺的提法。对于国家自主权与个人自主的关系理解更为注重平衡。也有从公德和私德关系来谈论权利观念的情形。梁启超将道德分成公德和私德，将权利也分为公权和私权，并认为权利思想同个人道德高下有关，权利来自良知，当然，梁启超所谓的道德不是中国传统道德，而且尚无“道德化”之迹象；但即使在此一最为接近西方 rights 原意的阶段，中国式权利观念也表现出与西方权利明显的区别，那就是在对权利与义务关系的理解方面。在西方，自然权利论强调个人权利是先于义务的，尽管有些西方思想家认为权利与义务是同一概念的两种表达，但西方主流并不把义务当作个人自主的前提。而中国儒家伦理主张依据不同等级身份规定互惠关系的传统，使得中国人在接受权利的同时，更倾向于个人不尽义务就不配享有权利这样的思路，这就使得作为公理的权利观，仍具有某种道德属性。①第三阶段（1915—1924）为重整阶段，亦可称为新文化运动阶段。此一阶段的权利观念具有两个特点：其一，新文化运动时期，受袁世凯、张勋复辟的刺激，知识分子普遍心态是反对中西二元并存②，重返道德一元论，道德再次成为政治制度合法性基础，不过这个道德是一种新道德，是以冲出罗网的自由和个人自主性为基础的新道德，权利的合法性、正当性也来自于这个新道德。权利道德化而不是道德无涉，使穷人权利问题凸显出来，而一旦穷人权利（例如生存权、经济平等权）解决不了，权利就会被认为是虚妄的、负面的。以穷人权利比附于弱小国家权利，道理是一样的。因此，这一阶段的“权利”一词不再像过去那样是高大的褒义词。人们发现权利论说的悖谬之处，那就是弱国权利与穷人权利在自由主义权利话语体系中显得不切实际，甚至荒唐可笑。这就使得这一时期的权利观念呈现第二个特点，那就是对马克思主义权利观念的接受。马克思主义认为权利是有阶级性的，权利不过是占统治地位的资产阶级维护他们既得财产权的话语体系，权利观念是虚妄的、迷惑人的。《新青年》在成为共产党机关报后，“权利”一词出现的频率大为减少，这与马克思主义认为权利是虚妄的有关。经此，自由主义思潮大幅转向社会主义思潮。③从 19

① 金观涛、刘青峰：《观念史研究：中国现代重要政治术语的形成》，第 136 页。

② 中西二元并存，指儒家伦理退出公共领域，只在私领域有效；在公共领域，则采西方现代观念和制度。

③ 金观涛、刘青峰：《观念史研究：中国现代重要政治术语的形成》，第 150 页。

世纪 60 年代到 20 世纪 20 年代，凡六十年，国人对权利观念从陌生到学习再到质疑问难和重整的历程，影响了一批新人，造就一批对公平正义热烈追求、对平等权利秉持极度理想情绪的革命者。革命的胜利与共和国建政，使成为领导人的革命者具备把理想付诸实践的政权条件。但吊诡的是，“权利”却一度成为忌讳，人们谈之色变。

第二节　共和国高等教育法权观念发展阶段

权利观念与法律、法治相伴随。没有法律与法治，谈权利是一种奢谈。但是权利观念与法律、法治的关系不是单向的。权利观念，尤其是与国家政制哲学联系密切的、更为抽象的法权观念，会反过来影响到对法律与法治的信仰。国家哲学倾向于怎样的法权观念，又往往取决于对自由、平等、民主、正义、权利等价值的排序，并通过在地化的制度安排来加以实现。

高等教育法权观念与国家哲学之间有着密切关联与显明的互动。国家哲学对以上价值的选择及制度安排常常需要仰赖高等教育系统来强化，因此国家法政治哲学毋庸置疑地会加强对高等教育法权观念的影响。高等教育的法权观念，具体体现在对以下问题的解答和价值选择之上：(1）在大学资源有限的条件下，谁具有上大学的优先权利？通过什么样的标准与方式（政治的？法律裁决的？纯粹学术标准的？抑或是混合标准？）来筛选学生？（2）学术自由权利是宪法所保护的公民权利，是一种典型的自然权利，但是学术系统中的学术自由权利拥有者同时也掌握有学术权力，权利与权力之间如何实现平衡？作为人权的学术自由权利与源于人民主权授权的政府管理权力之间的矛盾与冲突如何消解？（3）在大学组织与国家的关系上，是给予大学更多的自由，还是加强管制？大学的权利到底应该包括哪些？（4）在更为宽泛的意义上，大学培养出来的精英所应该具备的素养，以及他们对国家主流价值评判（例如对某一群体利益的优先保护）的认同程度。

以下从三个阶段对高等教育的法权观念及其与国家统制哲学之间的相互印证关系加以分析，这三个阶段是：共和国建政初期、1956 年之后至改革开放之前的阶级斗争法理论主导的时期，最后是 1978 年后的权利本位与法权中心法哲学主导阶段。

建政初期的法制创建与法权观念　1949 年 2 月，中共中央发布了《废除国民党的六法全书与确立解放区的司法原则的指示》，同年4月，华北人民政府颁发了《废除国民党的六法全书及一切反动的法律的训令》。这两个文件关于“废除旧法统”，“有新法律的依法律，没有新法律的依政策”的原则，在起临时宪法作用的《中国人民政治协商会议共同纲领》中作为中华人民共和国成立的法制原则确立下来，对以后社会主义法制建设工作具有深远的影响。

从1949年到1957年，法律重建工作陆续展开。这一时期，我国法制有一定的发展。立法机制建立，人民代表大会制度在探索中前进，司法和行政工作法制化也有所推进，法权观念亦较为平衡。1954年《中华人民共和国宪法》（以下称“五四宪法”）规定了公民的基本权利和义务，并规定了逐步扩大公民基本权利和被选举权；言论、出版、集会、结社、通信秘密受保护；公民有居住和迁徙自由；公民有劳动权和休息权；公民有创作和文化活动的自由；国家实行男女平等，保护婚姻家庭、母亲和儿童；公民有对违法的国家工作人员的申诉、控告权和获得物质赔偿权。公民在享有权利的同时，承担遵纪守法、保护公共财产、依法纳税的义务。说“五四宪法”体现了较为平衡的法权，是指在公民权利保障与公权力约束之间的法权关系的平衡。以宪法的形式规定公民权利和义务，是对人权给予尊重的体现，这种形式本身是对公权力起到约束作用的。

“五四宪法”第九十四条规定公民有受教育的权利，国家设立并且逐步扩大各种学校和其他文化教育机关，以保证公民享受这种权利。第九十五条规定国家保障公民进行科学研究、文学艺术创作和其他文化活动的自由。国家对于从事科学、教育、文学、艺术和其他文化事业的公民的创造性工作，给予鼓励和帮助。按照法学通说来解释这两项条款，就是意味着公民享有受教育权和包括学术自由权利在内的文化创造权。但如何来发展教育事业保障公民受教育权，如何保障文化活动自由，现实中由于废除了包括教育法律在内的所有旧法统，工作只能依靠政策，在艰难摸索中重建制度。

我国现代大学法制之规范，首见于梁启超起草、清光绪二十四年（公元1898年）由管学大臣孙家鼐奏准的《京师大学堂章程》。该章程不限于规范取代传统科举制的大学堂，并及于中小学堂；其后又有《钦定学堂章程》和《奏定学堂章程》。民国肇建后，1912年9月颁布学制修正案，同年10月颁布《大学令》，同时公布国立大学职员任用及薪俸规程。同年，蔡元培担任北大校长，设立教授评议会负责大学事务，各科教授成立教授会，成为大学自治史之开始。国民政府成立后于

1929年7月公布《大学组织法》，成为我国大学教育史上第一次正式立法，同年8月教育部颁布大学章程。1935年4月公布《学位授予法》，1940年教育部公布大学及独立学院教员资格审查暂行规程。1948年10月公布《大学法》，国民党去台后，该法历经1972年、1982年（4月和7月各一次）、1994年、2002年、2003年修订。在1949年革命胜利建政之前，从《大学法》《学位授予法》等法律到各种行政规章，大学法制已有相当的建设。只是随着旧法统的废弃，大学法制也被推倒却并未重建，除了"五四宪法"有上引两条款对公民受教育权利和从事学术文化活动权利加以原则规定之外，并无法律可供办学参照执行。1955年根据中共中央和国务院指示，由国务院第二办公室主任林枫等13人组成关于学位、学衔、工程技术专家等级及荣誉称号等条例起草委员会。科学院、高等教育部、国务院三办、文化部、卫生部和教育部等分别起草所主管工作条例草案。1956年6月，初步拟出11个条例草案。[①]这些草案因"破除资产阶级法权"的舆论压力大多被搁置。

教育法律创制受阻，一方面，是怕踏上旧法和"资产阶级法律制度"的地雷而只能谨小慎微地爬行；另一方面，强大的行政动员能力，也给人以一种靠政策就能运转的错觉。1950年7月发布的《关于高等学校领导关系的决定》，强调教育部具有：(1) 制定高等教育方针、政策与制度和法规的权力；(2) 高等学校设置变更或停办的决定权；(3) 大学校长（包括专门学院院长）、专科学校校长的任免权；(4) 师生待遇及经费开支标准的决定权。1953年5月29日的《关于修订高等学校领导关系的决定》，则把高等教育部的权力更为扩大，更为细化。专业设置、教学计划、教学大纲、生产实习规程和招生方法等都成为高等教育行政命令的内容，全国高等学校均应执行。教育行政部门可谓大权在握，政策和行政命令获得了超越于法律的权威与效力。

从外部环境来看，当时的法治意识薄弱，把法律当作工具，不仅谈不上对法律与法治的信仰，更有躺在战功上的领导人"轻视人民群众作用"，认为没有必要开人民代表会议，认为代表会议是"打天下的不坐，坐天下的不打"。[②]作为"五四宪法"草案初稿主持者的毛泽东，他对宪法的理解是用宪法这样一个根本大法的形式，把人民民主和社会主义的原则固定下来，使全国人民感到有一条清楚的明确的

---

① 马齐彬等：《中国共产党执政四十年（1949—1989）》，中共党史资料出版社1989年版，第102页。

② 董必武：《董必武政治法律文集》，北京：法律出版社1986年版，第168—169页。

和正确的道路可走，提高全国人民的积极性。毛的这种理解使得宪法实际上成了政府管理社会的总纲领和总政策，而不是公民的权利法和对公权力加以约束的法。而一旦政策目标实现后，宪法的任务也就完成了。总的来说，当时社会总的氛围是感觉到法律不如政策好用。

“有新法依新法，没有新法依政策”的司法原则和行政原则，在所有旧法律被废止、而新的法律不及颁行的情况下，为不得不采取的过渡办法，但几年过后，新的法律仍然无法出台，过渡办法变成了常态原则，给人感觉靠政策运转国家比靠法律来得容易、方便，法律作用也就得不到体现，甚至法律也不过是政策的注脚和运用，这时就已经埋下了政策高于法律的隐患。[①]“政策高于法律”是一把双刃剑，它很锋利却也容易自伤。表面上看，虽然学术自由权利及作为其制度性保障的大学自治受到极大限制，甚至被无视，但保障并扩大公民受教育权利所需的高权行政能力得到了一定程度的提高。专门人才培养的计划和针对性加强，一定程度上克服了旧大学工程技术专业人才培养不足等弊端，更加突出地显示出不被法律捆住手脚的行政部门在短期内的高效和能力。但实际上，功用主义办学理念和不受掣肘的行政权力，破坏了法权平衡，在人权原则与主权原则平衡上完全倒向后者。失去法律约束的行政权力同样也是失去法律保障的行政权力。在没有制度稳定预期的情况下，国家教育行政能力是否真的提高，是否有能力保障并扩大公民受教育权利是让人怀疑的。矛盾积聚到“文化大革命”爆发之际，国家行政部门已不能正常运转，从1966年教育部瘫痪到1975年重组，历时八年半。

1949—1954年，与主权原则得到高扬、人权原则受到贬抑相呼应，大学教育教学体制完成了从“自由主义”到“民主主义”的过渡和转变。[②]“自由主义的教学制度”是当时教育部副部长曾昭抡对旧大学教学制度性质的概括，而建政后模仿苏联的新教学制度则被认为是“严格地按先进的教学计划、教学大纲进行教学”的制度，没有人能对这种教学制度给出一种与“自由主义”相对应的概括。但实际上，模仿苏联建立的教学制度不仅仅限于启用教学计划和教学大纲等带有计划经济色彩的技术手段，它本质上是一个自大学管理体制、学科组织方式、招生就业制度、学术价值观念、教师工作组织方式、学生学习组织方式、课程权力分配方式得

① 蔡定剑：《历史与变革——新中国法制建设的历程》，北京：中国政法大学出版社1999年版，第234页。

② 两种学问体制的知识政治学分析与对比，见附录一。参见拙著《学问与治理：中国大学知识现代性状况报告（1949—1954）》，上海：学林出版社2008年版。

到彻底改变的新模式。[①] 如果非要找一个与“自由主义”相对的词语和概念来概括新模式，那就只有“民主主义”了。

作为政治理念的“民主主义”与“自由主义”本是“同根生”，它们都是自由、民主价值观的产物。自由、平等、民主是现代社会崇尚的价值观念，但它们之间却存在着竞争关系和价值比序。一般来说，强调个人权利和自然权利的自由主义者，更看重自由，但并不反对民主，只有在危害到自由的情况下，才反对以民主名义危害个人权利，这就是“自由优先，但不一般地反对民主”原则。而民主主义者更看重民主和平等，但也并不一般地反对自由，只有以自由的名义危害到平等时，才会明确地反对自由，这就是“民主优先，但不一般地反对自由”原则。自由主义者看重个人权利和自然权利，对以人民主权名义获得合法性的公权力抱有天然的警惕；民主主义者看重经由人民主权获得合法性的公权力对社会平等的调节功能，却对既得利益者所抱持的自由和自然权利（人权）不以为然，甚至认为这种自由和自然权利是虚妄的，不过是维护既得利益的一种托词，但民主主义者却并不一般地反对自由，甚至每个人（包括穷人）的自由都是其设定的奋斗目标。所以“民主主义”总体和基本的价值观是“平等、民主优先，但不一般地反对自由”，而“旧的自由主义”的价值观是“自由优先，但不一般地反对平等、民主”。“自由主义”与“民主主义”各有盲区，但共同面临的敌人其实都是公权力的膨胀和失范。就“自由主义”来说，积极自由与积极权利的提出必然要求国家提高行政给付能力，为公权力赋权增能；就“民主主义”而言，因为寄望于更高的社会平等则天然地依赖公权力。因此，对以公权力的赋权和约束为目标的宪治才是他们守护理念的助力者，舍此，则无法克服各自的片面而到达它们理想的桃花源。只有反对法治者才是他们的敌人，而非彼此。

作为政治理念的“自由主义”和“民主主义”之间的论辩与竞争，常常激烈到有你无我的地步，使人不由得产生“本是同根生”的感慨。我们要思考的是，一时的政治价值评判与选择，有时仅仅是一时的意识形态争执或某种斗争策略，是否一定要通过高等教育系统及教育教学制度得到体现？我的回答是不必。

现代大学制度既包含有自由理念，又有民主和平等理念；既有对自然权利（人权）意义上学术自由权利的坚持，也有国家对大学作为一种公权力所进行的监督与

---

① 参见鲍嵘：《学问与治理：中国大学知识现代性状况报告（1949—1954）》，上海：学林出版社2008年版。

约束。即使是学术自由，也是学术自由权利与国家主权和人民主权之间的一种平衡。[①] 因此，现代大学制度基于高等教育自身的特殊性（也是自身规范封闭性）形成自己独特的法权平衡和生态，不宜与政治简单捆绑，不宜简单地以“民主主义原则”统领高等教育发展。建政初期为推行计划经济，张扬人民主权原则（这里指民主与公共权力原则），给以欧美为模板的大学贴“自由主义”标签，并对之加以激进化改造无疑是得不偿失的折腾。其时，我国高等教育的基础和制度架构的底子不错，为适应建政需要可进行一些渐进性的变革，但被所谓效率迷惑，采用给企业下订单模式进行行政化计划性管制，彻底颠覆原有教学制度和基层教学组织，是盲目的。废除国民政府时期颁行的《大学法》和《学位授予法》之后，在很长一段时间又未能恢复学位授予制度、重建高等教育法律制度。随着阶级斗争运动逐渐升温直至白热化，至“文化大革命”爆发高等教育并无丝毫招架之力。

阶级斗争法哲学主导阶段的法权观念　1956 年，中国社会主义改造基本完成，社会主义制度初步建立起来了，共和国的历史发展到了一个新的历史时期。社会主义改造顺利实现，使党的领导人产生了加速建设社会主义的冲动和激情。1957 年“反右”、1958 年“大跃进”、1959 年党内“反右倾”，却突显了依靠阶级斗争观念和群众运动方法、强人意志与日常法制建设之间的深刻矛盾。[②] 而公有制基础上的高度计划经济体制，也在客观上需要人治和政治指挥，不需要法制。

1958 年经过“反右”和“大跃进”，中国共产党在“八大”确定的健全社会主义法制的正确方针和毛泽东关于“一定要守法”的观点被废弃，党内、社会上和法学界蔑视法制的思潮风行，法律虚无主义开始泛滥。[③]1962 年，“阶级斗争不可避免”，“一直要斗到共产主义”，作为中国共产党的基本路线写进了八届十中全会公报。阶级斗争法理论也发展到了顶峰。

尽管马克思、恩格斯、列宁并无关于法律问题的专门论著，仅在论述其他问题时涉及法律，但马克思主义法学家们依然遵照马列总体的法律思想，结合马列关于法的经典论述，给出了关于法和法律本质的经典定义：法律是反映统治阶级意志

① 例如，我们从洪堡的学术自由观念中看到的，就是一种与国家观念紧密相连的观念。

② 从 1956 年始，社会主义改造结束，建设社会主义的目标实现以后，宪法就开始不受重视，特别是在 1957 年开展“反右斗争”和 1958 年“大跃进”，宪法开始被逐步废弃，人民代表大会越来越不发挥作用。

③ 蔡定剑：《历史与变革——新中国法制建设的历程》，北京：中国政法大学出版社 1999 年版，第 92—93 页。

的，由国家制定或认可并以国家强制力保证并实施的行为规范的总和，是保护、巩固和发展有利于统治阶级的社会关系和社会秩序，实现阶级专政的工具。[①] 归纳起来，就是“法是统治阶级的意志”，“是阶级专政的工具”。蔡定剑称之为“阶级斗争法论”，张文昌等称之为当代中国法哲学的“阶级斗争范式”。[②] 蔡定剑进一步分析认为，阶级斗争法理论之所以在中国很容易被接受，与中国法律传统文化的影响有关。在传统的法观念中，法即为刑，法是君主的工具，法不过是一种镇压手段。所有这些，与法是统治阶级意志，是专政工具的思想，有相当巧合之处。阶级斗争法理论从苏联传入，非常容易地为中国人民所接受，与传统法观念有很大关系。[③]

但实际上，阶级斗争法理论无法解释现实的窘迫早就凸显出来，那就是它无法回答，为什么在“剥削阶级”已经“被消灭”的情况下，法律的阶级专政功能不是减弱了而是增强了？这种窘迫与没有资产阶级的“资产阶级法权”和没有资产阶级的“走资派”的道理是相同的。法律一旦成为某一阶级手中工具的时候，就没有真正的法制。[④] 现代法制的本质是不偏私，而阶级斗争理论恰恰就有浓重的排他性和非宽容。阶级斗争法理论下没有法制，那么，在其下有没有权利呢？充满阶级斗争火药味的高等教育领域隐含了答案。

根据《共同纲领》确立的“教育要为人民服务”的思想，建政初期实行“教育为工农服务”“大学之门向工农敞开”的文教政策。在这个方针政策指引下，一部分高等学校附设了工农速成中学，作为大学预备班，或者直接招收具备入学条件的工农干部与工农青年进入大学就读，统称为“培养工农干部”。这批三十多岁进入大学的“工农大学生”政治觉悟高、学习积极、有实际工作经验、理解问题比较深刻，因为有“阶级情感”与“阶级意识”所以比较容易接受马列主义理论与“苏联先进科学”。但是。他们的大学学习也面临不少困难，具体来看，包括文化水平低、知识基础薄弱、缺乏脑力劳动习惯、生活或思想上负担重、精力分散等。[⑤] 由于建政对专门人才需要量很大，以上非常规招收的工农青年数量和覆盖面较小，它的政治意义和象征意义远远大于它培养专门人才功能的实际意义。为了把有限的高等教

---

① 法学教材编辑部印：《法学概论》，北京：法律出版社 1983 年版，第 15 页。

② 张文昌、于宁：《当代中国法哲学研究范式的转换——从阶级斗争范式到权利本位范式》，《中国法学》，2001 年第 1 期。

③ 蔡定剑：《历史与变革——新中国法制建设的历程》，第 241—242 页。

④ 同上，第 247 页。

⑤ 邹鲁风：《中国人民大学培养工农干部经验的初步总结》，载《人民教育》，1954 年第 10 期，第 37—45 页。

育资源留给工农子弟和干部子弟，还曾经限制“资产阶级子女”升学，到 1961 年教育部党组发文要求停止这种反向歧视的做法，认为应该着重本人表现，只要他们政治条件、健康条件、学业成绩达到要求，就应当录取，而不因为他们的出身，就对他们“有所歧视”，而不予录取。但实际上，由于阶级斗争观念的弦紧绷，这批出身不利学生的个人表现（特别是政治表现）很难获得认同，因此他们升学通道受阻的状况，并不可能因为一纸文件得到多大改观。

阶级斗争哲学奉行对阶级兄弟爱，对阶级敌人恨；对阶级兄弟给予补偿，对阶级敌人进行反向歧视。从表面上看，阶级斗争法理论维护了弱势阶层的法权，张扬了公平正义的价值观念，但这只能在非常时期作为一种非常手段发挥出强大力量，但却不能成为常态。因为它一旦常态化，就会陷入一种悖论。那就是弱势阶层因教育进入排他性的上升通道，获得强势的政治地位和法律地位，原有的强势阶层子弟得不到基本的教育与发展机会，成为新弱势阶层。那么，对于新弱势阶级是否要给予补偿呢？是否又要几年来一次革命，把新强势阶级打倒？没有法制稳定预期，没有基本程序和秩序支持的权利不可能成为真正的权利。阶级斗争法理论下不仅没有法，而且也不可能有真正的权利。对弱势阶层及其子弟的教育机会补偿必须在法制条件下逐渐完成，而不能依靠政策和运动，不能依赖领袖意志和人治，更无法在阶级斗争法理论及其制度架构下完成。通过法律体系内不偏不倚的第三方个案裁定去带动解决，也不失为一种办法，例如美国联邦最高法院裁定的几次大学入学释宪案就发挥着类似作用。

尽管采取了一些象征性或实质性的手段推动高等教育受教育机会和受教育权利向弱势阶级的倾斜，但是在阶级斗争法理论和法律虚无主义发展到顶峰之际，毛泽东仍然认为大学培养出来的人自以为是，文科师生有可能成为资产阶级接班人，由于文科毕业生会掌握国家的上层建筑，就有“和平演变”的危险。[①] 毛泽东对科层官僚、“高等”教育以及大学所培养的精英的不信任也达到了顶峰。1966 年 6 月 13 日，由中共中央、国务院发文“改革”高等学校招生考试，名义上是改革考试方法，实质上是取消考试，而且停止招生达六年之久。同年，6 月 27 日下文停止招收研究生，此后达十二年未招收研究生。当年，教育部、高等教育部瘫痪，到 1975 年重建教育部历时八年半。[②]

---

① 马齐彬、陈文斌：《中国共产党执政四十年（1949—1989）》，第 251 页。

② 蔡定剑：《历史与变革——新中国法制建设的历程》，第 273—274 页。

权利本位法哲学与法权中心法哲学阶段的法权观念 改革开放后，法权观念的发展可以分为两个阶段，第一阶段是改革开放后到2000年，这一时期的法权观念可以说是权利本位的法权观念；而到2000年后，则进入权利—权力平衡阶段，其标志是2000年前后，由童之伟提出法权中心法理论。

1978年底改革召开的中共十一届三中全会，否定“以阶级斗争为纲”，作出“把工作重点转移到社会主义现代化建设上来的战略决策”。1982年9月的中共十二大之后又全面进行改革开放。在新的历史条件下，有学者率先重新采用从权利和义务角度阐释法规象的分析思路，以改造原来从苏联引进的法理学，这一新理论就是权利本位论。法以权利为本位，指的是法的立足点和重心在权利。具体表现为：(1) 权利和义务表征着法，使法区别于规律、区别于习惯、道德和宗教；(2) 权利和义务是法的基本粒子，所有法的部门都表现为权利和义务或实现方式的规定，权利和义务贯穿于法的一切部门；(3) 权利和义务贯穿法律运行和操作的全部过程，法的运作环节——立法、司法、守法、法制监督——皆以权利和义务的实现为落脚点。[①] 强调基于义务的权利是法的立足点和重心，以区别于苏式法理学的法哲学就是权利本位法哲学。

从1977年开始到2000年左右的立法实务，也从实际上支持了权利本位法哲学的某些主张。不少法律都以对权利主体的明晰，以对权利内涵的描述和对权利的保障为自己的重心之一。例如1998年通过的《中华人民共和国高等教育法》(以下简称《高等教育法》)，第九条规定“公民依法享有接受高等教育的权利”，并规定对符合国家录取标准的残疾学生，不得因其残疾被拒绝录取，规定国家采取措施，帮助少数民族学生和经济困难学生接受高等教育。第十条规定“国家依法保障高等学校中的科学研究、文学艺术创作和其他文化活动的自由”。第十一条则规定了高等学校具有自主办学权，并从第三十二条开始到第三十八条分别详细规定了高等学校具体的办学权利。这些权利分别是自主调节学科招生比例、自主设置和调整学科专业、自主制定教学计划实施教学活动、自主开展科研技术开发和社会服务、自主管理和使用举办者提供的财产。“自主”出现的高频次说明《高等教育法》迫切地强调高等学校作为办学主体的法律地位，并通过法律授权来确定其法人资格。“权利”作为整部法律文本的重心得到张扬。

---

① 张文显：《当代中国法哲学研究范式的转换》，载《中国法学》，2001年第1期。

不过，这里的权利是作为自然权利和法人权利的狭义的权利，而不是既包含了私人权利，又包含公共权力的权利。也就是说《高等教育法》在把高等学校放到类似于私权利主体的时候，忽视了它同时作为一个公权力主体的存在，忽视了对它作为公权力主体的约束。以招生为例，大学招生权利相对于行政主管部门，是一种高校法人权利，对于考生而言，却毫无疑问是属于行政权力的招生公权力。法律在授权的同时应该予以规范。就整部《高等教育法》而言，忽视对教育行政主管部门组织机构设置及其决策规范制约，忽视对高校作为行政公权力主体的制约，就是在公权力上约束不力的体现。没有对公权力的制约，法人权利与自然人权利即使白纸黑字地写入法律，也往往无法实现。

法律实务与理论的困窘，引发了人们对权利本位法哲学的批评和改进。批评者在肯定权利本位法哲学的历史贡献时，也提出了它的不足。从肯定的方面看，权利本位法理论较阶级斗争法理论极大地促进法学的独立性和专业化，改造了贬低个体的法律文化，顺应加强人权和公民权保障的趋势，是为因应时代变化之举。但权利本位法理论的弱点也同样明显，那就是忽视权利、误解权利，不正视、不重视、不研究权力，在打倒传统的权力本位后，没有很好地解决新的权力与权利的平衡。[①]无视权力的运行规律及其制约，一方面可能无法真正约束权力、保障权利，另一方面也容易造成权利至上，即权利无边际、权利万能、权利大于法、权利比权力天然合理、权利无错、公共利益无条件服从个体利益。[②]特别像高等学校这样的机构既有法人权利又有公共权力，其权利至上，往往可能意味着其权力无边。例如某高校招生处长涉贪以千万计，可为例证。[③]

1995年前后，童之伟曾经使用“社会权利”一词来指称权利权力统一体（即法定之权，其中“权”并非专指法律权利，亦非专指法律权力，而是二者的有机统一体），却引起很多误解，在几经游移之后，童之伟采用“法权”一词来替代“社会权利”，以摆脱因找不到恰当的文字符号来标志权力权利统一而造成的困境。在此基础上，童之伟发展了以利益和财产权为中介的权利与权力关系描述、解释和规范的法理论，即法权中心法理论。童之伟认为，借助于法权概念，法律关系在法理学上就能够表述为主体之间的法权关系，即从最一般意义上全面反映了各种法律关

① 童之伟：《法权与宪政》，第119—125页。

② 同上，第124—125页。

③ 《在特殊类型招生过程中受贿千余万元 中国人大招生处原处长被捕》，载《新民晚报》，2014年5月30日，A14版。

系所包含的各个层面，各个层次的内容，从而也就克服了把法律关系单纯地理解为权利义务关系所造成的理论贫乏。童之伟指出，权利本位法理论把私法领域的权利—权利关系理解为权利义务关系。基于同样理由，公法领域内权利主导的权利—权力关系也可以表述为权利义务关系。但更进一步地看，权力—权力关系和由权力主导的权力—权利关系就不能用权利义务关系加以解释，而只能表述为权力义务关系。换言之，如果一定要把义务概念引入法律关系的分析中，那么法权关系所表现出的权利—权力、权利—权利和权力—权力三对关系可以在学理上转换为权利义务和权力义务关系。[①] 我认为，通过对高等教育法现象和高等教育法律关系的个案探讨，还可以发现一种特殊关系，那就是一个主体同时是权利主体和公共权力主体的情形。这个主体可以与其他主体之间构成权利—权利关系，或权力—权利关系，或权利—权力关系，或权力—权力关系，同时也面临自身内部权利—权力关系的协调和平衡。这种复杂法现象的存在，是权利本位法理论无法解释，当然也就无从规范的，而法权中心论则以其对复杂法律关系分析见长，因此法权中心论从理论上说，有可能就上述高等教育领域的法现象给出合理解释。

当然，法权中心论也有非常明显的疏漏，那就是对法权理论理性主义法哲学背景的陌生，导致童之伟教授居然认为法权是一个已死亡的概念，而自己的工作不过是使其死而复生，旧瓶里面装新酒，是借壳。“旧瓶”“躯壳”这样的意象，反映马克思法权论述被阶级斗争理论滥用，而影响力渐失，乃至成为历史遗迹。但实际上，法权哲学作为探讨法权关系的法理论，自康德、黑格尔到马克思，再到科耶夫，乃至哈贝马斯都是他们着力探讨的法学概念，从未远离，更未死亡。只要是存在着复杂法律关系和权利—权力关系就离不开一个整体概括的抽象概念，没有“法权”亦会有其他。把法权概念贬为“旧瓶”“躯壳”割断了法权问题意识的连续性，削弱了法权理论的深厚哲学内涵与学术积淀，不免令人扼腕。社会主义法治体系的建成与完善，离不开法理学的发展与支持，权利中心论与法权中心论都将在现实需要的推动下谋求新的作为。

---

① 童之伟：《法权与宪政》，第 81 页。

第五章　改革开放前的新德治与高等教育

作为统治与支配的工具和依凭手段，道德与法律从来就是既竞争又合作的关系。德治？法治？抑或德法并治？是统治者与支配者面对的永恒命题。高等教育与精英养成在这一命题中的地位，始终是独到而微妙的。无论统治者选择何种治理方式，高等教育与精英养成都会被作为统治术与政制顶层设计的重要组成部分，不可或缺。自共和国建政到20世纪80年代改革开放，对高等教育治理方式在德治与法治之间的游移。由于对科层官僚制与法理型支配方式的戒备，在具卡里斯玛气质的领袖推动下，一种在传统型支配基础上建立起来的新德治成为主导性的治理模式。新德治关于“新人”的形象设计、新德治关于知识分子的规制，都深刻地影响到高等教育人才培养与师资任用。然而，已有研究者指出新德治本身的悖逆。新德治意在通过提升民众道德新境界，建立一个公平正义的社会。但是，史无前例的疾风暴雨式“去自我”技术恰恰消除了个人自由向善的伦理实践的可能性，没有法律及“不偏不倚、公正无私”的第三方的客观化、外在化的强制，而任由个人对自己进行道德审判，同时却又釜底抽薪地抽离个人存在的根基，破坏个人道德实践的可能，这是新德治无法回避的悖逆现象。

尽管德治，特别是新德治存在诸多悖逆，但由于毛泽东对知识分子、专业科层官僚和法理型统治的低值评估，新德治加上行政手段的控制开始占据了主导地位，对高等教育系统产生了深刻影响。以下从四方面加以阐述：首先，是对相关概念的介绍；接下去讨论新德治如何通过高等教育塑造精英，以及“白专”“红专”标签的知识政治学内涵；第三节涉及知识分子，讨论为什么在共和国历史上会产生如此特殊的“知识分子问题”以及所谓的“知识分子政策”，也衍生了一些对今日知识分子议题的看法；最后对道德与法律实现正义的能力加以比较，反思新德治存在的问题。

第一节　传统型支配、德治与新德治

马克斯·韦伯指出在卡里斯玛式支配行为和法理型支配权力之外，存在第三种支配类型及权力，那就是传统型支配。何谓传统型支配呢？传统型支配就是指某一种支配，其正当性来自于自我宣称的“历代相传”的规则及权力神圣性。传统型支配基础是被支配者的恭顺，即支配者并非工作的“上级”，而是个人的“主人”，他管理的干部并非“官吏”，而是“随从”，是“子民”。支配者与被支配者不是一个共同体的平等成员。纯粹类型的传统型统治，缺少官僚制下管理干部的一些基本方式和特质。官僚制下管理干部的特有原则包括：(1) 依照秉公原则，对“权限”有清楚的界定；(2) 依理性原则来定层级；(3) 依照职级任用以及有秩序的升迁；(4) 需要专业训练作为任职资格；(5) 有固定的薪俸，并以货币支付。以上的这些特质，传统型支配与统治并不具备，例如支配者往往出于喜好，任意委任及授予职务和权力，而有国家职务者只是家庭成员，除了家庭成员之外，其他人主要只是些临时性任务的人员。当然，传统中国通过“读”和“写”等人文修养塑造士大夫的生活模式，这种方式是一种初步的训练，但却不是为其胜任某个专门工作所进行的专业训练。马克斯·韦伯讨论了传统型支配不同于法理型官僚支配的地方，也列举出传统型支配的几种类型——长老制、家父长制与家产制，但却似乎忽视了传统型支配的一个基本手段，那就是德治。如果说卡里斯玛支配类型对应的治理模式是人治，法理型官僚制支配类型对应的是法治的话，那么传统型支配就其依凭道德式控制而言，对应的治理模式就是德治。德治与中国传统文化结构与性质的耦合，使得我们在研究中，不能不对德治予以特别的关注，不得不对 1949 年建政以来一直到 1978 年始作出调整的高调的新德治及其对高等教育领域法权状况影响予以特别的讨论。

以道德和伦理治国，在中国有着悠久的传统。道德在本质上是自我体察、自我把持的，因此要凭道德进行统治，必须着力解决：以某种方式形成或确立一统化的道德模式，再以某种力量加以强制推行。中国传统社会的宗法结构为德治提供了基础性的平台。因为宗法结构本身预设着道德一统化的前提，借助于专制体制和仅有惩治意义的法，即可完成对一统道德的确认和推行。中国传统德治的进路是：先把道德一体化，然后把法与道德一体化，即“礼法合一”。在传统社会家产制前期，法的原则是“德主刑辅”，它包含了以道德制约刑罚的意思，包含了对道德与法之间的有限肯定，但在家产制后期，法的原则为“明刑弼教”，此时，道德已不具有对刑罚的制约作用，却相反地成为使用刑法的理由和目的，道德与法已不存在界限。“同一规范，在用于社会制裁时为礼，用于法律制裁时便成为法律。”[①]道德与法的边界的混淆，以及道德对社会规则与秩序的一统化，说明中国传统德治中的道德、伦理和“礼”其实并非严格意义上的纯粹的道德、伦理和“礼”。

纯粹意义上的道德与法有非常大的区别。在法里面占据主导地位的是一种社会利益，是一种在社会中实现某种价值（即正义）的意志，并且对它的适用本身就预设了（就第三方面来看）一种本质上“非个人”的态度。与法相对，道德则将个人从社会中孤立出来，道德的意义是在每个被孤立看待的人身上实现某种价值（即道德完美），道德意义上的“法官”（第三方）对道德的适用在严格意义上也是“纯个人的”。徐复观因此说，自本自根的道德的对象是各人自己的内心，其尺度也是各人自己的内心。“心在内面，可内视而不可外见，可省察而不可计量，其证验只是个人的体验，其方法只是个人的操守，一切都是主观上的。”这种道德主观性具体表现就是，它既不可能在客观上摆出来有轻重长短的明确判断，也不可能如产业继承那样不可轻易变更，最后只能靠“自验于心之安不安”。[②]因此，非常清楚，法律不可能还原为道德，反之亦然。[③]虽然，道德与法律常有混同之处，例如绝大多数的法律规则都可以从道德上进行解释，大多数的道德规范也都可以转化为真正的法律规则，但严格意义上的道德仍然与法有本质的区分。仍然引用科耶夫的观点来说就是，法律情境根本上不考虑那种孤立的、从相互作用抽象出来的、“深层次的”或“内在的”人格，但恰恰是在这样的人格中，所有道德价值才有实现可能。[④]

与法相混同的道德，或者说试图以德统御法的支配类型中的道德，皆非纯粹的道德，同时又面临着与法的多重矛盾和多层面的纠缠。首先在生成方式上法是建构的，道德是非建构的、自然生成的；其次在行为标准上，法的标准是确定而操作性强、排斥恣意擅断的，而道德，即使为一个民族普遍认同的最基本道德，也难以用形式化方式表述；再次，法在特定国家的体系结构基本上是一元的，法律上的决策基本上一致并通过程序正当加以保障，而道德具有多元性，主流与非主流并存，对

① 瞿同祖：《中国法律与中国社会》，北京：中华书局 1981 年版，第 221 页。孙莉：《德治与法治正当性分析——兼及中国与东亚法文化传统之检省》，载《中国社会科学》，2002 年第 6 期。

② 徐复观：《学术与政治之间》，上海：华东师范大学出版社 2009 年版，第 70 页。

③ [法] 科耶夫：《法权现象学纲要》，第 237 页。

④ 同上。

道德的评价是个体化的、非法定性的、主观的和观念性的评价，因此道德评价结果是未可预期的。[①] 此外，法与道德在运作机制上有程序化与非程序化的区别，在强制方式上有外在强制与内在约束的区别，在解决矛盾方式上有可诉性与不可诉性的区别等等，不一而同。虽面临着诸多特性的差异与矛盾，仍然以德代法，以德统法，其结果就是德不德、法不法。从对德政和道德的影响角度看，礼法合一造成的危害有：（1）倡导德政却布设苛法；（2）强调道德却扼杀道德自由；（3）主张善德却酿造了普遍的伪善。[②] 从对法权的影响来看，没有道德自由和道德实现的个体亦缺乏人格的尊严，其个人权利无处生根的情形堪忧，因而没有个人法权则无人民权利。

道德与法各守边界，在西方自古希腊起就有相关观念，就中国文化传统来说，除了宗法社会结构提供“礼法合一”的制度平台和物质基础之外，其文化性格亦支持以德代法，只不过结局从批评者立场看，则是人格成就上的两极世界和文化向上性与文化堕落并存。[③] 在我国的道德文化中，人是参天住地的万物之灵，“自天子以至于庶人，壹皆以修身为本”，人各以其一身挑尽古往今来的担子，以养成涵盖万汇的伟大人格。这种对人的乐观与现实社会中统治者对民的防范形成了鲜明反差。因为对人道德的自本自根性（即从人自身发掘出道德的根源，发掘出每一个人自身的神性）乐观，所以注重的无疑是“尽心知性”“礼防于未然之先”，最终归结到茫无涯际的“平天下”或者是“与天地参”。于是“在中国文化中可以不要宗教，可以不重视法和国家等从外面来规限人生的观念”。[④] 如果迫不得已，需要法，那么法等外力一定是用来强制和惩罚道德堕落者和刁民。所以中国文化造成了人格的两极世界，一极为道德伦理占优的高尚人格，一极为失德自利的堕落人格，民在两者之间非此即彼。人格两极是文化的预设，也是丧失制度依傍的人的现实生存状况。因为人对自己是否符合道德规范只能靠自验于内心的安与不安，只能信自己，而无法求信于他人（更遑论依靠第三方求信于他人）。只好看自己而不能看他人的格局，导致文化上若不向上升起便向下坠落，道德上若不“与天地参”便跌入自私

① 刘作翔：《法律与道德：中国法治进程中的难解之题》，《法制与社会发展》，1998 年第 1 期。孙莉：《德治与法治正当性分析——兼及中国与东亚法文化传统之检省》，载《中国社会科学》，2002 年第 6 期。

② 孙莉：《德治与法治正当性分析——兼及中国与东亚法文化传统之检省》，载《中国社会科学》，2002 年第 6 期。

③ 徐复观：《学术与政治之间》，第 70 页。

④ 同上，第 69 页。

自利的“人欲横流”。民众现实的人格与道德分化似乎又在支持着这种文化预设的正确，强化了儒家伦理这种人格主义、“自本自根”人文宗教的合法性，越发阻碍了道德与法的分化和各自独立于对方。

西方“权利”“人权”“法权”和“法”观念在古老中国的传播使传统德治及其手段的合法性土崩瓦解，但文化结构的内在韧性使得在一种合适的条件下，德治加上新的元素又可从头再来。文化惯习、理念执守、民族复兴之抱负就是共和国建政至改革开放新德治从头又起的合适条件。在建政初期，国家领导人也较为重视立章建制，试图走法治道路，但如前述及，在政党伦理泛化的条件下，阶级斗争弦紧绷，并无法治多少空间，相反，新德治却彰显出一定的便利性，在竞争中胜出。以政党伦理为支撑的新德治是一整套话语体系和意识形态构造，它对高等教育系统的支配作用是决定性的。具体分析见于后节，在此，先对新德治给予一个通观的认知。

科举制既除，中国现代化和民族国家建构的重任由军事化政党担纲。作为现代意识形态政党，共产党和国民党都建构起一套政党伦理，这种伦理原来是用来规约政党成员行为，以便为政党实现其政治目的提供凝聚力。但随着政党的国家化，政党伦理开始改造礼法伦理，并替代礼法伦理留下的空白和缺位。政党伦理规约了现代中国社会生活的形式及价值取向，提供调节具体社会制度环境的道德秩序，以及衡量个人行为模式和日常生活中有关善的行为的尺度。[①] 为政党伦理提供正当性的是政党意识形态（马克思主义或三民主义），一旦政党与国家政体叠合为党国，本来仅对政党成员有制约力的政党伦理就会变成由国家控制的社会规范。[②] 与传统伦理相比，伦理义务要求更换了新内容，但伦理规范形成和结构与传统礼法一脉相承：政党伦理与礼法伦理一样，是社会组织（如单位制）、日常生活仪式（政党伦理化举止）和国家惩罪机构的统一。政党伦理在政党意识形态和政党国家的社会体制支持下获得法权，并引领法。要把握民族社会主义国家的现代化的社会实在（包括高等教育体系衍变）无法离开政党意识形态、政党伦理与政党国家的社会体制的三项分析性概念。本书无力把论题扩展到如此宏大的领域，以下讨论仅限于政党伦理泛化后形成的新德治与高等教育系统之间的关系的探讨。首先新德治对人的形象有一个总的设计与要求，这种设计会通过高等教育的培养目标得以落实。“新人”

① 刘小枫:《现代性社会理论绪论——现代性与现代中国》，上海三联书店 1998 年版，第 172 页。
② 同上，第 172 页。

形象，是新德治对高等教育系统产生影响的重要机制之一，是新德治实现对高等教育政制控制的重要路径。如果说，高等学府在精英教育阶段是只此一家别无分店的精英养成所的话，“新人”形象就是这家字号培养精英预备人员的模板。然而，高等教育系统还面临着来自军队、工厂的竞争，由于特定的建政历史和政党意识形态，军队与工厂同样是精英重要输出地，高等教育系统并非一家独大。高等教育系统输送出的精英要在竞争中胜出，既要满足政党伦理所宣导的高调的道德水平，又以受过专业教育为看家本领。但由于专业教育与科层官僚支配具有的内在关联，专业教育反而有可能成为高等教育系统输送精英的包袱。

第二节　新德治、高等教育系统与精英养成

共和国建政是前所未有的现代民族国家建构的大动员，毫无争议地需要高等教育系统为其输送大批知识精英和技术精英。但建政前大学留下的知识分子与政党伦理之要求存在相当大的距离，因此，建政者更倾向于把他们作为存量与未来要培养的新知识人增量分开来对待和处理。他们希望通过院系调整、对旧知识人的思想改造和苏式教学制度，使新培养出来的增量人员成为符合政党伦理“新人”形象的精英分子。最理想的“新人”要求，概括地说，就是“又红又专”。“红”代表对政党意识形态的认同肯定以及自觉地接受政党伦理规范，“专”指的是具有现代社会领域的专门知识和专门技能。“红”与“专”的关系，最理想的是时任清华大学校长的蒋南翔所描述的那样，“红”是方向，“专”是本领，两者和谐统一。但在实际运行中，“红”常代替“专”，抑制“专”，“专”亦内在的与“红”有所区隔，要把两者融合好并不容易。同时，在精英养成方面，来自大学的知识人，实际上面临来自军队和工厂优秀分子的竞争。这种竞争主要是对“红”的政治符号的竞争，“专”则既是大学知识人的优长，又是其短板。要理解这种竞争关系，并厘清高等教育系统在精英输送中的地位，分析新德治与高等教育系统的法权要素（法政元素）之关联，还要回到“红”所代表的政党意识及其伦理内涵上来。

政党意识形态是指某一政治党派在取得对国家的统治后通过社会法权推行的该党价值理念体系，这一理论体系有着信仰性的意义设定，即为社会民族乃至世界提供生存的意义。这种政党意识形态与代议制度结构中的政党理念不同，后者并不与社会伦理、宗教信仰和国家机器一体化，政党理念仅限于在政党政治的功能范围

内。而政党理念意识形态化，不仅把政治理念上升为历史中的神圣真理，成为一种信仰，而且与统治权力和社会的制度性建制一体化。[①]政党伦理本来是约束党内成员的行为规范，但政党伦理国家化策略则是把这种对内部组织成员的规范扩展到对社会所有成员的规范，成为日常伦理和日常人际关系及生活之评价的标准。由于财富和权力分配实施了计划体制，政党意识形态扩张和政党伦理泛化得到了支持，获得了社会法权。[②]个体法权则被政党伦理控制下的群众社会所淹没。民族国家现代化担纲者的选择，决定了群众样态社会生成样式和品质，个体自由缺乏着床之土壤，“人民权利”慢慢蜕变成“为民作主之权力”，法权平衡不易维持。这也是为什么虽然在《共同纲领》与“五四宪法”都有对学术自由权利的规定，却难以在后来得到落实的原因，但对以在国际竞争中为本国族争取平等权利、带领国家走向复兴为己任的政党意识形态来说，把社会公义与社会平等奉为基本理念的社会主义精神气质，本身就是一种“平等民主优先，但不一般地反对自由”的价值排序结构，具有比自由更强的优势。政党伦理与政党意识形态具有特殊性。精英的养成机制必须与之相适应。这就是精英养成的理念特殊主义原则。

精英养成的理念特殊主义原则与传统社会科举制式的精英选拔原则既有相同之处，又有所不同。两者的共通之处是，精英资格的获得以接受某种义理为前提，区别仅在于，新德治是以接受政党伦理为前提，科举制以接受儒家义理为前提。科举考试并非如通常观念所认为的是以普遍主义和成就为精英选拔原则的。因为不论身份、财富和权力背景的普遍主义原则只有在满足接受儒家义理的理念特殊主义前提条件下才有实现的可能。通过古典人文素养提升来“修身”成为精英成员获得精英性的条件和伦理规范。在理念特殊主义原则这一点上，社会主义的政党精英养成与科举制具有相当程度的近似。[③]当然，现代国家在工具化基础上的各系统功能分化和知识系科分化导致了精英养成机制与传统社会科举式精英养成机制又有所不同。在前者，政党伦理必须锚定在各种专门知识与技能之上，没有各种技术型之知识人，就很难完成现代国家机体高度复杂化建构；没有专门技术和知识背景支持的政党精英亦很难实现对技术精英的领导。自觉接受政党伦理规范的技术精英对现代国家建构具有极其重大意义；而在科举制时代，儒家义理即统治知识，这种知识由人

① 刘小枫：《现代性社会理论绪论——现代性与现代中国》，第 390 页。

② 同上，第 399 页。

③ 同上，第 409 页。

文与伦理观念构成，并不存在分化。

建政初期，“又红又专”原则的设定，反映了新德治条件下精英养成的二元结构和理想“新人”形象，其实质是“红”具有对“专”的统领价值。但现代学科体系以分为主的本质特征及专门知识技术在现代国家建构中的不可或缺性，导致“专”与“红”之间存在一种内在紧张和竞争关系，只要满足一些特定条件，这种紧张就会凸现出来。

1957年10月9日，毛泽东在中共八届三中全会上的一番话，就表明了“红”与“专”的内在的紧张对立。他认为先专后红就是先白后红，是错误的。他的判断是，有些干部也不红了。有些人是白的，比如党内的右派，政治上是白的，技术上又不专。有一些人是灰色的，还有一些人是桃红色的。真正的大红，像我们的五星红旗那样的红，那是左派。毛在这次会上提出了要求大家“将自己和许多人都变得又红又专”。1958年毛泽东草拟的《工作方法六十条（草案)》，专门有一条讲“又红又专”，正式概括了精英的二元结构：红与专、政治与业务的关系，是两个对立物的统一。一定要批判不问政治的倾向。一方面要反对空头政治家，另一方面反对迷失方向的实际家。政治和经济的统一，政治和技术的统一，这是毫无疑义的，年年如此，永远如此。这就是又红又专。[①] 毛高调地宣导“红”对“专”的压倒性贵位价值，高调宣导意识形态光谱中左派比“白专”之右派更多的正当性。毛的观点受到了他的同事的抵制和修正。1961年6月19日，周恩来在一次会议的讲话中，批评了“白专道路”的口号，并强调“这个口号不是我们提的”。6月20日，聂荣臻在《关于当前自然科学工作中若干问题的请示报告》中也指出“红必须落实，不能空空洞洞的”，“白专”这个提法“是不确切的”，建议“以后不要把‘白专’作为批判用语”。8月10日，陈毅在对北京市高等院校应届毕业生的讲话中，也谈到这个问题。他说：“从来没有空头的政治，政治都是通过业务来体现的”，“我们不能拿参加政治活动多少来衡量一个人的‘红’或‘白’”。[②] 清华大学校长蒋南翔则希望学生专业学习与政治表现两不误，希望大学更稳当一点，“红”的标准具体可操作，因此他要求学生做到“又红又专”中的“红”，就是“两个拥护、一个服从”——“拥护党的领导，拥护社会主义和服从分配”，抽象与具体相结合，比较标准化，学生基本上都能符合要求，避免评判“红”或“白”的随意性。他指出，

① 《毛泽东著作选读》（下册），北京：人民出版社1986年版，第803页。

② 参见薄一波：《若干重大决策与事件的回顾》（下），北京：中共党史出版社2008年版。

“红”与“专”的关系就是掌握方向和赶路的关系，“走路的时间比检查方向的时间更多一些”，以此告诫学生要花更多时间在专业学习上。[①]“文革”结束后，薄一波亦反思说，当时虽然是“红”“专”并提，但实际上是过分强调“红”，并以参加政治学习、政治活动的多少作为“红”的标准，把“红”与“专”对立起来，认为非“红”即“白”，“给很多积极钻研业务的知识分子扣上‘白专’帽子，加以压制和排挤”，直至学术问题和政治问题混淆，轻易将学术论争拔高到政治论争，“并出现了片面的、粗暴的做法”，“严重挫伤了广大知识分子的积极性”。[②]

被动员起来的红卫兵在“文化大革命”中的表现展示了“红”的理念特殊主义的最高顶点状态。在欧美现代化国家，国家意识形态对大学的支配力和渗透同样存在。不过，在其独特的政制结构中，大学生仍可被视为一个相对自主的社会分化层，同时，大学的双元建制（国立 / 私立）和整个高教系统在教育治权上的自主性，使大学生群体的社会定位处于社会角色的未确然状态。哈贝马斯就认为，欧美国家大学作为精英库的取向与现代功绩社会支配高校的价值观和规范之间，没有根本冲突。[③]那么，哈贝马斯所言如属不谬的话，原因何在？一个有待于深入的知识社会学和知识现代性问题是，在现代社会，日常伦理和政治建构所需的精神气质，是内在于“专”，还是外在于“专”，有没有可能存在一种统御所有专门知识的高调的伦理规范性的治理知识和支配性知识？先行现代国家所经验到的是一种低调的共同规范和分散错落于各系科专门知识与技能的专业规范；即使是低调的弱规范和支配型知识也不过是作为系科专门知识的一种，而与其他系科专门知识之间处于一种平等的关系之中，因此而具有专门知识和专门学问的外形。更进一步地看，低调的共同规范即为法，而非伦理，更非伦理与道德的强化和意识形态化。这些国家之所以能以法律作为共同规范，一是因为法律专司规范之职，二是社会结构与各个功能系统相对独立运作方式相配合，表现出高度的专业性和独立性，不存在或法律或政治或经济一枝独大的情形，这就是欧美国家大学作为精英库，其奉行的价值取向与社会支配大学价值观之间没有根本性冲突的原因。而高调的以政党伦理为中心的道德规范和新德治除了具有规范之职能，而且具有压倒其他领域专业知识的贵位性，导致精英养成的规范内容与能力的二元对立，而非统一。1956 年至 1961 年以及 1966

① 方惠坚等：《蒋南翔传》，北京：清华大学出版社 2005 年版，第 178 页。

② 薄一波：《若干重大决策与事件的回顾》（下），第 695 页。

③ 参见 T.Habermas：《造反运动和高校改革》，Framkfurt/Main，第 153 页以下。转引自刘小枫：《现代性社会理论绪论——现代性与现代中国》，第 418 页。

年开始的“文化大革命”，都是这种对立白热化的体现。耽于钻研业务的“专”，在精英素养中不仅不占优，反而成为负担。

学校和军营共同承担着培养“新人”的重任，成为1949年后中国吸纳精英最主要的场所，也是新德治原则贯彻得最为纯粹的地方。[①]学校与军营之所以能成为精英养成所是因为它们具有以下优长之处——空间的封闭性、成员年轻而可塑性强以及流动性大。在一个等级化封闭空间中，伦理性规范与其他类型规范免受干扰地对“新人”产生作用，单一环境、鲜明节奏、烦琐仪式和严密纪律都是有效技术。另一方面，人们待在学校和军营是暂时的和过渡性的，因而面临一个出口问题。而这个出口，在新德治条件下，与人们通过依附政党伦理获得身份和积累的政治资本直接相关。这就使得人们的政治“表现”具有紧迫性。这种政治表现犹如福柯所说的是对“去自我”的考验技术和生产“驯顺的身体”纪律技术的接受和悦纳。学校的学生、军营的士兵与工厂的工人共同竞争稀缺却又变动不定的“红”的政治资源。

“红”的稀缺是由权力和财富的稀缺所决定的。首先，一个社会从事管理和支配岗位数量总是偏少，这是权力的稀缺；其次，因为对于精英成员的物质收益和财富分配是有所倾斜的，尽管不是悬殊差异，但在物质贫乏的时代，福利、救济、晋级、加薪、升迁机会、农转非、军转干仍然具有非同寻常的吸引力，财富的总体越是稀缺，因占据政治优位而获得的收益越是诱人。因此，“红”本身也就成为稀缺符号。表面上看，“红”在行为方面可以有一些比较明确的外在的判断标准，例如积极参加政治学习，表达对政党和领袖的忠诚，背弃个人思考紧跟政治形式和风向等，甚至守持一定的道德也并非完全无法外显并予以明确。但实际上，由于政党伦理本质上并非个人的私德，而是一种政治、法与伦理的混合体，在新德治条件下，很大程度上系于领袖的一时之念，领袖常常基于斗争策略根据时局变化修改自己的论述，因此不难发现此一时彼一时的情形。[②]所以，判断风向，并紧跟形势成为“红”的前提之一，“红”与“灰”“白”的相对性也说明它依赖于与“黑”与“灰”“白”的对比才能得到确定；而一个人到底红不红，也在很大程度上随着其他色块变化而变化。而且由于对“红”政治资源的竞争激烈以及“红”符号的稀缺，

① 魏沂：《中国新德治论析——改革前中国道德化政治的历史反思》，载《战略与管理》，2001年第2期。

② 塞奇：《正确的党史从哪里来？》，见《二十一世纪》，1992（12），第13页以下。

一个人拥有红的地位并不是稳定的。

对于因新德治标准的模糊带来的个人机会主义策略行为，魏沂分析认为有以下几种情形：(1) 政治忠诚下对权威的人身依附。不仅是对掌权者，而且对与主要领导关系密切的秘书部门、掌握档案人事任免部门的攀附；(2) 重在表现下的虚伪乔装。真实内心世界不得不被掩饰，基于评判标准的变幻莫测以及内心真诚者与见风使舵者的劣币良币竞争；(3) 阶级斗争下的派系角逐。人们真实的个人利益冲突因为不具有合法性和公开性，而不得不寄寓于以政党伦理为外衣的隐秘的派系角逐之中；(4) 动员参与下的麻木冷漠。麻木冷漠成为人们在大风浪中消极避祸的行动策略和自我保护策略。基于以上分析，魏沂的观察结论是：

> 旨在塑造圣洁"新人"的新德治，在其日常实践和政治运动实践中却造就了人们普遍在精神气质和道德品性上的腐烂、奴性、虚伪和冷漠。这可以视为德治带来的意外后果——败坏。[①]

败坏虽然侵蚀了新德治的圣洁性，但并未动摇新德治的合法性，因为没有法律作为日常治理手段，除了强化真理话语和新德治的权力技术之外，别无他法；败坏的存在从反面证明了德治的合法性和正当性。新德治的最大悖论是，在这种史无前例的"去自我"的道德作用下恰恰消除了个人自由向善的伦理实践的可能性。[②] 新德治条件下成长起来的政党精英和技术精英以及许许多多的普通人如何在德性的败坏成为一种巨大诱惑和强大压力的情况下，坚守个人伦理实践的向善性，则有待于更深入探讨。在新德治条件下成长起来的接受高等教育的国家精英既受政党伦理的规范，又接受专业文化的熏陶，他们如何处理两种规范之间的矛盾与冲突，并走向个人实践，同样需要个案的补充讨论和进一步观察。但就这一时期成长起来的精英的法治观念所受影响而论，应该出现了两种极端，一类人是深受新德治和政治运动飘忽随意之苦，认识到法律与法治的重要性和紧迫性，拼尽余生全部力气为国家现代制度的建立鼓与呼，因而受到人们的尊重；另一类则受惯性的影响，视青年时期所习以为常的路径为合理，轻视法律，视法为工具，为策略，而非现代文明应有的

---

① 魏沂：《中国新德治论析——改革前中国道德化政治的历史反思》，载《战略与管理》，2001 年第 2 期。

② 魏沂：《中国新德治论析——改革前中国道德化政治的历史反思》，载《战略与管理》，2001 年第 2 期。

理念坚守，亦非对公权力之约束，其中一些位高权重者在获取高位后，为一己私利，甚至不惜践踏法律，害人害己，败坏到极致，与新德治之初衷形成鲜明反差。这种分化与斗争成为今日法权平衡与法制建设的基本生态。

第三节 新德治下的知识分子与专家

许纪霖对近代中国知识分子从乡村走向都市足迹的追随，展示了中国知识分子活动空间及性质的流变。乡村知识分子和传统士大夫，以自我为中心，以熟人社会为半径，以血缘、地缘和学统关系为经纬，活动在自然的、有限的和非流动的与土地有着物质与精神联结的空间里。然而，都市化后的知识分子，同样未能如西方知识分子那样以市民社会为活动基础，而是被绑定在民族国家建构、社会变革等政治主题之上。他们执守公共性的空间和场景并非咖啡馆、酒吧与沙龙，而是报纸、学会与学校。他们的行动风格有着政论式的急峻，而少文学式的优雅。那么，我们的问题是 1949 年建政后，新德治条件下知识分子活动发生了怎样的变化？为什么在新德治阶级划分对号入座法中知识分子总处于风口浪尖之上？为什么共和国历史上会产生所谓的“知识分子问题”（包括“知识分子的阶级属性”问题）？为什么会有专门的“知识分子政策”？为了更为清晰地描述出新德治条件下知识分子活动空间的动线轨迹，并回答以上问题，我们不妨从知识分子的现代身份谈起。

西方主流的知识分子观念脱胎于自古希腊开始的知识分子的相对独立和超脱的社会地位。因为知识分子有较为独立的优越的社会地位，而又从事知识活动，所以在人们看来，知识分子就是一小群才智出众、道德高超的哲学王，他们构成人类的良心。真正的知识分子本身就是一个知识阶层，并且是稀有之人，因为他们支持、维护的正是在这个世界上罕有的真理和正义永恒标准。他们超然物外，却在艺术、科学或形而上的思索中寻找到乐趣，而自由职业者身份则保证他们可以不用依附于任何类型的体制——不管是商业体制、知识和学问体制，还是国家体制。这就是西方传统知识分子。传统知识分子相信自己代表了普通的理性、正义和理想。法国作家左拉（Emile Zola，1840—1902）秉承这种观念，为一起公共事件拍案而起，被认为是现代知识分子诞生的标杆。正如布迪厄（Pierre Bourdieu，1930—2002）所评论的那样，人文权威和科学权威的“肌肉”在左拉及支持左拉的政治行动中得到了展示。一种新的政治干预模式催生了“纯洁政治”，使得知识分子兼具“纯洁”

和“入世”的概念，它们正好构成了国家理性的反题。[①] 现代知识分子给知识分子的家族徽章和旗帜浓墨重彩地标识出“自由”“正义”“批判”“勇气”“担当”的字样。这就是普通知识分子和公共知识分子的形象，也是主流知识分子观念及知识分子自我定位。但当国家建制和资本主义商业建制作为系统性力量，扩张到自由的公共文化空间之际，越来越多的知识分子或为国家体制所俘获，成为政党精英和科层官僚，或退居于学院体制和市场化媒体体制之中，成为福柯所称的学院型“特殊知识分子”。

如果说普通知识分子是一些喜好谈大问题的文人、作家的话，那么特殊知识分子只是一些在具体领域中基于自己的专业学识和素养对权力保持警醒并加以批判的人。米歇尔·福柯（Michel Foucault，1926—1984）认为普遍的、纯粹的知识分子已经不存在，存在的是具体的知识分子，比如写小说的作家、绘画的画家、作曲的音乐教授、教书的教授或经济领域的专家。特殊知识分子与过往普通知识分子相比较，后者相信自己外在于现实权力系统，因此自己掌握着理性、真理与正义，以超然姿态对权力加以臧否；而在前者看来，真理与权力不可分割，任何权力体系背后都有一套真理话语系统支撑着它，给予权力以合法化，而真理之所以是真理，也是因为在现实关系中体现了一种权力的关系。[②] 知识分子内在于权力，并不妨碍他对权力的解构，相反，拥有特殊专业知识的知识分子，由于他在权力网络中占有重要位置，他就有可能披露更为隐秘的权力运行的信息，以揭示知识与权力之间的关联的真实面目。特殊知识分子就类似于“内里的局外人”，因其始终抱有正义观念，同时又能从内部加以突破，因此更具战斗力。对于特殊知识分子的工作方式，福柯写道：

知识分子的工作不是要改变他人的政治意愿，而是要通过自己专业领域的分析，一直不停地对设定不言自明的公理提出疑问，动摇人们的心理习惯、他们的行为方式和思维方式，拆解熟悉的和被认可的事物，重新审查规则和制度，在此基础上重新问题化（以此来实现他的知识分子使命），并参与政治意

① [法]布迪厄：《倡导普遍性的法团主义：现代世界中知识分子的角色》，赵晓力译，《学术思想评论》（第6辑），沈阳：辽宁大学出版社1999年版，第174页。

② 许纪霖：《公共性与公共知识分子》，南京：江苏人民出版社2003年版，第54页。

愿的形成（完成他作为一个公民的角色）。[①]

福柯清醒地看到知识被运用于现代化建构的过程中，已经成为新权力结构的重要支撑，同时他也认识到没有专业知识和专业领域长期浸淫的历练，就不可能有发言权，更不用说是批判和解放的权力。知识与权力更为紧密地联结，特别是学科分化知识与社会分工的同构耦合，及其与政治权力的千丝万缕的联系，但福柯仍然乐观地相信特殊知识分子对权力的反思能力和对公民责任的承担。

早在福柯之前，马克思主义者安东尼奥·葛兰西(Antonio Gramsci，1891—1937)的“有机知识分子论”就已经深刻地揭示现代社会知识与政治权力之间复杂微妙的关系。1926年至1937年意大利共产党领袖、马克思主义者安东尼奥·葛兰西被墨索里尼囚禁，他在狱中坚持阅读与写作，并完成《狱中札记》，提出“有机知识分子（organic intellectuals）”的著名概念。葛兰西认为，即使最粗笨和最机械的工作，也存在着最低限度的技术熟练程度和最低阶段的创造性智力活动，因此现代社会各种岗位上的人都是知识分子，但不是一切的人在社会中都执行知识分子的职能。那么谁在发挥着现代知识分子的职能呢？葛兰西的思考与其对社会的阶层集团分化观察联系在一起。他指出，每个社会集团都会同时有机地制造出一个或多个知识分子阶层，他们不仅在经济领域而且在社会政治领域将同质性以及对自身功用的认识赋予该社会集团。“有机性”有两层意思，一是与特定社会历史集团关联的“有机性”，即每一个社会集团都会产生与其保持紧密联系的知识分子阶层。如果某集团处于统治集团地位，那么知识分子是统治集团的“管家”，他们具有确保人们服从于社会领导和政治管理的职能，这些职能包括：(1) 保证广大人民群众“自由地”同意统治集团所提供的社会生活方式；(2) 执行国家机关的强制作用，“合法地”加强对那些不积极或消极“表示同意者”的集团纪律。[②]从这个意义上说，现代社会的民主—官僚主义制度，产生于大批知识分子。社会集团以固有方式选择知识界范畴的一种手段就是组织政党，政党依靠政党知识分子和其他本集团有机知识分子的融合，问鼎统治权力，实施组织和领导职能。[③]“有机性”的另一层面意思是与大众（群众）之间关系的有机性，即知识分子不仅仅教育和启蒙大众，而且其自身的发

---

① [法]米歇尔·福柯：《对真理的关怀》，析自《权力的眼睛》，严锋译，上海：上海人民出版社1997年版，第147页。

② [意]安东尼奥·葛兰西：《狱中札记》，葆煦译，北京：人民出版社1983年版，第425页。

③ 同上，第428页。

展（包括在数量和质量上得到壮大和提高），与群众的发动紧密相关，人民群众进一步提高文化水平的同时，知识分子队伍也就扩大了。葛兰西把与经济和阶级直接相关，并积极从事政治、政党活动或执行领导统治职能的人称为"有机知识分子"，而把教士、律师、教员、公证人和医生等等承担传统职能的知识人称为"乡村知识分子"，也就是传统知识分子。[①] 因此，对于葛兰西来说，为确保获得文化霸权的胜利，无产阶级需要培养自己的有机知识分子，并且同化和征服传统知识分子。

毫无疑问，葛兰西极其精准地揭示了话语权或者说是文化霸权对于社会统治（集团）以及政党政治的重要意义。即使他是在以经济为中心的阶级论基础之上提出的"有机知识分子"论，有唯经济论的倾向，但也不影响其观点的深刻。他对于现代社会动员与知识分子之间关系的分析不仅独到，而且具有预见性。不过，他的观点与西方主流的知识分子观念相忤逆，也与一般知识分子对自己的物质和利益的超脱性定位、对自己的公共性自我期许是不同的。

知识与权力的关联，都是福柯与葛兰西共同的关注焦点。但葛兰西与福柯的不同之处在于，他仍然信奉整体真理观和以经济为中心的阶级理论真理话语体系。在葛兰西看来知识分子作为社会动员的组织者和领导者，主要表现为政党精英、科层官僚等处于权力核心层的有机知识分子，而律师、医生、教师等乡村型知识分子和传统知识分子则为被领导者，而且无产阶级要建立自己的储备人才的精英库。福柯的特殊知识分子也不同于传统知识分子，他们锚定于专业领域，权力加身却一日三省，既以知识为建构权力的工具，又以知识为拆解权力的武器，虽然身处不同专业领域却承接来自传统知识分子观念的正义价值追求；葛兰西的有机知识分子，虽秉持正义理想，却锚定于阶层和阶级分化而投身于权力的网罗织造，特别是希冀通过弱势阶层政治权力的扩张曲折地实现理想，虽可为革命阶段的策略，却未完成后革命时代常规体制与日常政治下知识分子使命的勾画，也未触及社会各系统并立、功能分化条件下，知识分子栖身体制的专业特殊性与其普通正义价值坚守之深刻矛盾。

共和国建政所秉持的理念与路径，决定了知识分子问题最为集中地聚集到以下几个方面：一是接受西方学科体系规训的中国知识分子，作为晚生后发现代型组织者、领导者的政治地位与工农政治地位的冲突与协调，及其相关认知；二是知识分

① [意]安东尼奥·葛兰西：《狱中札记》，第427页。

子在实现建政理想和目标（即实现全民意义上的公平正义）所能发挥的作用，及其认知；三是知识分子本身的阶级属性，及相关认知。确切地说，知识分子虽然是政党精英的重要来源，但政党活动又必须仰赖于群众的成形和结集，这种现代社会基本民主化的特点，决定了知识精英与底层民众之间既冲突又折中的关系。正如曼海姆所说，民主化意味着，不再只是有权力、财富和声望的、受过贵族式教育的小社会集团在政治—社会—文化秩序中占支配地位，而且也逐渐让原处于社会底层、受教育程度不高的普通人发挥作用，他们的情绪冲动、精神品质、生活趣味闯入传统社会的既定领域，逐渐改变社会—文化的结构形态。包括列宁、葛兰西等在内的马克思主义者强调无产者必须拥有自己的有机知识分子，指的是无产者必须拥有一群启发无产者阶级意识，把无产者凝聚为一个阶级的知识人，因此政治的贵位性仍然属于被称为"无产阶级"的底层民众，而不是知识人。底层民众的精神品质、情绪冲动与生活趣味因政治的贵位性而高于后者，至少不低于后者。建政后的知识分子，既包括建政前受较高等教育并接受西方学科体系规训的存量知识分子，也包括领导革命、主持建政的政党精英和有机知识分子，还包括在新的政治生态下成长起来的增量知识分子。他们的政治地位在建政初期皆在很大程度上依赖于各自与底层民众的精神气质、伦理要求的投合程度。

但随着后革命时代常规建设的推进，现代科技知识专门技能以及横跨中西的现代视野开始变得越来越重要，政党精英、科层官僚以及院校知识人等有机知识分子和传统型知识分子的法权地位越来越具有内在的自足性，越来越无须外求。底层民众受教育程度低，要想在自己这一代掌握现代分科知识和技能，成为专业人，有很大的难度，因此代际流动和代际累积重新成为阶层代际上升通道，而在高等教育资源极其贫乏，接受较高等教育机会仍然珍稀的情况下，苛严的学术标准显然对城市人口和文化资本优越人群子弟有利，而不利于底层的文化资本贫乏阶层子弟，所谓通过教育获得上升的通道实际上也是狭窄的，甚至有被关闭的危险。似乎一切又回到革命前的原点。此时，正确的做法是反思革命在推进公平正义上的有限性，终结革命崇拜，转向日常政治和常规法理型支配，发挥知识分子急公好义、自尊自律之优长，使之有条件为物质繁荣和高等教育机会的逐步扩大贡献专长，通过几代人的努力渐进式地推进公平正义，以实现组党建政所承诺的远大目标。但不幸的是，现实政治因为对公平正义的速成诉求急剧地转向"继续革命"路线。毫无疑问，"继续革命"的理论与实践深陷革命崇拜的陷阱，最终只可能发展为反智仇知的"文化大革命”，使一切知识人（包括政党的有机知识分子在内）和一切现代科层建制受到冲击。1983 年，中国共产党十一届六中全会通过的《关于中华人民共和国成立以来党的若干历史问题的决议》（以下简称《决议》）指出，“文化大革命”不是也不可能是任何意义上的革命或社会进步。“文化大革命”是以“革命”的名义进行的，采取了似乎非常“革命”的手段，但实际上，它不是也不可能是一场任何意义上的革命——它既不可能是缺乏经济基础和政治基础的“政治大革命”，也不可能是马克思主义所讲的未来含义上的文化革命。该决议认为，真正的“文化大革命”，通常是指“无产阶级取得政权以后，发展教育、科学和文化事业，提高人民的科学文化水平”。而现实中的“文化大革命”对文化教育科学的发展，并没有提出任何建设性的纲领，只是进行所谓的“批判”“破”，其结果是：学校关闭，学生停课，文盲增加，文艺园地荒芜，科研机构被大量撤销，知识分子遭到打击。决议的结论是，“文化大革命”并不是真正的文化革命，而是对文化、教育、科学事业的一场大破坏。①而“文化大革命”对以政党精英、科层官僚为代表的有机知识分子的打击，也并非单纯地“反官僚”，而是对脱离越来越“左”的政党意识形态和政党伦理所控制的科层建制的打击。②这也说明，对有机知识分子所掌握的公权力的监管、制衡不可能通过“运动”这种日常政治下的革命新形式来完成，也不可能凭借单纯的德治和传统型治理方式能够完成。《决议》对“文化大革命”的反思和批判，仍然是在革命话语体系之中进行的，但仅以其对“文化革命”的认知和界定看，就已经试图在日常政治与革命政治之间加以切割。

知识分子的阶级属性，曾经是一个困扰官方哲学多时的问题。“工农知识分子”“工人阶级的一部分”等定位是阶级斗争话语体系和思维方式的延伸。知识分子之毛附着于什么样的皮之上，这样的困惑的前设假定是，知识分子不是一个独立的阶级，如果它还有什么合法性的话，必须通过对某一处于显贵地位阶级的依附才能够获得。知识分子“革命的软弱性”决定了其在革命胜利后必须通过依附于具有革命坚定性的阶级才能获得。更为重要的前提假设还包括，经济决定着社会阶级分化与分层。但实际情况是，在现代社会阶层的分化具有多维度特征，非经济所能完全涵盖。诚然，社会分工造成了社会大分化与社会分层，社会分层客观存在。但社

① 中共中央文献研究室：《〈关于建国以来党的若干历史问题的决议〉注释本》，人民出版社 1983 年版，第 381—383 页。

② 参见刘小枫：《现代性社会理论绪论——现代性与现代中国》，上海三联书店 1998 年版，第 428—432 页。

会分层既包括经济状况差异的阶级分层，也包括由身份和声望等社会差异的等级分层，还包括政治标准（权力分化）的分层。韦伯曾有一段描述能反映社会分层不同标准错综交织的情形。他说：

> 一位军官、官员、大学生的阶级地位由其财富决定，他们的阶级地位可能极为不同，然而其等级地位并无二致，因为由于教育而形成的生活方式的性质，在对等级来说至关重要的根本点上，是相同的。[①]

韦伯的社会分层论采用了经济、政治和威望的复合标准更为综合地反映社会分化。他认为，财产占有仍然是决定一切阶级状况的基本范畴，但纯粹的财产占有仅仅是真正阶级形成的初级阶段，而与市场机会相结合的利益才造就了阶级，阶级结构因而是多层次的。等级威望相同者，阶级可能不同；等级（威望）不同者，阶级可能相同。如果加上政治权力意义上的法律地位分化，那么社会分化的情形则更为复杂。权利分配差异则还是取决于等级差异。[②]如果说，经济及财富分化可以通过革命方式均平的话，那么阶层分化和声望地位差异则至少不能长期地依靠革命手段均平。生活趣味的提升、情绪冲动的理性化和精神品质的优化更需要常态政治下通过对个人道德实践自由的呵护来实现，而不可能通过挑动阶级仇恨与推行阶级斗争来实现。阶级斗争话语体系的实质是唯经济决定论，是对社会分化的简单认定。在阶级斗争话语体系下对知识分子阶级属性的纠缠则更显荒唐。

在1956年完成生产资料私有制社会主义改造后，资产阶级已经丧失经济基础与政治基础。这种情况下，奉领袖一时之念发动的“文化大革命”打击栖身于大学的知识分子，甚至不惜为之贴上“资产阶级反动学术权威”标签，用舍勒之现代性理论来看，已属于对知识分子阶层占据高声望、高地位的一种复杂的“怨恨”心态。这是诉求平等的潘多拉魔盒打开后，人们“应平未平”所产生的精神气质和特定心态在“阶级斗争”和“继续革命”理论推动下走向的癫狂。

1976年毛泽东去世，随后“文化大革命”终结，中国开始逐渐步入改革开放的时代。对于改革开放，人们最为深刻的感受可能来自于市场经济的建立与加入全

---

① ［德］马克斯·韦伯：《经济与社会》（上卷），林荣远译，北京：商务印书馆2004年版，第338页。

② 杨建华：《马克思、韦伯和卢曼的社会分化研究及启示》，载《浙江学刊》，2008年第5期。

球化体系。但有一个不那么为人们广泛认识的重要变化，那就是对社会功能分化的全面肯定，并建立起政治、经济、法律、教育、文化、道德、宗教等相对独立并相互交往的社会各子系统，各个社会子系统都有自己的专家和特殊知识分子，这是中国融入全球化体系、与世界交往的一个前提条件。在这个过程中，专精于各专业领域的知识人以及大学学科建制，既是贡献者，又是受益者。今天人们不仅再也无须在知识分子的阶级属性以及所谓的“知识分子问题”上纠缠，而且知识分子作为专业权威的形象以及作用地位日益得到强化。比较表面的原因是阶级斗争话语与经济决定论的终结，深层次的原因还在于推动社会公平正义的思路和模式，已经由社会功能分化方式取代阶级划分和阶级斗争方式。在改革开放的前三十年，人们以阶级划分来反映社会分化，试图以阶级斗争来消解社会分化实现大同理想；其结果反而是强化了“上 / 下”“中心 / 边缘”“城市 / 农村”的二元对立。这是因为对现代社会分化特质及其应对方式认识不足所产生的重大失误。卢曼从社会系统理论出发，指出阶级与阶层分化不过是前现代社会的分化形态，对于（后）现代社会而言，功能分化才是决定其本质特征的分化形态。在不同的社会发展阶段有不同的主要的社会分化形态。古代社会为区隔分化，它是由不同家庭、部落等构成的一种等同性基础上的分段区分化，是一种平等分化。前现代社会为阶层分化，是阶级或阶层构成的各社会子系统内部及其环境的不平等基础之上的分化。功能分化与前两者不同，它建立在系统与其环境间功能不平等性基础之上，这种分化既有平等，又有不平等。在这里，社会按照特定功能（如政治、经济、宗教、教育、健康照顾、家庭剩余功能等）分成不同社会子系统，既包含复杂化所产生的系统内部各个部分相互关系，也包含系统与环境之间的相互关系。现代社会系统包含了最大限度的复杂性。由于社会各子系统又各自发展出自己的交流与沟通的二进制代码（如经济系统的“拥有 / 不拥有”，政治系统的“有权 / 无权”，法律系统的“合法 / 不合法”，等等），二进制代码产生反射性特征，系统因而能够自创生自己。系统日益增长的分化和独立自治必定导致对系统控制的衰落，因此，现代社会的另一个重要特征是“社会的集中代表”、社会全体性的丧失，现代社会的偶然性激增。前现代社会的重要特征是否认偶然性，某些社会实践被说成是必须的和神圣的，而现代社会则承认偶然性和既定社会实践的可修改性。社会分化是一种自然的历史过程，是一种不可避免的趋势，不仅卢曼强调社会分化方式及其阶段显示出社会进步程度，涂尔干和帕森斯等人亦认可社会发展是在分化与整合的不断交融中向前推进。阶级和阶层分化所造成的不公，如何通过系统功能分化形态加以调节并避免，则是社会发展向前进步的重要课题。今日之中国，系统功能分化社会发展模式的确立为知识分子提供了新的历史舞台。

有一种说法，认为全世界仅存一百二十位知识分子，其中绝大部分在欧洲，排在第一位的是米歇尔·福柯，第二位的是雅克·德里达(Jacques Derrida)。而造成知识分子日渐稀少、硕果仅存的始作俑者是"公共性危机"，具体表现为知识分子所身处的各种社会困境——包括法政制度化结构使知识分子丧失生存空间，公共舆论被市场化媒体所垄断，以及学术体制和学科组织化、标准化剥夺了知识人的自由，等等。以上判断与观察基本源于一个假设，那就是知识分子与公共性的关联，或者说是基于知识分子天生是公共性守护神的假设。公共性假设来自于公共领域(public sphere)，是哈贝马斯提出的一个带有理想类型（idea type）性质的概念，指的是从市民社会中产生的、在国家与社会之间的公共空间，这一公共空间具有鲜明的政治批判功能，所生产的是社会公共舆论，并以此成为政治系统合法性的渊源。从公共性与公共领域理想类型来评判知识分子是否在发挥作用，或者说用于判断知识分子是否还存在，得出的结论，必然是真正的知识分子已经越来越少。但如果我们说公共性或公共领域乃是一种理想类型式的抽象，是一种"中心迷恋"的体现，那么，我们对知识人从所谓的"公共知识分子""普通知识分子"转向"特殊知识分子"和专家，也许不至于过分焦虑和如此不安。

从自近代社会步入分化开始，先贤哲人希望为其重构一个"意义中心"的努力就同步启动。从黑格尔、马克思到哈贝马斯，就试图在"中心论"的宇宙图像中维持对中心消散社会的描述和规范，这些举动在秉持"系统整合"理念的卢曼看来，不过是一种比时代慢半拍的语义陈述。卢曼认为，在功能分化社会中，作为社会正当性和价值中心的公共领域并不存在，存在的是一个个相对独立又发生着结构耦合的社会子系统。就处理社会矛盾和维护社会秩序而言，现代社会的整合机制不再是以公共性为理想规范的"社会整合"，而是各子系统保持各自边界并处于"共变"中的"系统整合"。如果卢曼所言不谬，知识分子当祛除"中心迷恋"之魅，并通过各专业系统作为担当社会责任，才是正道。

就高等教育系统及栖身于其间的知识分子的责任担当而言，在系统功能分化的条件下已经发生或正在发生以下变化：(1）法律和政治系统承担维持社会公正的主要功能，高等教育系统与其他子系统，仅通过自己本有的功能间接地促进社会公正，不宜以社会公正的价值追求，影响其本有功能的发挥并扭曲其自创生机制；(2)学院型知识分子在学术活动中保持政治中立，他们作为学者与作为政党有机知识分子的两种身份之间保持一定的区隔。高等教育系统的政治中立，更有利于促进社会公正；(3)普遍知识分子将越来越倚靠自己的专业领域开展社会批判，他们转向特殊知识分子和学院型知识分子，是社会功能分化的必然。社会对于专家权力的制约和监督，以及专家作为特殊知识分子对公权力的监督和批评需要法律制度的保障。高等教育系统及学者所掌握的学术公权力、行政权力和政治权力都应该在法治体系下运行，以防止学术领域公权力的滥用和失范，造成社会不公。

与以“重建公共性”“批判性”为己任的人文社会学科知识分子相比，革命伦理与新德治更倾向于接纳具有技术性和专门性的自然科学与工程技术学科专家型知识分子。在革命伦理与政党意识形态中，自然科学与工程技术专家的“硬知识”要比人文社会学科知识分子的“软知识”与革命伦理更为亲和，更少矛盾冲突。但在新德治体系下，受阶级斗争观念的影响，在阶级属性悬而未决的纠缠中度日的知识分子，无论来自何种学科背景，无论是被看作科技精英型专家，还是被作为普通知识人，其学术自由权利均无法律主体之形态的存在基础。而在今天，无论是科技精英型专家，还是人文社科权威，专家们往往一言九鼎，其因专业知识和专业能力掌握的公权力却又面临失范的危险境地，韦伯对科层官僚因长期浸淫于某专门领域而有滥用公权力之担心，在今天仍然具有警示作用。但如卢曼所观察到的那样，社会各子系统（包括学科各子系统）正在趋向于封闭性的自我再生产，各子系统的自治性增强，其规范的影响力减弱，因此，如何对以学科为背景的知识精英及科层官僚施以最低限度的道德与法律规范正成为一项重要课题。

第四节　道德与法律：谁更靠近正义

法权设定与平衡、道德宣导与支配、扩大教育供给乃至社会革命都有一个共同的目标，那就是实现社会正义。建政初期至改革开放之前，法理型支配类型、卡里斯玛支配类型与德治型传统支配方式轮番上阵，或时有交叠，不论其实际效果如何，“正义”始终是一种治理和支配方式的中长期或当下目标。一些激进的反向歧视措施和教育政策甚至是正义价值理念的直接产物，而新德治则毫无疑问，是因对道德规范之正义实现功能寄予厚望情形下由卡里斯玛型领袖直接推动的治理模式。

新德治甚至阶级斗争理念，都强调自己与正义的某种关联，并从中获取合法性。然而对于何谓“正义”，是法律还是道德更为接近正义，尚缺少平和的分析与讨论。正义首先与权利有关。乌尔比安 (Domitius Ulpianus，约 170—228) 认为，正义就是给每个人以应有的权利；约翰·罗尔斯（John Bordley Rawls，1921—2002）的两个正义原则中的一个就是：每一个人都有平等的权利去拥有可以与别人的类似自由权并存的最广泛的基本自由权。其次，正义与分配有关。罗尔斯正义原则的第二个原则是，所有社会价值——自由和机会、收入和财富、自尊及其基础——都要平等分配，除非不平等分配合乎每一个人的利益。再次，正义还与道德规范有关。柏拉图认为，人们按自己的等级要求做应当做的事情就是正义，即各尽其职就是正义。而《荀子》作为最早出现“正义”的语句——“不学问，无正义，以富利为隆，是俗人者”——的著作，同样把正义作为一种道德规范和道德范畴。正义的多维性在语言上得到最集中的反映。“正义”一词源出于拉丁语 Justitia, 由 Jus 演化而来，而后者具有公正、公平、正直、法和权利等多种含义。法文中的 droit，德文中的 recht，意大利文中的 diritto 等，都兼有正义、法、权利的含义，而英文中的 justice，则具有正义、正当、公平、公正等意思。因此，毫无疑问，正义是一种正能量，但也往往成为一个框，什么都能往里装，给人们的相关认知与实践带来了不少困难。尽管如此，以正义为标准的考量，仍然是社会实践（包括高等教育系统的运行）所不得不经常直面的。那么，怎样的机制更靠近正义，更有利于正义的实现呢？是法律（法治）还是道德（德治）呢？

科耶夫的答案是法律比道德更为靠近正义。他的理由有以下两个方面：(1) 对于道德来说，正义只是实现道德完美的手段之一，对于法律来说，正义的实现本身就是目的，并且是唯一目的。即，道德规定正义，是希望个体化地在每个人身上实现某种（道德）价值，而法律规定正义，是想用某种特定方式组织人与人之间的关系，它并不考虑这些人本身是谁，道德水准如何。因此，作为法律唯一原则的“正义”与作为道德手段之一的“正义”应该区别开来，不存在不以某种形式的正义理念为基础的法律，但道德，至少是道德规则，却可以与这样一种理念没有关系，甚至与之相反（例如出于道德动机的施舍，只有“义务”没有与之对应的“权利”，因此具有特殊道德意义的动作反而可能是“非正义的”）；(2) 法律实现正义的方式是直接的、必然的，即法律的存在只是为了实现正义，只要法律真正地存在，马上就可以实现正义。相反，道德实现正义的方式是间接的、任意的。即正义的存在，就道德所追求的而言，只是使人在道德上完美；之所以说道德实现了正义，仅仅是因为人们在道德完美的范围内实现了正义。[①]简而言之，正义是法律的唯一目的，法律以直接的方式实现正义；而对于道德来说，道德完美是它的目的，正义则是达到道德完美的手段之一，道德通过个人道德的完美间接地实现正义。因此，科耶夫进一步写道：

> 正义理念可以用来实现道德目的，但正义理念的真正实现不会产生道德，只会产生法律。这种法律本身跟严格的道德不再有任何关系，因为即便在跟道德完全没有关系的人中间，即便在不道德的人中间，它仍也可以实现正义。[②]

说到底，道德意义上的正义，是一种严格的、个人的、在自己内心深处实现的价值，它与通过一定机制在人与人之间关系上达到正义不尽一致。而后者则是法律的专长。只有法律才存在“不偏不倚、公正无私”的第三方，他们就是要对自身之外的事“感兴趣”、就是对他人“感兴趣”，并把正义原则适用于涉事的双方，以实现正义。然而，道德意义上的人却不能让自己服从于另一个人的（道德）“审判”，也绝对回避（从道德上）“审判”别人，但他可以“审判”自己。他自己给自己立（道德性的）法，自己对自己适用“法律”（通过他的道德“良心”），要么强迫自己执行这个“法律”，要么是惩罚自己违反了“法律”（以“良心的谴责”“悔改”等方式进行）。但所有这些行为不是外在于他的，而是作为一种理想内在于他，或者说作为一种道德的责任内在于他。但道德的自我审判，不可能“不偏不倚、公正无私”，也不可能因为客观化、外在化而适用于相同情况下的另一次道德的自我审判。

新德治是一种在法治之外的传统型支配模式，目标是为了实现公平正义并助推民众道德新境界，实现“六亿神州尽舜尧”。从建政初期开始到“文革”结束、改革开放前后，强势运行三十年，就其目标达成状况而论，难言乐观。首先，就其所希冀的民众道德水平的大幅提高而言，史无前例的“去自我”的疾风暴式举措恰恰消除了个人自由向善的伦理实践的可能性，这是新德治一个无法回避的悖逆现象。是阳奉阴违、投机钻营、人身依附的败坏，而非自尊自重、心口如一、人格独立的操守成为普通的道德信念。其次，就其所倡导的正义价值而论，新德治并没有以系

---

① [法]亚历山大·科耶夫：《法权现象学纲要》，第239—241页。

② 同上，第240—241页。

统而成熟的建制脱离于传统德治巢穴，甚至在一定特殊时期，连法的形式都不存在，那么依靠法去调节权利诉求实现正义就是一句空话而已。无论是弱势阶层民众的利益还是建政后已完成改造的原强势阶层的正当利益都没有得到保障。没有法律及“不偏不倚、公正无私”的第三方的客观化、外在化的强制，而任由个人对自己进行道德审判，同时却又釜底抽薪地抽离个人存在的根基，破坏个人道德实践的可能，终至于法不法，德不德，正义无从谈起。

道德与法律其实是难解难分的，因为绝大多数的法律规则都可以从道德上进行解释，大多数的道德规范也都可以转化为真正的法律规则。但两者的区别更为重要——法律意义上的“法官”只能审判相互作用，而道德意义上的“法官”却只愿评价客观相互作用的主观投射；法律被创造出来是为了实现正义，道德遵守某种规则，只是为了实现一种内在于自己的深层价值。因此，更恰切的认知应该是，道德与法律在构成社会秩序时，各有自己的所长；就正义的实现而论，以法律为主，以道德为辅，即使是宣导道德的公权力也应该在法治的轨道上进行。我们应该吸取过去因占领道义制高点的公权力和个人权力脱离法的约束的教训，吸取政党伦理泛化而忽略对领袖、政党精英和科层官僚施以法律约束的教训。公权力必须在法治轨道上运行，这是对公权力最低限度的道德要求，是接近正义的第一步。法治蕴含着对人权和人的自由的尊重，具有形式正当性和秩序正当性，是一种根本性的道德，也是制度的道德。这为道德自决和道德实践提供了平台和保证。正如邓小平所说，“制度好可以使坏人无法任意横行，制度不好可以使好人无法充分做好事，甚至会走向反面”。[①] 法律制度对道德实践具有诱导和保护的作用，这个道理同样适用于公权力。没有法律制度保护和约束的公权力，仅依靠道德自决的公权力其堕落的速度与其占据的道义高度成反比。高等教育系统无论在精英教育时代还是大众化教育时代，都是人才的蓄水池和公民的养成所，它本身是否在法治体系下运行，它所培养的人是否具有法治意识，是否执守人权与人民权利之平衡，是否具有践行道德的能力，兹事体大，攸关未来。

① 《邓小平文选》第 2 卷，北京：人民出版社 1983 年版，第 333 页。

第六章　作为法权观念制度化安排的法律

权利天生与法律相伴随，没有法律就没有权利。但在与自由、民主、平等、正义、真理等价值观念的交互激荡下产生的对某种权利激进诉求的法权观念，却有可能贬抑法律，动摇对法律的信仰。激进与革命的法权观念必将向日常形态转型，这时法律仍然是权利与法权观念最为重要的制度保障。江平把中国法治进程六十多年历史分成四个阶段：一是法律实用主义阶段，又称为法律工具主义阶段，时间从建政开始至“文化大革命”爆发之前；二是法律虚无主义阶段，即“文化大革命”开始至结束；三是法律经验主义阶段，时间跨度自“文革”结束到 1999 年“依法治国”、“建设社会主义法治国家”入宪；四是法律理念阶段，即法律从工具、实用性制度转变成依宪治国的理念，并通过法治国建设加以落实，当然这个阶段仍在进行中，远未完成。江平认为建政前三十年是由法律实用主义发展到法律虚无主义，后三十年是由法律经验主义发展到法律理念主义。就高等教育法治而言，就其性质变化看，有三个层面的变化，一是高等教育法律制度从无到有的变化，二是高等教育法律制度从有法到良法的变化，三是以政策合法化为重点的从静态“法制”向动态“法治”的变化。这些变化，有的已经完成，有的还在进行中，还需要付出很大的努力，才能实现。

第一节　从无到有的高等教育法律制度

高等教育系统除了在 1956 年至 1960 年、1966 年至 1976 年两个时段表现出典型的法律虚无主义的癫狂之外，其余时期总体上说是努力进行法律制度建设的。建政初期的《共同纲领》和 1954 年颁行的《宪法》关于国家承担发展教育职责以及支持科学文化活动自由的条款，都是教育和高等教育的宪法性条款。1961 年 6 月开始密集制定和颁行的《教育部直属高等学校暂行工作条例（草案）》(即《高教六十条》)和《关于自然科学研究机构当前工作的十四条意见(草案)》(简称《科研十四条》)，1977 年后开始陆续制定和颁行《中华人民共和国学位条例》、《中华人民共和国教师法》《中华人民共和国高等教育法》，1982 年修订的《宪法》重新恢复了教育和高等教育的宪法性条款，这些工作实现了共和国高等教育法制从无到有的目标。

《高教六十条》：背景、内容与评价 《高教六十条》从法律角度看，其法律层级只能算是部门制定的行政法规，而不是由最高权力机关通过的教育法律。不过，在高等教育系统与法律系统都受制于意识形态条件下，行政法规能够颁行已属不易，因为从1956年开始，大学、大学生与栖身于大学的知识分子始终处于政治的风口浪尖之上。

1956年11月，中共中央还专门召开了知识分子问题的会议，周恩来代表中共中央提出“向现代科学进军”，号召与世界新技术革命接轨。[①]高等学校积极参与《一九五六年至一九六七年科学技术发展远景规划》的制定，准备承担一批重大科研任务。1957年开始的“反右”运动，大批骨干教师、学科带头人和青年学生被打成“右派”。1958年4月召开的中共中央教育工作会议以及随后召开的八大二次会议强烈批评教育行政部门“右倾”。毛泽东在八大二次会议上提出了著名的“卑贱者最聪明，高贵者最愚蠢”的口号，知识分子继续被“改造”。1958年9月开始，一场“教育大革命”波及全国各高校，其主旨是强调党对教育的领导，强调教育为无产阶级政治服务，必须与生产劳动相结合。所谓“教育大革命”其实是革了教育的命，包括贬低教师在教学中的地位和作用，以群众运动方式搞教学改革，学生自编教材美其名曰“大兵团作战”，还有“拔白旗”“插红旗”等极具煽动的口号与举动。这一时期，唯一算是亮点的是在一些高校开设了火箭、导弹、原子能、无线电等专业。[②]到1960年，由于盲目扩大教育规模，高等学校有1289所，在校学生有96万人，中等专业学校有6225所，在校生有221.6万人。后来中共中央决定结束“教育大革命”，并采取以下措施：首先是大幅度裁并高等学校和中等学校数量，缩小到适当规模，至1963年底，高等学校数量缩减到407所，在校生人数减到75万人，中等专业学校裁并为1355所，在校生人数压缩到45.2万人；其次整理、新编或翻译符合教学要求的教科书和参考书；最后则是高等教育行政立法工作。

1961年3月，教育部开始进行《教育部直属高等学校暂行工作条例（草案）》（即《高教六十条》）起草工作。为写好条例，教育部部长杨秀峰、副部长蒋南翔分别带队到天津、北京等地高校进行调查研究。调查工作涉及高等学校领导体制问

① 傅颐：《六十年代初〈高教六十条〉的制定、试行及历史经验》，《中共党史研究》2006年第3期。

② 中国科技大学创建于1959年，设立有原子物理和原子核工程、高分子化学、高分子物理等学科和专业。

题、教学工作问题、仪器设备的损失和管理、图书馆工作、学生学习和生活、总务工作等方面情况。教育部还召开两次座谈会，向高校负责人和教授征求意见，并于7月29日，形成第五稿，7月31日拿出依据中共中央书记处意见修改的终稿，作为书记处会议文件。8月1日至3日，邓小平在北戴河主持中央书记处会议，会同中共中央文教小组、教育部、中共中央宣传部等部门，对条例稿逐条讨论。4日下午在中宣部部长陆定一主持下，通读加工一遍。5日下午，书记处会议通读一遍后，工作条例获得通过。同日，邓小平、彭真、陆定一等联名致信毛泽东，说明讨论经过并附上条例，请毛泽东审阅后批交中央工作会议讨论。1961年8月23日至9月16日，在毛泽东主持下，中共中央工作会议在庐山召开，讨论工业、粮食、财贸、教育等问题。这次会议审议了《高教六十条》草案，对条例草案改动不大。9月15日，中共中央发出经毛泽东核阅批准的《关于讨论试行教育部直属高等学校暂行工作条例（草案）的指示》，原则批准草案，并决定在教育部直属高校试行。最初，《高教六十条》试行范围是26所教育部直属高校。1962年3月，周恩来在二届全国人大三次会议上宣布：全国高等学校凡是具备草案实施条件的，都应该试行。至1963年初，全国试行条例的高等学校共200所（其中各部委所属高校71所，省、市、自治区所属高校127所），其余高校则大多数参照条例精神改进了工作。

《高教六十条》是具有行政法规性质的高等教育章程制度，对困扰高等教育发展的诸多问题做出了明确的规定，同时还有组织程序方面和责任权利等方面的细致规约，在当时因教育大革命造成混乱，高等教育急需整顿，急需恢复秩序的情况下，是场及时雨。《高教六十条》主要内容可分为三大部分：一是规范政治与高等教育的关系；二是规范高等学校内部组织结构、领导体制、各方责任与权利、行政运行程序；三是教学制度、科研制度、研究生教育制度、设备管理与生活管理等具体制度。第一部分，政治与高等教育关系，涉及具体法条包括：(1) 培养目标，规定大学生应该具有符合政党伦理要求的“共产主义道德、品质”和拥护共产党领导、拥护社会主义的政治态度，以及“掌握本专业所需的基础理论、专业知识和实际技能”，“尽可能了解本专业范围内科学的新发展”。而教育部提交书记处工作会议的条例稿相关表述则是“精通本专业所需要的基础理论”。《高教六十条》反驳和纠正“红”“专”对立的观点，指出“只专不红”“只红不专”都不对，但是教师和学生的“红”，不但应该表现为思想方面，而且应该表现在教学和学习实际行为中。因此，把业务上比较努力，但在政治上进步较慢，或者政治上处于中间状态的人，指为“白专”是不对的；(2) 关于如何对待知识分子，如何对待学术论争，条例草案强调“正确执行党的知识分子政策”，“团结一切可团结的教授、副教授、讲师、助教和其他具有专门知识技能的人”，在教学中，必须发挥教师的主导作用，努力培养“又红又专”的教师队伍。条例草案重申“百花齐放、百家争鸣”的“双百”方针，要求“积极发展各种学术问题的自由讨论”。对于自然科学，“必须提倡不同学派和不同学术见解，自由讨论，自由发展”；对于哲学、社会科学，“必须研究和批判现代资产阶级的各种学说”，“在人民内部，在马克思列宁主义者内部，探讨各种学术问题，都必须允许有不同见解，自由讨论”。条例草案规定不许用“对敌斗争的方法”来解决“人民内部的政治问题、世界观问题和学术问题”，不许用“行政命令的方法、少数服从多数的方法”来解决世界观问题和学术问题；(3) 关于高校中“党的组织和党的工作”，高等学校的党委员会，作为中国共产党在高等学校中的基层组织，“是学校工作的领导核心，对学校工作实行统一领导”，但“党的领导权力应该集中在学校党委员会一级，不应该分散”。系设党总支委员会，在教师、职工和学生中分别建立党的支部。党还领导了共青团、工会、学生会等组织。

《高教六十条》第二大块内容是领导体制的设计与规定。共和国建政后，高等学校领导体制几经变化。1950 年，效仿苏联，实行校长负责制。1956 年后改为党委领导下的校务委员会负责制，这种体制下校长的地位、职责不明确，校务委员会有名无实，整个行政系统软弱无力，发挥作用不够。鉴于其时校长在事实上已经不能担负全面领导责任，又不能回到校长负责制，于是，作为探索，条例草案提出了：(1) 党委领导下的以校长为首的校务委员会负责制。《高教六十条》对校长的地位界定是“由国家任命的学校行政负责人”，“对外代表学校，对内主持校务委员会和学校的经常工作”。校务委员会，“作为学校行政工作的集体领导组织”，组成人员如下：校长、副校长、党委书记、教务长、总务长、系主任、若干教授和其他必要人员。校务委员会的人数不宜过多，党外人士一般不应该少于三分之一。① 校务委员会有权决定的重大问题包括各项工作计划、各系工作中的重大问题、修订全校性规章制度、审查通过学校的预算决算、教师职务提升、学生招生和毕业分配等等；(2) 在系一级层面，中共中央书记处会议则把“系主任为首的系务委员会负责制”改为：系主任是系的负责人，在校长领导下主持系务委员会和系的经常工作，

① 《教育部直属高等学校暂行工作条例（草案）》第五十一条。

重大工作要经过系务委员会讨论通过，系主任负责执行；系委员会闭会期间，由系主任召集行政会议，处理系的日常工作。系党总支作用是监督。系务委员会的组成包括正副系主任，系党总支书记、教学研究室主任及教师若干人，由系主任提名，报校务委员会通过，由校长任命；(3) 条例草案还规定教学研究室的性质，领导主要职责为组织执行教学计划、选编教材、拟定教学大纲、编制教学日历、开展科学工作和学术活动等。条例明确规定系是教学行政组织，教学研究室为教学组织。

《高教六十条》第三大部分内容为各项具体制度，具体情况如下：(1) 教学工作。总则部分第二条规定，高等学校“必须以教学为主、努力提高教学质量。”第二章为专章，详细规定每学年必须有八个月以上时间用于教学，专业设置不应随便变更和取消，教学方案、教学计划、教学大纲和教材要力求稳定，不得轻易变动，教学中起主导作用的是教师，学生必须依靠个人的刻苦钻研来学习，“不能把个人的独立钻研同个人主义混为一谈”；(2) 生产劳动。目的在于养成劳动习惯，更好地贯彻理论联系实际原则。生产劳动应该有计划地进行，注意劳动保护，“师生因病、因事少参加了生产劳动的，不必再补”，严禁把生产劳动作为惩罚手段；(3) 研究生培养制度。高校应当重视培养研究生的工作，本科毕业生或本校青年老师符合一定条件，经过审查和入学考试合格得录取。研究生在导师指导下，学习专门课程、掌握某一专题范围内科学的最新成果，并且进行科学研究。少数有条件的高校，经教育部批准，可以试办研究院，培养较多数量的研究生；(4) 科学研究工作。高校应该积极开展科学研究工作，以促进教学质量和学术水平提高。科学研究计划要“力求把国家的需要同教师本人的专长结合起来”，“鼓励不同学派和不同学术见解的自由探讨”。优秀的成果应该给予奖励，但“不搞竞赛和突击献礼”。教师是开展科学研究的主要力量，他们用于科学研究的时间，一般可以占全校教师工作时间的百分之十到三十。为一部分学术造诣较深的教授配备研究工作的助手。

《高教六十条》既有宏观和长远的制度架构（例如高校科学研究职能的确定、培养研究生、理顺高校领导体制等），又有针对 1956 年后各种政治运动冲击下正常办学秩序的丧失而进行的整顿措施（例如对“教育大革命”中教育与生产劳动不切实际的结合予以纠正，对科学研究搞“突击献礼”予以禁止，对高校随意变更专业设置、教学计划以适应政治的做法加以杜绝）。但就在《高教六十条》于 1961 年 9 月 15 日由毛泽东核阅批准试行后的第二年 9 月，中共召开八届十中全会，并发表公报，再提存在“无产阶级和资产阶级之间的阶级斗争”，存在“社会主义和资本主义两条道路的斗争”。

在阶级斗争理论尚未支配全局的间隙[①]，《高教六十条》连同《全日制中学暂行工作条例（草案）》和《全日制小学暂行工作条例（草案）》，作为教育行政法规对教育相对独立运行起到了重要作用。1962年开始规范了高等学校新生招考工作，为较高学术水平的老教授配备科学研究工作的助手。建立教师进修制度，1962年当年进修人数为3118人。1963至1964学年度，开始试行教师休假制度。1962年开始正规培养三年制研究生。1963年教育部制定了《高等学校培养研究生工作暂行条例》《研究生专业目录》，并对培养方案等做出原则规定。1962年至1965年，各高等学校共培养研究生17521名。在科学研究方面，1963年5月开始在教育部直属高校试行《自然科学研究工作的暂行简则（草案）》，并决定出版《高等学校自然科学学报》，作为全国高等学校公开的学术性刊物。在教学质量控制方面，以南京大学为例，将已设立和准备设立的33个专业调整为28个，将已设立和准备设立的64个专门组调整为55个，减少了110门新课任务，得以使相关系、组腾出力量，加强基础课教学，并对已开出的150多门新课进行充实和提高。对《高教六十条》的制定和试行，教育界人士喜忧参半，对于条例是否能够贯彻落实，不少人信心不足，担心又是一阵风。四川大学的师生提出，学校应该设立六十条贯彻执行的检查机构，以保证贯彻执行。[②]果不其然，《高教六十条》在五年后爆发的“文化大革命”中被视为“修正主义教育路线的纲领”遭到批判。整个高等教育系统瘫

---

① 早在1957年10月毛泽东就已在中共八届三中全会上提两个阶段、两条道路是当前社会的主要矛盾，改变了中共八大关于人民日益增长物质文化需要和落后生产之间的矛盾是主要矛盾的观点，但其时毛的判断仅限于“当前”存在两个阶级、两条道路的矛盾；到了1959年庐山会议，毛又判断阶级斗争可能要斗20年，斗半个世纪，到了1962年9月八届十中全会，毛则断言阶级斗争需要几十年甚至更长，这实际上是提出“以阶级斗争为纲”错误方针的前奏，后来这个论断在“文化大革命”中发展为“党在整个社会主义历史阶段的基本路线”。不过，毛泽东在这次会上采纳了刘少奇等的意见，提出了不要因为强调阶级斗争，放松了经济工作，指出“要把工作放在第一位”，这使全会结束后，经济调整工作能够继续按照原定计划进行。而其时阶级斗争问题上的错误，“还未达到支配全局的程度”。中共中央《关于中华人民共和国成立以来党的若干历史问题的决议》指出：在八届十中全会上，毛泽东“把社会主义社会中一定范围内存在的阶级斗争扩大化和绝对化，发展了他在一九五七年反右派斗争以后提出的无产阶级同资产阶级的矛盾仍然是我国社会的主要矛盾的观点”。这标志着阶级扩大化的观点进一步系统化，为在这个问题上“左”倾错误的再度发展做了理论准备。《决议》陈述了毛泽东在八届十中全会后，历经1963年、1964年发展，直至1965年把“党如何对待国内党内的修正主义问题”发展为重点是“整党内那些走资本主义道路的当权派”最终引爆“文化大革命”的过程。参见中共中央文献研究室：《〈关于建国以来党的若干历史问题的决议〉注释本》，第353—354页。

② 四川大学师生员工学习和讨论高教工作六十条情况简报（第一期），1961年10月13日，转引自傅颐：《六十年代初〈高教六十条〉的制定、试行及历史经验》，《中共党史研究》2006年第3期。

痪，《高教六十条》自然失去作用。

“文革”结束后，1978 年 10 月经过修订的《高教六十条》在全国高等学校试行。修订后的试行草案，有三方面较大变动：一是实行党委领导下的校长分工负责制，取消校务委员会，设立学术委员会；二是明确高校要建成教育和科学研究的中心；三是肯定知识分子为脑力劳动者，为无产阶级的一部分。这三部分改动分别涉及高校领导体制、高等学校职能与功用定位，以及长期纠缠不清的知识分子阶级属性和政治地位，并最终加以明晰。这种法权安排，在其后的改革实践与立法中，再没有出现反复和倒退，保持了相对稳定性，保证了高等教育系统的相对独立性，也就保证了高等教育依法治教、依法办学的连续性，同时为完善现代高等教育体制提供了前提条件。

《中华人民共和国学位条例》与《中华人民共和国教师法》的颁行 学位制度在早发现代化国家是一个原生制度，几乎没有人会质疑其正当性。但在中国的现代国家建构过程中，它所遭遇到的波折，却提供了一个极其深刻而且内涵丰富的知识社会学案例。我国学位制度与大学制度的构建一样，是一个艰难而曲折的过程。这一过程不仅与国家构建历程同步，在一定程度上，它们本身就是国家治理道路探索的浓缩与折射。

1935 年国民政府公布《学位授予法》，同年公布《学位分级细则》以及《硕士学位考试细则》。学位分学士、硕士、博士三级。1940 年还公布了《博士学位评定会组织条例》《博士学位考试审查及评审细则》。国民政府颁行一系列学位与研究生教育规章制度，标志着我国学位与研究生教育已经开始步入轨道。不过，其时的中国并没有可能进行全面的民族国家构建，在既无成熟的市民社会支撑，又无有能力国家的情况下，文化教育制度（包括大学制度与学位制度）的发展仅仅具有局部意义，无法与政治制度、经济制度整合为具有整体意义的现代国家制度。共和国建政，使中国社会彻底摆脱了半殖民地半封建社会的包袱，为中国走上现代化道路奠定了政权基础，随后的几年时间里，国家建设获得了“前所未有的气派”（北京大学化学系傅鹰教授语）。启动学位立法工作可谓水到渠成。1954 年 3 月，中共中央在《对中国科学院关于目前科学院工作的基本情况和今后工作任务报告批示》中指出，“在我国建立学位制度是必要的”，并且责成科学院和高等教育部提出建立这种制度的办法。1955 年 9 月，组成了由林枫等 13 人构成的委员会，开始进行学位制度的拟定工作。1956 年 6 月，条例起草委员会将《中华人民共和国学位条例

(草案)》《中华人民共和国学衔委员会组织条例（草案)》上报中央审批。因为“整风”“反右倾”，立法工作中断。1961 年时任国务院副总理、国家科委主任的聂荣臻提出“关于建立学位、学衔、工程技术称号等制度的建议”。中共中央同意了这个建议。1962 年中央相关部门开始着手起草条例。1963 年将“关于建立学位制度的报告”及其附件《中华人民共和国学位条例（草案)》《国务院学位委员会组织条例（草案)》上报中共中央、国务院审核。随后，“学位”被判定为隶属“资产阶级法权范畴”的“资产阶级权利”，而无法动弹。一种绝对的平等观及其社会实践，导致的政策倾向有两个方面的表现：第一，不能容忍任何形式的分化分等，杜绝所有反映差异、使差异合法化或可能导致差异的制度安排；第二，把学位制度与科层官僚制度混为一谈，把法理型支配与科层官僚制混同；最后，又把科层官僚制度与不受制约的官僚主义混同，这样的政策倾向与观念最终只能走向放弃制度（特别是法律制度与常规组织）而依靠人治与运动型治理，而最后的结果却又是公权力的泛滥与败坏。所以，在经过了以上的一段特殊历史时期后，1980 年 2 月 12 日，第五届全国人民代表大会常务委员会第十三次会议通过的《中华人民共和国学位条例》（以下或简称《学位条例》）具有划时代的历史意义。

从 1956 年到 1976 年长达 20 年的时间里，作为享有国家立法权的唯一机关的全国人民代表大会，仅通过了《1956 年到 1967 年全国农业发展纲要》和 1975 年《宪法》；享有法令制定权的全国人大常委会也仅在 1957 年到 1958 年间通过了《治安管理处罚条例》《户口登记条例》《经济建设公债条例》《农业税条例》等 7 个条例。教育部等各部委制定了一些行政法规，但前三十年时间里没有颁行一部教育法律。1980 由全国人民代表大会通过的《中华人民共和国学位条例》是第一部教育法律。现行《教师法》颁行于 1993 年，是建政后也是 1978 年开启改革开放后颁布的第二部教育法律。《中华人民共和国教师法》（以下简称《教师法》）明确了教师在“社会主义现代化建设中的重要地位”，对“教师的权利、义务、任用、考核、培训和待遇”等方面做了规定，是“教师队伍建设走向规范化、法制化的根本保障”。[1] 以法制来统整和引领行政手段、规范教师权利义务、明定教师与国家之间的关系实属进步之举。《教师法》作为紧随《学位条例》颁行的第二部教育法律，充分表明以法律形式明定教师政治地位与法律地位“时不我待”的紧迫性。在一段

① 劳凯声主编：《变革社会中的教育权与受教育权：教育法学基本问题研究》，教育科学出版社 2003 年版，第 56 页。

较长的时间里，受“阶级斗争为纲”极“左”路线影响，以教师为主体的知识分子一忽儿是工农阶级的盟友，一忽儿又成为敌对阶级的帮凶。与整个社会为运动所牵制缺乏基本法律语境一样，教师问题始终为革命政治的敌友二元话语所控制，而不可能进入日常政治条件下的法律语境——没有常态化政治为前提，教师就不仅没有明确而稳固的政治社会地位，也没有法律地位；在教师与行政主管部门之间，在教师与其他一切影响其发展的要素之间不存在“不偏不倚的第三方”作为调节与控制力量，从而教师权利无法得到切实保障。《教师法》的颁行结束了以上的不堪境地，为高等学校师资及科学研究队伍的平稳发展奠定了基础。

自 1980 年我国正式颁布第一部教育法律——《中华人民共和国学位条例》，教育法制建设开始步入正轨，教育法律体系构建有了时间表。在《中华人民共和国义务教育法》《中华人民共和国教师法》《中华人民共和国教育法》陆续颁行后，1998 年《中华人民共和国高等教育法》成为我国颁行的第五部教育法律。受条件限制，没能整理更为详尽的教育法律制订颁行的史料。下文将把讨论重点集中在对 1998 年颁行的《中华人民共和国高等教育法》和 1993 年颁行的《中华人民共和国教师法》的立法技术的改进上，为了更好地说明问题，将会把两部法律分别与台湾地区相应的“大学法”“教师法”文本加以比较，以探讨改进空间。

第二节　从有法到良法的改进空间

两岸在高等教育治理经验与历程上既有同，也有异。大陆和台湾地区原属同一法域，国民党战败后在台湾地区延续了大陆时期变法修律的成果，将《六法全书》带到台湾，台湾地区有关规定因此属于典型的法德式大陆法系。共和国建政后仿效苏联建立起一套苏式法律体系；改革开放后，大陆在原苏式法制的基础上，吸收大陆法系的法律制度，并借鉴英美法系，形成虽然与法德式大陆法系有较大区别，但仍属大陆法系的法律体系。[1] 至此，大陆和台湾地区在各自的历史背景下走过了不同的发展道路，成为同一国家不同地区的两个法域。两个法域的法律有一些共通之处，但因为受中华民族历史文化传统和特定社会价值观的影响程度不同，以及社会制度及法律体系等方面的不同，这些法律又存在不少差异。从纵向看，台湾地区教育法规体系具有以下几个层级：台湾地区宪制性规定中的教育条款—“教育基本

① 胜雅律：《大陆法制中的中国传统因素》，载《比较法研究》，1994 年第 3 期，第 289—292 页。

法”—“教育法律”—“中央教育法规命令”—“地方教育自治法规”；从横向看，台湾地区“教育法规”体系由以下几部组成：基本规范（“宪法”中的教育条款、“教育基本法”）、教育行政规范（“教育行政组织法”与“教育经费编列法”）、教育活动规范（如各类型学校教育、社会教育方面规范）与教育活动主体规范（例如“教师法”“师资培育法”）。在高等教育法制方面，台湾地区高等教育“法律”体系具有以下几个层级：“宪法”教育条款—“教育基本法”—“大学法”“学位授予条例”“专科学校法”等高等教育法律—“大学法实施细则”等教育行政法规—行政规章、命令；从横向看，台湾地区高等教育“法律”体系以“大学法”为核心，划分出“学位授予条例”“空中大学设置条例”等若干处于同一层级的部门法，形成高等教育法规调整的横向覆盖面。纵横交错，协调一致，在维护法律体系整体稳定性的同时，对“大学法”或其他教育法律法规进行调整与修正，从而在动态中提升高等教育法律法规与高等教育现实问题执法过程的协调性，其中多有可供大陆借鉴之处。

《中华人民共和国高等教育法》的改进：以学生事务条款为例 由于教育法律体系建设起步较迟，加之其时依法治教、依法行政远未成为社会、政府与高校普遍崇尚的风气，《中华人民共和国高等教育法》（以下或简称《高等教育法》）不免还有缺憾，因此自其颁行后，修法提议没有中断过。[①] 近年来，每年两会都有代表提议修订《高等教育法》，以适应高等教育改革与社会发展之需；更有学者指出，大学章程如果要成为高校办学的“大宪章”，修订《高等教育法》是当务之急。[②] 而自《行政诉讼法》颁行以来，对高校学籍管理、学位授予等行政权力的司法审查，也在多起学生维权诉讼的推动下有所加强，从而对《高等教育法》实施的针对性、可诉性与操作性提出了要求。为回应教育改革与司法实践之需，修订包括《学位条例》《高等教育法》在内的高等教育法律，健全高等教育法律法规体系，已经成为社会共识。然而高等教育领域法权关系复杂，高等教育法律的完善与体系的健全不可能一蹴而就。《高等教育法》的修订与完善，论者认为可以通过《高等教育法》局部章节条款如何修正的讨论入手，推动全景式评议向修订草案的具体提出方向发展。考虑到近年学生与高校之间的争讼裁定已经成为高等教育法制建设的一个重要

① 程雁雷：《必须重视和加强我国的高等教育立法》，载《高等教育研究》，2000 第 2 期；金林南：《〈高等教育法〉的立法缺失及完善思考》，2002 年第 6 期；高见：《我国〈高等教育法的检讨与反思〉》，载《求索》2010 年第 9 期。

② 乔新生：《当务之急是尽快修改〈高等教育法〉》，《东方早报》，2011 年 1 月 4 日。

动力，以及学生作为行政相对人的权益保护问题凸显《高等教育法》的行政法性质，引发人们对《高等教育法》应有立法宗旨与立法精神的深入思考，以下对《高等教育法》中学生事务条款的修订与完善加以探讨。为了更好地说明观点，选取了台湾地区的《大学法》中的学生事务条款为参照。

台湾颁行有“教育基本法”“教育部组织法”“大学法”“教育经费编列与管理法”等教育法律，体系完备、门类齐全、法律法规效力等级较为明晰，其中高等教育法律有“大学法”“学位授予法”和“专科学校法”。“大学法”中的“大学”指的是“授予学士学位以上学位之高等教育机构”，而对“大学”之外的第三级教育（高等职业教育）则有《专科学校法》规制。“大学法”第五章为“学生事务”专章，共十三条，分别就入学资格、招生考试、修业年限、学籍管理、申诉制度与学费收取等事项进行规范或授权。大陆《高等教育法》直接关涉学生事务的条款共九条，“高等教育基本制度”一章中有两条，分别规定修业年限与入学资格；“高等学校的学生”一章有七条，分别规定学生义务、学费缴纳、奖贷学金设立、勤工俭学、校内学生团体管理等。通过下表可以清楚地看出两岸高等教育法律学生事务条款在内容与排序方面的差异。

表 6.1 《高等教育法》与“大学法”学生事务条款内容与排序对照

	《高等教育法》	台湾地区“大学法”
1	修业年限（第十七条）	入学资格（第二十三条）
2	入学资格（第十九条）	招生考试授权及规制（第二十四条） 特殊身份学生招考规制（第二十五条）
3	培养目标（第五十三条）	修业年限（第二十六条）
4	缴纳学费（第五十四条）	学位授予（第二十七条）
5	设立奖贷学金（第五十五条）	学籍管理权限（第二十八条）
6	大学生参加社会服务和勤工俭学（第五十六条）	国内外大学修读学位认定办法（第二十九条）
7	学生团体（第五十七条）	“远距教学”学分认定办法（第三十条）“推广教育”学位授予办法（第三十一条）
8	准予毕业的条件（第五十八条）	授权大学订定“学则”及奖惩规定（第三十二条）
9	就业指导（第五十九条）	学生会与申诉制度（第三十三条）

续表

	《高等教育法》	台湾地区“大学法”
10		学生团体保险办理办法（第三十四条）
11		学费规制与政府提供“就学贷款”的责任义务（第三十五条）

通过两岸教育相关条款的比较，可以更为具体地发现《高等教育法》在学生事务条款方面所存在的不足。从内容上看，《高等教育法》遗漏了关涉学生权益的四大重要内容：一是招生考试的规制；二是学籍管理权限规制；三是学生申诉制度；四是提供助学贷款的责任规制。在以上四个方面，高校、政府有哪些行政权力？又有什么限制？还有什么责任与义务？具体程序如何？《高等教育法》对于以上方面或语焉不详，或完全没有考虑。从逻辑上看，对于高等教育机会获得与受教育权的实现来说，学生先有入学以及入学考试权益问题，后有修业、学籍、学分认定权益问题，再有学位授予等后续权益问题，当然也有被管理以及权利救济的问题。“大学法”学生事务专章所列法条体现了这个逻辑，与教育实务运作逻辑尽可能相符。而《高等教育法》没有与学生入学、学籍管理、学位授予、权利救济相关的专门法条，也没有管理和奖惩学生的权力授权，却把学生“应当按照国家规定缴纳学费”放在突出位置，而对高校收取学费有何规限却未置一字；在学籍管理授权与规制尚缺情况下，就已经径直罗列毕业与就业的条款，显然是逻辑失当，伤及法律和立法的规范性与严谨性。

台湾地区“大学法”平衡学生权益与大学自治权利的可取之处在于授权与限权并行，即对大学招生权、学籍管理权、学生学习权和参与校务管理权等权力授予明确、规制清晰、程序与实体并重。以对大学自主招生权为例，“大学法”第二十四条明确授予大学单独或联合招生权，但是“其招生（包括考试）方式、名额、考生身份认定、利益回避、成绩复查、考生申诉处理程序及其他应遵行事项之规定”均应由大学“拟订”报“教育部”“核定”后实施。第二十五条规定特殊身份学生（具体如重大灾害地区学生、学科竞赛成绩优良学生、运动成绩优良学生、退伍军人、侨生等）招考及入学办法，只有“教育部”才有权力“拟订”，部分更特殊情况需要“教育部”“拟订”后报请“行政院”“核定”。在学籍管理方面，“大学法”

第二十八条规定，“大学学生修读本校或他校辅系、双主修、学程、跨校选修课程、保留入学资格、转学、转系（组）所、转学程、休学、退学、开除学籍、成绩考核、学分抵免与暑期修课，国外学历之采认、服兵役与出国”学籍处理、双重学籍以及其他与学籍有关事项，“由大学列入学则，报教育部备查”。这条规定表明，学籍管理办法由大学内部规范性文件明定，无须“教育部”“核定”，但必须报“教育部”备查，“教育部”保留一定的实质性和程序性审查的权力。“大学法”第三十三条关于大学生参与校务会议的规定体现了实体与程序并重的“立法”思想。该条款第一项规定，由选举产生的学生代表出席“与其学业，生活及订定奖惩有关规章之会议”，“学生出席校务会议之代表比例不得少于会议成员总额十分之一”，具体办法授权大学通过“组织规程”明定。该条款第三项规定，大学应该建立学生申诉制度，“受理学生、学生会及其他相关学生自治组织不服学校之惩处或其他措施及决议之事件”，“以保障学生权益”。

表 6.2《高等教育法》与“大学法”关于学生事务条款内容对照表

法律条文内容规定	“大学法”的情形	《高等教育法》的情形
学生权利、义务	1. 大学为增进教育效果，应由经选举产生之学生代表出席校务会议，并出席与其学业、生活及订定奖惩有关规章之会议；学生出席校务会议之代表比例不得少于会议成员总额十分之一。（第三十三条第一款） 2. 大学学生有修读本校或他校辅系、双主修、学程、跨校选修课程等权利。（第二十八条）	1. 高等学校学生的合法权益，受法律保护。（第五十三条第二款） 2. 高等学校的学生在课余时间可以参加社会服务和勤工助学活动，但不得影响学业任务的完成。（第五十六条） 3. 高等学校的学生，可以在校内组织学生团体。（第五十七条） 4. 高等学校的学生应当遵守法律、法规，遵守学生行为规范和学校的各项管理制度。（第五十三条第一款） 5. 高等学校的学生应当按照国家规定缴纳学费。（第五十四条第一款） 6. 获得贷学金及助学金的学生，应当履行相应的义务。（第五十五条第三款）

续表

法律条文内容规定	“大学法”的情形	《高等教育法》的情形
入学、招生	1. 曾在公立或已立案之私立高级中等学校或同等学校毕业，或具有同等学力，得入学修读学士学位。（第二十三条） 2. 关于大学招生（包括考试）方式、名额、考生身份认定、成绩复查等事项的规定，由大学拟订，报“教育部”核定后实施。（第二十四条）	高级中等教育毕业或者具有同等学力的，经考试合格，由实施相应学历教育的高等学校录取，取得专科生或者本科生入学资格。（第十九条）
学生补助、奖励	政府为协助学生就读大学，应办理学生就学贷款；贷款项目包括学杂费、实习费、书籍费、住宿费、生活费、学生团体保险费及海外研修费等相关费用。（第三十五条）	1. 家庭经济困难的学生，可以申请补助或者减免学费。（第五十四条第二款） 2. 国家设立奖学金，对品学兼优的学生、给予奖励。（第五十五条）
学生毕业、就业	学生修毕学分学程所规定之学分者，大学应发给学程学分证明；学生修毕学位学程所规定之学分，经考核成绩及格者，大学应依法授予学位。（第二十七条）	1. 高等学校学生思想品德合格，在规定的修业年限内学完规定的课程，成绩合格或者修满相应的学分，准予毕业。（第五十八条） 2. 高等学校应当为毕业生、结业生提供就业指导和服务。国家鼓励毕业生到边远、艰苦地区工作。（第五十九条）
学生申诉制度	大学应建立学生申诉制度，受理学生、学生会及其他相关学生自治组织不服学校之惩处或其他措施及决议之事件，以保障学生权益。（第三十三第四款）	无相关规定
学生团体保险	大学应办理学生团体保险；其范围、金额、缴费方式、期程、给付标准、权利义务及其他相关事项之规定，由各校定之。（第三十四条）	无相关规定

（资料来源：根据《高等教育法》、台湾地区“大学法”整理。）

大学权力明确了，规制也就明确了，行政监督与司法审查因而有了法律依据与法律授权，学生权益受到损害时的救济成为可能。相形之下，《高等教育法》存在的比较突出的问题是，既无对大学权力及其范围的明确清晰授权，又无对大学权力有力规制，这在一定的程度上造成大学一方面看上去好像没有什么自主权，另一方面在招生、收费、学籍管理、学位授予等关涉学生基本权益方面却又有许多不受规制的法外治权和灰色地带。就《高等教育法》学生事务条款的修订与完善，以下三方面可为着力点和基本原则：

(1) 厘清高等教育领域基础法权关系，弘扬“有权力必有规制”“有权利必有救济”的立法精神与立法宗旨。高等教育领域充斥着权力扩张与权利维护的抗衡，国家对高校的行政管制权力与高校的自主权利、高校内部的行政权力与学术权力、学校管理权力与学生权利，这三对矛盾时而交织混杂，时而某一方面突兀横陈，高等教育领域法权关系之间的制衡呈现异常复杂的样态。就学生事务管理和学生权益保障的角度看，高校是学生事务管理的行政主体，学生是接受行政管理的行政相对人；前者拥有行政权力，后者拥有由《宪法》和《教育法》赋予的受教育权利和学习权利。然而现行《高等教育法》一方面在高校管理学生事务的行政权力方面授权不够；一方面虽有部分授权却无明确的规限，这就使得行政管理权力与学生权利关系的制衡自成文法开始就已发生困难。修订《高等教育法》学生事务条款，应该对高校管理权能范围，程序条件和约束尽可能详尽，高校行使行政管理权的手续、步骤、方式、顺序和时限等规范要尽可能明确，至少应该强制要求高校在内部规范性文件中补充。至于课程成绩评定、学位论文评审以及学位授予等关涉学术权力方面，因司法和行政救济途径未必有能力做实质性审查，可在一定程度保留通过程序审查加以救济的切入口。

有法务界人士指出，在职能主义政府组织结构和立法权行政化、部门化框架下，我国的行政法制发展始终带有行政主导的色彩，结果是许多行政部门通过“法制建设”使职能与权力合法化、最大化。许多立法对行政权能规定比较充分，对权能活动的程序条件和约束则尽可能简化甚至虚化，这些法律强调对社会与民众的管理与约束，却与行政法约束行政权力的立法宗旨背道而驰，体现出固有的“管理法”思维模式。[①] 由教育行政部门主导的教育行政法制，体现的也是教育部如何管住高校的“管理法”逻辑。在“管理法”思维模式影响下，保留在教育行政部门和高校手中的行政权力在程序条件与约束上面要有所突破更加不易，涉及学生重大权

① 申欣旺：《“行政程序立法时机已经成熟”——专访最高人民法院副院长江必新》，载《中国新闻周刊》，2010 (17)。

益的行政权力规制被简化虚化也就不足为奇了。要改变这一状况，行政主管部门放权仍然是前提条件之一，放权之后法律从实体与程序两方面加以规制，方体现法律的严肃性。

(2) 加强立法规范，重视法律法规配备和体系建设。所谓“立法规范”有三层含义：第一层含义是法律文本的用语、体例、结构明确、简洁与严谨；第二层含义是教育法律的制定符合行政法的基本原则，体现行政法以“司法权”约束“行政权”的立法宗旨与立法精神，具体来说就是符合依法行政原则、法律保留原则、信赖保护原则、比例原则、程序正当原则与行政公开原则；第三层含义是法律与行政法规、行政规章、规范性文件之间位阶层次分明、效力等级清晰，实体法与程序法相互配套，教育法律与教育政策、教育改革实践相协调，即形成健全的法律法规体系，这是教育法制建设的理想状态，也是立法修法规范化的最高目标。就第一层次的立法规范而言，《高等教育法》应该有“学生事务”专章，把所有关涉学生权益的行政管理权能及其限制列入其中，条文应该具体而有条理，避免抽象、繁复和含糊的表述。例如现行《高等教育法》第五十三条要求学生“尊敬师长、刻苦学习、增强体质，树立爱国主义、集体主义和社会主义思想，努力学习马克思列宁主义、毛泽东思想、邓小平理论，具有良好的思想品德，掌握较高的科学文化知识和专业技能”，该条款的实质是教育目标与人才培养目标的宣示，可做适当修改，并入总则部分。又如第五十五条关于奖学金、贷学金和助学金设立办法，应该对其加以修改，首先应该明确高校收费上限以及如何规范，其次应该明确协助学生办理助学贷款是政府的责任，授权教育部制定具体办法。就第二层次的规范性来说，学生入学、高校招生考试、学籍管理、学生申诉制度与参与校务管理等关涉学生毕业和获得学位权益的重大事项，应该成为法律位阶的条款列入《高等教育法》学生事务专章，方符合法律保留原则。特殊身份学生招考有加分政策，是关涉公平与公正的重大事项，加分条件与办法应该收归教育部制定，并且列入法律，对其程序和条件予以明确。至于就业指导、学生勤工俭学与社会服务等职责权益无须进入法律加以规制和保障，由高校内部规范性文件规定管理办法即可，因此相关条款可以删除。第三层次的“立法规范”意在提醒人们高等教育活动法权关系复杂，靠一部法律无法包打天下，因此作为高位阶法律的《高等教育法》应该善于授权，哪一部分权力可以授权大学并由大学内部规范性文件确定，哪一部分权力行使规则必须报行政主管部门备查或核定实施，哪一部分权力仅保留给教育部乃至国务院层级来行使，这些应该在法律修订中明晰。只有得到《高等教育法》等法律的授权，教育部、地方政府、高校的权能才有法律依据，才可能有法可依与依法行政。最后，法律之间的配合不应被忽略，《学位条例》等法律的修订也应该提上议程。

(3) 修法过程公众参与，修法进程与资讯公开化。2009 年发布的纲领性文件《国家中长期教育改革和发展规划纲要（2010—2020 年）》有数千名专家与各方人士参与调研，2.3 万人次参与座谈和研讨，文本约进行 40 轮修改，为公众广泛参与法规政策制定起了一个好头。但法律法规和政策制定的公众参与机制要真正健全起来并不容易。台湾学者在反思台湾教育法制时，着重指出台湾教育“立法”过程存在参与人员不够多元化、资讯不够公开的问题。例如法案制定或修订之前，教育行政部门为避免外界质疑，徒生困扰，常常不愿公开法案内容，以致外界无法对法案提出适当意见；又如学术专业团体对立法的影响力不大，常常在法案颁布后才开研讨会深入研究与探讨，这时就算发现法案有疏漏，也已经错过草案拟定的时间窗口。[①] 可见即使是在法制较健全的台湾，社会民众表达意见、参与立法的状况也并不理想。然而民众表达机制健全再困难也不能轻言放弃，其中教育法学和行政法学者、教育专业人士和专业团体更应该承担起教育法律研究与法治文化提升任务，积极参与立法修法实务。同时，具体立法机关与行政部门要在《政府信息公开条例》和《立法法》授权的范围与职责规定下，通报修法进程与资讯，要对学生重大权益问题“问政于民”，对包括修业年限、入学招生考试、学生申诉制度等问题广泛征求意见，并通过听证会、辩论会的方式使不同观点、意见得到制度化、常态化交流的机会。

明晰立法宗旨，加强立法规范与吸纳公众参与的三项原则其实也可以是整部《高等教育法》修法的着力点。相信随着依法治国、依法行政理念的逐步深入人心，随着法治文化日益提升，教育法制的健全指日可待。

《中华人民共和国教师法》的改进空间：以教师权利条款为例 1993 年颁行的《中华人民共和国教师法》是一部关于教师权利和义务的规范法，但同时更是一部体现国家主义规范价值取向的法，或者说是一部试图在教师法权法益与国家教育权之间寻求平衡，却又最终倒向国家权力本位的法律。《中华人民共和国教师法》第一条阐明立法目的：第一，保障教师合法权益；第二，建设具有良好思想品德修养

① 颜国樑：《教育法规》，高雄：丽文文化事业股份有限公司 2010 年版，第 129—130 页。

和业务素质的教师队伍；第三，促进社会主义教育事业的发展。宏大而叠加的立法目标反映出二十世纪九十年代在法律制度供给极其稀缺的情形下，人们寄望于一部法律一揽子解决宏观微观问题的心态，以及立法精神与技术的不成熟。相比较来看，台湾地区“教师法”第一条所揭橥的立法目的，则更为集中、严谨，符合行政法立法技术规范要求。该法第一条规定，“为明定教师权利义务，保障教师工作与生活，以提升教师专业地位”，特别制订教师法。在这里教师权利保障、履行义务条件保障与国家政府责任，以及教师权利与义务都处于对等地位及密切关联中。该“教师法”的“立法”目标包括：第一，明确教师权利与义务；第二，“保障教师工作与生活，以提升教师专业地位”——这实质上针对国家、行政主管部门提出基于保障教师权利与义务履行所应担负的责任。它表明立法者对国家与政府保障教师权利的责任有清晰的意识，它的逻辑是——因为教师有这样的权利，所以法律规定国家、政府有这样的保障责任，包括相关法律制度供给的责任——对政府（教育行政主管部门）和学校权力加以限制和规范以保障教师权利与专业地位，或者说对相关利益主体各自权利（力）加以协调规范，这些才是教师法所应秉持的根本精神。大陆地区教师法在国家权力本位框架下，并未能对相关法律主体的权利与权力有明晰的界定和分化，特别是对行政机关的权力只有赋权而无约束，乃至于法律的国家本位主义演变为行政部门本位。教师法成为“以”法治教，而非“依”法治教的“管理法”。由政府所代理的国家是一个训诫者角色（如教师法赋权行政部门对教师进行思想政治及业务培训、监督学校的教师考核工作、表彰与奖励表现突出教师，以及对教师拥有处分权、停聘权而无具体限制），而教师作为受规训者，在其专业地位的权利保障未健全的情形下，却要承担促进教育事业和提高民族素养的无限责任，这显然不符合权责对等的原则，也与确立教师专业的法律地位大势悖逆，值得深思。

那么教师权利到底有哪些呢？在法律上又如何体现呢？台湾地区“教师法”明定教师权利包括：依有关法令及学校章则的自由结社权、权益申诉权、专业自主权、教育中立权及法律保留权，但不享有罢教权。法律规定的教师义务，除遵守法令履行聘约外，还负有维护校誉义务、履行教授义务、常态教学义务、辅导管教义务、研究进修义务、严守师道义务、参与教务义务、维护隐私义务、担任导师及法律保留义务。教师权利与教师义务基本处于对等。例如，教师拥有专业自主权利，所以就必须履行教授义务、常态教学义务、辅导管教义务，还负担探究进修义务；拥有对学生辅导权，则承担维护隐私义务，不得泄露学生个人及其家庭资料。总之，在通过资格检查（审定），受聘任后，教师权利义务及其保障受到严格规范。为保证教师权利实现，主管教育行政机关的权限与责任如下：(1) 初检、复检教师资格，教育部统一颁发教师合格证书；(2) 核准学校对教师的解聘、停聘或不续聘，依法办理迁调或介聘；(3) 根据实际需要，设立进修研究机构或单位。编制预算支应教师进修、研究之经费；(4) 接受各级教师组织的报备、立案；(5) 确定执行教师申诉评议委员会的评议决定；(6) 为做好上述工作，在教师法及其他相关法律授权下，订定具体办法（包括教师评审委员会设置办法等）。学校层面的权责如下：(1) 校长聘任由教师评审委员审查通过的教师，对学校评审委员会依法作成的教师解聘、停聘和不续聘之决议，由学校在决议作成十日内报请主管教育行政机关核准，并以书面附理由通知当事人，教师停聘期间，服务学校应保留底缺，如停聘原因消灭，学校教师评审委员会通过后，回复聘任关系；(2) 学校也可编制教师进修、研究经费预算；(3) 学校不得以不参与教师组织或不担任教师组织职务为聘任条件，不得因教师担任教师组织职务或参与活动，拒绝聘用或任用。

关于教师参加教师会的自由结社权。教师会分为三级——学校教师会、地方教师会和全国教师会。“教师法”明定各级教师会基本任务包括：(1) 维护教师专业尊严与专业自主权；(2) 与各级机关协议教师聘约及聘约准则；(3) 研究并协助解决各项教育问题；(4) 监督离职给付储金机构之管理、营运、给付等事宜；(5) 派出代表参与教师聘任、申述及其与教师有关之法定组织；(6) 制定教师自律公约。教师会兼具专业组织和集体谈判组织的角色。

没有救济，就没有权利。为给予教师权益彻底保障，在规范主管行政机关与学校权限、赋予教师结社权之外，台湾地区“教师法”于最后一章开列“申诉及诉讼”法条，规定教师对主管教育行政机关或学校有关其个人措施以为违法或不当，致权益受损的，可提出申诉。教师申诉评议委员会的成员应包含本地区教师组织代表以及教育学者，并且未兼行政教师不得少于总人数的三分之二。申诉程序分申诉、再申诉二级，如教师不愿申诉或不服申诉决定的，得提请诉讼，请求救济。台湾地区“教师法”对行政救济与司法救济制度的详尽设计，具有重要借鉴意义。

关于“教师地位”与教师权利的法理问题，我们先谈“教师地位”的法律定义及其与教师权利的关系。法学通说一般以为，“地位”虽然是法学研究中经常使用的术语，但从严格意义上说“地位”不是一个纯粹的立法概念。然而，就“教师地位”或“教师专业地位”概念而言，情况并非如此。以台湾地区“教师法”为例，“提升教师专业地位”是直接出现在法律文本中的法言法语，“教师专业地位”是具有立法意义的概念。教师专业地位，指的是教师作为专业人员的法定条件和权利。教师作为专业人员的法定条件包括具有法律意义的从政治、经济和社会职业声望维护等方面提供的条件。教师作为专业人员的权利（义务）包括专业自主权、专业成长权、教学之义务、引导学生之义务、分担学校工作之义务、专业服务社会之义务。无论教师身份是公务员，还是雇员，抑或是公务雇员，其权利义务都是以教师作为专业人员的权利义务为基础的。“教师权利”与“教师地位”都既是法学概念，又是立法概念。我们研究教师权利的法理，也就是研究教师地位的法理。

如果说教师基于专业所获得的权利，具有“特权”性质，那么它的合法性何在？一部对专业权利与法益念兹在兹的法律，国家与社会利益又如何实现？对教师权利的充分保护是否造成了原子化教师，教师是否因此不思进取，平庸守成？法律对普遍而基本的教师专业发展起什么作用？这些问题是教师权利的法理学问题。已有研究中并未见对教师权利的法理有专门集中的论述，但古典自然法哲学的一些观点还是有启发意义的。

黑格尔在《法哲学原理》一书中讨论同业公会所享有的权利及其合理性时，指出同业公会对其行业内从业人员的保护，以及公会的自治与自律，是公民参与国家事务的一种方式，是公民爱国心养成的源头。他认为，在现代国家条件下，公民参加国家普遍事务的机会是有限度的，但是人作为伦理性的实体，除了他私人目的之外，参加公共与普遍的事务却又是必然的诉求。这种“普遍物”不是现代国家所能常提供的，却是可以在同业公会中找到的。[①] 同业公会是社会成员凭借特殊技能而进入的组织。同业公会在公共权力监督下享有一定权利，包括以技能和正直等客观特质为根据接纳会员，照顾会员利益，给予会员教育培养，因此，同业公会也可以说是市民除自己家庭之外的第二家庭。黑格尔认为，同业公会享有“特权”，但这种“特权不是普遍法律的偶然例外”，而是“法律上的规定”，这种规定是“包含在社会的一个本质部门本身的特殊性的本性中的”。[②] 因特殊领域的合法性而产生的公会精神，本身潜在地具有转变为国家精神的可能。国家维护同业公会的合法性、威信和福利，市民因而知道国家是他们自己的实体，这“其实也就是市民爱国心的

① 高兆明：《黑格尔：〈法哲学原理〉导读》，北京：商务印书馆 2013 年版，第 251 页。
② 同上，第 249 页。

秘密所在”。黑格尔得出的最后结论是：国家在政治情绪方面深入人心和强有力的根源就在公会精神中，因为在这里“特殊物”是直接包含在“普遍物”之内的。[①]当然黑格尔也指出了国家监督的必要，指出了如果丧失一定的监督，同业公会也存在僵化、故步自封和衰退的危险。[②]教师专业地位与教师权利是基于教育部门和教师职业本身特殊性而产生的类似于同业公会的地位与权利。它包括了为每一个教师个体所设定的平等的专业发展权和专业自主权，也包括了教师会这样的教师组织权力及其合法性。教师会可以为每一个教师获得均等的、公正的专业发展而抗争。教师法所保障的权利并不是一般人权，而是教师作为专业人员的权利，教师工作的专业性和重大责任是其享有专业权利的前提条件。如果教师履行了法律义务同时，他被保障的权利毫无疑义地就是与国家和社会一致的利益。

平庸教师并非教师权利过度保护的结果，而是教师专业发展权利保护不够充分的结果。一位准教师通过教师资格审查正式成为一位教师后，他就应该得到教师的尊严，应该得到平等而公正的发展机会，这是普遍而基本的教师权利。很遗憾的是，现实中大量的事例说明教师尊严和平等发展机会因为强势的行政手段和政策而受威胁。行政主管部门也许原本出于好意，而设置了林林总总各种等级的荣誉称号以激励教师的奋进，但也不可避免地导致教师发展资源快速向一部分教师集中，有者越有。而“先发展起来”的教师却又基于狭隘的利益自保，不愿意看到其他教师发展起来摊薄收益。[③]以效率为导向的行政管制手段，并没有达成以先发展带动后发展的普遍发展的政策目标。它在制造“先进”和“异秀”的同时，是否导致了数量众多的教师因为制度的不合理和机会的不公正，而走向人为的“平庸”和职业倦怠？其次，行政主管部门的作为是否还抱持一个最终的教师普遍发展的目标，而不是为了凸显或巩固部门权势？很难说以上情况完全不可能。因此，所有可能影响到教师普遍发展利益的政策必须在修订完善后的教师法框架内进行合法化，避免行政的不作为或法外作为，控制好影响教师专业发展的这个重要变量，非常必要。

法与道德比较，它的长处恐怕是通过保证最低的标准线而对行动产生影响力。法律以减轻个体的道德负担为自己的优长。法律正是通过减轻行动者认知负担、吸

---

① 高兆明：《黑格尔：〈法哲学原理〉导读》，北京：商务印书馆2013年版，第309页。

② 同上，第251页。

③ 肖建彬：《教师发展政策：公平与效率的两难选择》，《第四届两岸教育政策论坛论文集》（广州，2014年3月31日）。

纳动机不确定性以及以建制化规则强化行动的方式，而解除行动者除普遍服从法律之外的一切道德期待的负担。[①] 教师法恐怕并不能够直接造就“异秀”，但它保证每一位教师的尊严和专业发展机会，所发挥的是“保障基本”的作用。至于“奖励奋进”与“扩大选择”则可以通过法律手段与师德教化、行政裁量的结合达成。反过来看，如果道德能与法律相结合，使得具体义务同建制挂钩，并扎根于动机之中，形成整合性伦理世界，社会整合的力量将存在于一种生活世界的精神气质之中。[②] 对于教师的激励，首先是基于专业工作的法律赋权和基本发展权利保障，其次是师德的教化，再次才是依法而行的行政管制与服务。教师法的立法精神与技术由此出发始得以圆融。如果考虑到不少部门法和专业性较强的行政法草案，往往由行政部门起草这一现实情况，中央教育行政主管部门在教师法起草和立法中的作用不可小觑。一部保障教师权利的法，同时也是一部规范和限制行政权力的法，这就要求教育行政机关自我规限，这在当时依法行政观念仍较淡薄的情况下不太可能一步到位。然而，《中华人民共和国教师法》所体现的国家权力本位与作为国家代理机构的行政权力本位，与现代教育观念、与依法治国理念是悖逆的，应通过《中华人民共和国教师法》的修订予以改进。

《中华人民共和国高等教育法》与《中华人民共和国教师法》的颁行是对教育治理“无法可依”状况的有力改变，是对教育法治迟滞发展的重大突破。但也正是因为前期缺少立法技术的积累和法精神的培育，加之法理学的贫乏，以及传统法文化的不利影响，它们从法向着良法的发展还有很长的路。

第三节　从“法制”到“法治”：以政策合法化为讨论重点

什么是“法治”？是不是有了法律制度就有法治？法治难行的原因到底是什么？贯穿前后两个三十年的法治求索艰难历程说明，有了法律制度不等于就有了法

① 具体地说，法律独特性的表现有三：(1) 议会的立宪程序、建制化的司法判决实践和法规是对规则和系统的精确说明，节省了认识所需的花费，减轻了认知上的负担；(2) 法律更多考虑以外在方式表现出来的关系，吸纳了动机的不确定性，因而也减轻了动机方面的负担；(3) 单个人的行为如果没有汇集到一个成建制的组织及规则中时，其义务的可责成性是要打折扣的，而法律可以建成一个“责任系统”。参见 [德] 哈贝马斯：《在事实与规范之间：关于法律与民主法治国的商谈理论》，童世骏译，三联书店 2003 年版，第 140—143 页。

② 参见 [德] 哈贝马斯：《在事实与规范之间：关于法律与民主法治国的商谈理论》，第 140—143 页。

治。因为“法治”的内在规定性是法律在社会中被赋予崇高的地位，包括法律制定者和执行者在内，所有人都必须遵守法律，特别是社会支配者与公权力握有者要得到法律的授权和规制，而要做到这一点，法律制度本身就要包含有对公权力者进行制约的设计，没有这种设计的法律制度只能是“管制法”和“管理法”。人们把只起管制个人作用的法制或凭借法律以管制个人的治理称为“刀”“制”，把所有人服膺于法律的治理称为“水”“治”。从“刀”“制”走向以法制建设为基础的“法治”的关键在于，是否可以通过制度的运作真正实现“法”比“权”大。政策合法化，正是这样一种把“权力”纳入到法律框架，从而使“权力”尤其是“行政权力”在法律的规范下运行的制度设计；狭义的政策是否处于法律之下并且服膺于法律，是一个社会是否真正实行法治的试金石。

政策合法化是指政策通过获得法律的权威形式完成合法化和正当性建构的过程，它包括政策法律化与政策正当性两部分内容。在一个成熟的法治社会，在获得法律授权或者转变为一定的法律形式之前，不可能有政策实际付诸实施的空间。同时，法律规范体系完备，立法程序与技术要求严谨，政策法律化和正当性获取有章可循。成熟的法治社会的法律无疑主导政策，政策合法化是法治社会的题中之意。但由于我国法治道路的独特性，加上曾经有过的“有新法依新法，没有新法依政策”临时性原则常态化，使得政策常常具有超越于法律的权威，也就严重削弱了法律的权威和民众对法律的信仰。

法律具有较强的稳定性和预期性特质，如果单纯从追求效率的角度看，它与政策比较起来，会显得对现实的需要反应更为迟缓，虽然从中长期看，这种迟缓的反应正是法律保持稳定性、发挥系统功能的条件之一。政策的优势恰恰是灵活性，这就形成了一边推行政策，一边立法的情形，[①] 甚至出现重大教育政策推行多年，却始终游离于法律法规体系之外的情形。高校扩招、大学生缴学费、“985”重点投入等重大政策，对高等教育的格局与发展产生了极深刻的正反面影响，却未见相关教育行政法规、规章、作业流程等规范体系作业。如果说一边推政策一边立法的“经验立法”是教育法制初创时期无可避免的情形，那么在高等教育法律制度已有大致框架的情况下，教育行政权力仍然把自己的活动置于法外，视政策合法化规范如浮云，弃如敝屣，那将严重影响从“法制”向“法治”的进程。

---

① 《中华人民共和国学位条例》颁行与学位教育政策实施就是一边推行政策，一边立法的例子。

政策合法化之所以是政策活动的重要组成，并成为政策正当性、合法性获得的必要保证，是因为立法过程有苛严规范的程序设计。研究者指出，在政策制定过程中，利益集团甚至会利用、雇佣“专家”游说，阻挠政策出台，或在政策中塞进利益诉求，从而“俘获政府”；不过即便如此，法律反映民意的程度较一般政策还是更为充分，俘获立法成本高，因此出现机率小。[①]另一方面，合法化过程为利益相关者提供更为充分的、公开的争辩与协商机制。只有在不断的社会争辩与协商过程中，各利益相关者才会重新审视、考量和修正各自的政策主张，使其更加准确和成熟。[②]政策合法化关系到政策方案是否获得公意支持，关涉正当性，关涉行政部门自由裁量权的规范，因此它既是一个极其关键的政策环节，又是一个充实法律制度与完备法律制度的环节。这一环节如果没有做好，就会导致政策仅仅是披上法律的外衣，政策却依然高于法律，法律成为政策附庸的局面，从而对法治观念普及、依法行政制度坚守造成极大冲击。教育政策合法化的程序、规范与价值比序等方面问题已经成为不容忽视和迫切需要讨论的议题。由于条件限制，本书且以台湾地区的“陆生政策”合法化为例子来说明何谓教育政策合法化。

台湾地区酝酿向大陆较大规模招收本科生多年，但只有在“陆生三法”修正通过，实现政策合法化后，招生工作才得以推行。所谓“陆生三法”是指与招收大陆学生相关的三部“法律”——“台湾地区与大陆地区人民关系条例”“大学法”和“专科学校法”。要推行向大陆招收本科生的政策与启动行政作业，必须对三部“法律”中的相关条款予以修订，并纳入已有的教育法律法规体系。三部“法律”之上有“宪法”与“教育基本法”，作为下位法，其修订不得与它们发生抵触；三部“法律”之下，台湾“教育部”被“法律”授权就修读学位名额、方式、资格等拟订法规命令、规章制度，并授权有关组织制定招生流程。依据颜国樑的教育法规层阶表[③]，整个与陆生招收有关的法律法规层级可以归纳如下：

---

① 邢会强：《政策增长与法律空洞化——以经济法为例的观察》，载《法制与社会发展》，2012(3)，第117—132页。

② 赵德余：《民主、公意与政策合法化的逻辑——来自法国〈首次雇佣合同法〉危机的启示》，载《学习与探索》，2011(1)，第153—155页。

③ 颜国樑：《教育法规》，第64页。

表 6.3　台湾地区招收大陆学生有关规定层级表

层级	法规类别	相关法规所在层级	制定部门
第一层	“宪法”及其增修条文	“宪法”	“立法院”
第二层	“教育基本法”	“教育基本法”	“立法院”
第三层	“教育法律”	“台湾地区与大陆地区人民关系条例”“大学法”“专科学校法”	“立法院”
第四层	“中央”教育法规命令	“大陆地区人民来台就读专科以上学校办法”“学历采认办法”	“教育部”
第五层	特定部门依据法律制定的规章制度	《大学校院招收大陆地区学生联合招生规定》《大学校院招收大陆地区学生联合招生委员会组织章程》、招生简章	联合招生委员会
第六层	实施流程	《2011 年大学校院学士班 / 硕士班、博士班招收大陆学生陆生作业流程》《2011 年大学校院学士班 / 硕士班、博士班招收大陆学生陆生录取后应办理事项流程》	联合招生委员会

（资料来源：根据颜国樑《教育法规》法规层阶表及联招会文件整理，http://rusen.stut.edu.tw/cpx/index.html）

教育政策，尤其是重大教育政策是否彻底合法化，一个重要的检验标准是围绕这个教育政策推行所制定的规范是否能融入已有教育法规体系。所谓教育法规体系，是指教育法规依据法学原理，按照一定原则，组成一个门类齐全、结构严谨、内容和谐、体例科学、协调发展的整体。结构严谨的要求，具体来说就是单行法划分合理、法效力等级明晰、实体法与程序法相互配套；内容和谐的具体要求是法规、案例之间避免彼此矛盾或重复；体例科学与协调发展，是指法规基本概念和逻辑准确，符合立法技术规范，教育法规与教育政策、教育改革协调一致。教育法规体系由不同等级、不同效力的法律、法规和命令、规章等构成。“陆生政策”通过“陆生三法修正案”及相关规范得到彻底合法化，成为法效力等级分明、符合立法技术规范、融入已有法规体系的法律制度。虽然“陆生三法修正案”，强化了“三限六不”等政策主张，致使陆生权利保障还不如外籍生，不小的招生缺口说明台湾地区在某种程度上高估了台湾高等教育对于大陆学生的吸引力，政策还有待完善，但立法程序使其获得了形式正义与程序正义的合法性，稳健修正机制的存在也提升了它逐渐改进的可能。

最广义的立法过程，不仅指一部法律从做出立法决策到法案通过的全过程，还包括一系列相关法律和配套法规决策与产生的过程。同样，最广义的政策合法化，不仅仅指政策提案在经过立法程序后变成了法律或法律修正案，而且还包括配套法规、配套行政命令也在法律授权行政部门制定情况下完成，并与法律共同形成一套规范体系。只有完成了法律法规体系构建意义上的合法化政策才是彻底的政策合法化。

在改革开放和法治社会的背景下，政策与法律，孰轻孰重？政策是否真的比法律好用？政策是否一定要法律化？这些问题的背后是价值观问题。我们社会重政策，轻法律，以政策代替法律的价值观形成，与革命战争的传统沿袭和计划经济时代的强化有直接的关系。法律以过去的规范为未来行为设定标准，旨在达成某种正义的社会秩序，因而立法者在判定法律时必须注重法律的普遍、明确、稳定的特性，以及实施的可能性。而政策强调的是灵活、有效地达成某一个或某一种具体的目标，决策者可以审时度势，随时修改政策以适应不断变化的现实需要，甚至为此有可能只提出奋斗目标而无具体执行措施。在长期的治理中，政府把政策所具有的决策果断性、灵活性和执行效应快的优点发挥得淋漓尽致。反映在理论上就成了“政策是国家一切活动的依据”，“政策是法律的灵魂和指导，法律是实现政策的手段”等等，本末倒置的说辞反而盛行。推崇政策，树立政策的最高权威，散布政策高于法律、决定法律，政策是法律的灵魂，法律是实现政策的工具，法律是政策附庸的做法，显然有悖于依法治国方略。在法治社会只有一个最高权威，那就是宪法和法律。国家的一切活动要在宪法和法律的框架之中，政策合法化就是使政党和政府的公共政策活动在宪法和法律框架下进行的一种机制。如果政党政策可以超越这一框架，那么政府由行政部门主导的政策也可以超越这一框架，自行法外治权，使已颁布的法律也成为一纸空文，最终结果是走回老路。

政策法律化的提法也可能使人产生一种误解，以为政策无论巨细大小都必须变成法律，这当然不可能也无必要。但所有政策活动必须有法律授权与法源支持，并在法律制度体系与框架下进行。这就是政策合法化的真义。由于历史与现实原因，教育行政部门在教育立法方面掌握着话语权和主动权。教育政策合法化规范，要求教育行政部门既有所作为，同时又要合法作为，既行使权力，又规限权力，无异于要教育行政部门自缚手脚。这在法律信仰依然缺乏、在法律制度依然有待健全的社会是比较不易的。但如果不通过各项政策合法化的成果去健全法律法规体系，相反地却通过毫无规限的行政权力去推行政策抑制法律的话，那就会打击人们对法律和法治的信心，使法律失去应有权威，使人们认为“黑头不如红头，红头不如口头”。因此教育行政部门第一应该推动立法机关从纵向与横向两个方面构建和完善教育法规体系，该补缺的教育法律要补缺，该修订的教育法律要修订；第二则应该通过政策合法化使政策活动自觉纳入宪法法律框架之中，从而让宪法和法律充实起来，真正树立法律权威，使依法治教成为现实。

第三部分　用社会系统论重新理解高等教育

共和国建政前三十年，社会功能系统在与意识形态的交互激荡中，时而分化占上风，时而“去分化”占上风。社会系统功能分化占上风，高等教育系统相对独立运行并承担自己的主要职能；功能“去分化”占上风，强人意志、路线斗争、意识形态宣导直接掌控高等教育，这时的高等教育很难“按照教育和科学研究的规律去开展活动”，承担自己的职能。法权观念与国家政制哲学的逐渐成熟使得自20世纪80年代社会系统功能分化得以渐进推展，虽然面临不少技术与实务难题，但没有大的反复，总的方向是向深化系统分化方向前进。以高等教育为例，高等教育系统的独立性、自治性大大增强，在社会分工中承担的主要职能更为明确、更为专门，政治系统、法律系统与经济系统等功能子系统对高等教育系统的涉入必须以高等教育子系统的“共振”为前提条件。教育行政管理部门，在依法行政的要求下，谋求以合法方式介入高等教育运作过程，并更为尊重高等教育的内在规则。但近年来，高等教育法治在完成基本法律制度颁行工作后，开始出现停滞不前甚至倒退的情况，大学深受所谓的“行政化”问题困扰，学术自由权利与大学自治权利被认为没有得到有效保障，高等教育发展的内生动力严重不足。在每一次重大转折前后或者重大迟滞发生之际，都会激起人们对高等教育与政治、经济等社会其他子系统关系的讨论，并由此进一步引发何为高等教育“规律”与“本质属性”的论辩。但我们要避免久讼不决，尤其要防止理论语义比现实慢半拍的情形出现。罔顾现代社会功能分化现实的基本前提，罔顾“去中心化”的大势，迷恋于寻找中心、固守主客体对立的物理学范式，这样的理论恐于问题解决无益。

2013年发生的对20世纪80年代以来提出并逐渐成熟的高等教育“内外部关系（规律）”理论的反思，就是发生在高等教育改革已经到了不进则退的关键时刻。

高等教育“内外部关系（规律）”理论的主要内容是：教育外部关系基本规律，指的是教育作为社会的一个子系统与整个社会系统及其他子系统——主要是经济、政治、文化系统之间的相互关系的规律；内部关系基本规律，指的是教育作为一个系统，它的内部各个因素或子系统之间的相互关系的规律。“内外部关系（规律）”理论具有很强的现实针对性和关联性。批评者除了认为高等教育系统与政治、经济等子系统关系不应该是一种适应关系之外，最为重要的是该理论对共和国历史上，特别是改革开放前三十年“政治”对高等教育的负面影响的反思不足，对于高等教育活动的自足性（批评者强调的是“认知理性”）认识不够深入，给予的地位不够突出。对于这场论辩诸多细节的评论，需要另文再述。在此要指出的是，诚如论辩双方都已经意识到的那样，在我国，高等教育与政治、法律、经济、文化、道德的关系，不仅仅是一个理论问题，而且是一个非常重要的实践问题。当我们对问题把握较为准确的时候，高等教育发展就较为平稳；当认识出现重大偏差的时候，其后果也可能就是整个高等教育系统的彻底崩溃。社会急剧变化的当下，高等教育与社会各部门之间的关联更为密切之际，高等教育作为一个社会子系统的开放性与闭合性、回应社会所需的能力与自创生性之间的矛盾与冲突更加凸显。为解决并缓和矛盾，迫切需要我们对相关理论层面问题予以探讨，对高等教育系统在今天环境下所表现出的闭合性与开放性的新样态做出及时的回应。我们必须在直面历史、观照现实的前提下回答作为功能分化子系统的高等教育何以可能？探讨高等教育系统与其他社会功能子系统交往方式与条件。

本部分第七章讨论决定高等教育系统成为一个认知上开放、运作上闭合自创生系统的“代码”与“程式”，探讨系统论视角下的高等教育改革回应社会需求的实质；第八章与第九章分别考察了两岸两种推动改革的模式——行政涉入模式与司法涉入模式。

第七章　高等教育系统如何可能?

在法律领域，法律实证主义与社会法学学派曾激烈地论争，法律是否是一个封闭而自足的规范体系。法律实证主义认为答案是肯定的。他们认为，只有法律具有独立于政治和道德的自主性，才能保证法律决定的稳定性和可预期性，为个人提供行动的指引，维持社会生活的有序性。而社会法学学派却认为法律乃是“行动中的法律”，不是写在纸面上的规则，它受到政治、道德以及个人价值观等诸多因素的影响，因此是开放的。时至今日，将法律看作绝对封闭者已非主流，但人们对法律无论在实然还是应然层面上的自主性和独立性特征的认知都难说是没有争议的。在高等教育领域，其哲学取向上知识论与政治论并存的状况，就已经说明高等教育的闭合性和自足性从未获得过有力论证。从康德的《学科之争》对高等学科和低等学科的区分，以及把所谓的高等学科（神学、法学、医学等）的功能特定化（即，培养国家和政府的“业务员”）来看，高等教育系统就已经对整个现代国家构建、对社会功能分化产生重要作用，一般认为，这就是高等教育与社会互动、向社会开放、并受社会影响的明证。但是自创生社会系统论对此的解释却有别于一般观点。从自创生社会系统论视角看，高等教育系统有着自己独特的与环境沟通的符码和程式，有着规范的自生产能力，这种情形严格地说，就是运作上的闭合与认知上的开放并存，认知上的开放是为运作上的闭合服务的。换言之，高等教育系统既闭合又开放是可能的，但闭合是主要的，开放是为高等教育系统的闭合、自治和独立服务的。本节讨论通用于所有社会功能子系统系统闭合（也就是建构运算得以实现）的一般规律，然后再寻找高等教育系统独特的表现，包括独特的“二进制代码”与“程式”，最后讨论高等教育改革的系统交往意义。

第一节　各子系统闭合的一般规律

功能，是社会子系统把自己从环境中分化出来的重要依据。针对社会某一方面的问题，社会总系统分化出特定的功能系统来解决这些难题。例如现代科技知识对于现代（社会总系统）而言具有重要而特定的功能，知识的生产、转化与再生产所造成的问题需要知识系统加以解决。同样，现代新人的养成问题和责任，则需要教育系统加以承担。鉴于专业知识生产与专业人才培养之间的密切关联，需要一种统合性功能，这种功能就是高等教育功能，支持高等教育功能实现的系统就是高等教育系统，它既不是一般而论的知识系统，也不是一般而论的教育系统，它有着自己独特的建构运算方式，从而最终保证了系统的独立。我们先从社会功能系统闭合的一般规律说起，以求进一步理解每一个社会功能子系统如何通过特定的运算实现自己的闭合，从而从环境中分化出来。

观察与系统闭合 导论第四节部分，已经讨论了卢曼对第二代系统论范式的突破。卢曼与第二代系统论一样关注“系统 / 环境—差异”的解释问题，不过他更为关注的是“系统 / 环境—差异”如何在系统内部被复制。为了解释这个问题，他接纳斯宾塞·布朗（G.Spencer-Brown）的“形式理论”（law of form），并把系统对“系统 / 环境—差异”的认知叫作“观察”。这个观察，就是凭借一个“区分”所进行的“标示”。为了更好地理解何为“区分”与“标示”二合一的观察，汤志杰有一个比喻。简要地说，就是在自由射击的时候瞄准与射击是同时完成的，观察也是在“区分”的同时完成了“标示”。黄钲堤指出，从现代控制论的角度看，这就是一个通过避免拿不到东西来拿到东西的行为，其中包含了数个回合的连续排除误差的反馈调节，正如蝙蝠利用超声波来定位和导航，或人们在洗澡的时候凭借多个回合的反馈调节冷热开关得到合适洗澡的水温一样。 导论第四节提到的一张白纸上划出几笔造成“不对称”，这几笔就是“标示物”，有了“标示物”，就产生了“内 / 外”“上 / 下”等的区分，这个例子也能说明什么是观察，以及观察如何同时完成“标示”与“区分”。

因为“标示”与“区分”是在同一时间完成，因此“区分”的标准往往是具有两面值（消极值与积极值）的一元标准，两面值可以用“二进制代码”（0 和 1）来标示。如果积极值用 1 代表，没有积极值就用 0 代表，0 就是消极值。例如“权力 / 无权力”这个一元标准的积极值是“权力”（可以用 1 代表），它的消极值是“无权力”（可以用 0 代表）。“合法”“真实”“权力”等积极值，对应的消极值分别是“非法”“虚假”“无权力”等。“合法”和“非法”是一个“形式”的两面，这意味着“合法”和“非法”既是相互排斥的，又是关联的，形成了一个吊诡。吊诡的展开使得观察得以进行。二进制所标示的一元，实际上也就是某种视角，这个视角下所见是否为真，必然以盲点存在为前提条件，否则就无法观察。

每一个社会子系统都会有一个独特的二进制代码（Binary Code），例如法律系统的二进制代码是“合法 / 不合法（非法）”，政治系统的二进制代码是“权力 / 无权力”，知识系统的二进制代码是“真实 / 虚假”等等。这些二进制代码与各功能系统严格对应，政治系统使用“权力 / 无权力”的二进制代码，或者也使用“统治 / 被统治”“统治 / 反对”的二进制代码，甚至使用“进步 / 保守”等二进制代码，但是政治系统不可能以“合法 / 不合法”这样典型的法律系统代码为代码。用二进制代码来标示区分，它的实质就是系统在“同一 / 差异”框架下区分出差异的运算。二进制代码和一元标准具有绝对性，要么有，要么没有，也就是说，我们不能同时进入一个“形式”的两面，我们不能同时判定一个行为既是合法的又是非法的。但如果耗费一定时间、满足一定条件情况下，可以从“形式”的这一面过渡到另一面，例如在立法上经过法律的修改或者在司法上经由再审重新判定，“非法”就有成为“合法”的可能性。

这就已经涉及对二进制代码和一元运算的修正问题。在卢曼看来，观察就是由系统内部以递归（recursion，另一译为“回溯”）方式所进行的数个回合的在“同一 / 差异”框架下区分出差异的运算。它包括了数回合的“吊诡展开”“去吊诡化”以及“进入”“再进入”的运算。例如导论部分第四节里提到的判断日月潭是大还是小的思维过程，就是一个封闭的数个回合递归运算模式。

太极生两仪、生四象、生八卦是一个典型的递归运算。太极的两仪分别为阳和阴，以后通过层层转化和递进的方式，就可以说明世界万物阴阳交错的各种形态，表现出了递归用有限的概念和语词来定义对象无限集合的能力。八卦中的“乾”代表阳的极致，所有阳刚的、明艳的、热烈的、光明的等等都可以归为“乾”或是“离”。“离”的阳刚程度比“乾”的阳刚程度稍低，其他卦则阴的程度逐渐加重，直至“坤”成为阴的极致。太极是对一元标准两面值进行递归运算的高度抽象。这些两面值中的积极值被称之为“阳”，消极值被称为“阴”。

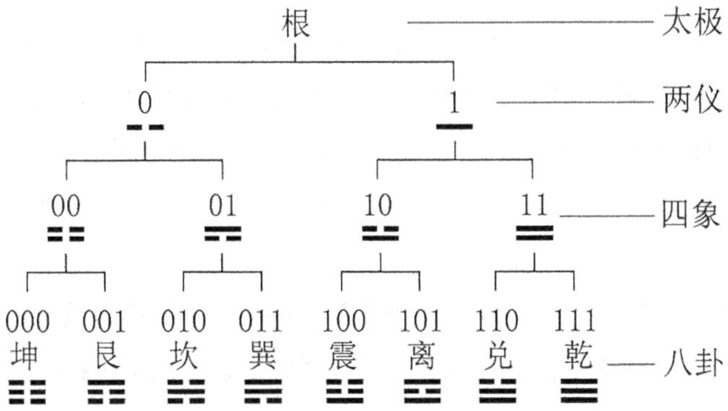

图 7.1　八卦生成和二叉树图

二进制代码是一个系统对环境进行观察和区别的标准，它也决定着这个系统与外界交往时的区分性——它直接区分出什么是积极性值，什么是消极性值。如果出现与积极性值和消极性值都不相干的第三值（如“合道德”就是“合法”和“非法”的第三值），那么，系统就是把它排除到其环境中去。一般来说，所有观察都有自身的盲点，但这个盲点恰恰就是观察本身，包括观察所使用的二元区分方式。而二进制代码往往是一种非此即彼的极端化形式，如果以二进制代码为系统运作的单一机制的话，系统一定无法适应复杂多变的社会情势，这时就需要另外一种机制作为对二进制代码的补充，以作为功能系统与其环境之间的平衡和缓冲，这种机制被系统理论称为“程式”（Programm）。程式的作用有二。一是对二进制代码存在的前提条件予以说明，也就是使其合法、合理；二是把被二进制代码值所排除出去的无关值通过程式重新纳入系统的视野，作为某种特定条件对二进制代码所行使的区分进行补充。

二进制代码和程式对一元标准的修正是功能系统闭合运作得以实现的基础。一方面，二进制代码保证了功能系统对某种功能的行使能力的专门性，使功能系统保持了自己；另一方面，二进制代码借助于程式的补充，使得功能系统在与环境的互动中获得一定的灵活空间。也就是说，严格的“二进制代码”使功能系统得以分化形成并延续下去，而灵活的“条件程式”则使功能系统能够适应环境，从而解决了功能系统“变”与“不变”的难题。①

① 王琦：《系统、社会和法律——卢曼法律系统理论研究》，吉林大学硕士学位论文，2011 年，第 52 页。

一般教育系统的二进制代码可以是“受教育 / 没有受教育”，一般知识系统的二进制代码可以是“真理 / 谬误”，但是高等教育系统既不同于一般教育系统，又不同于一般知识系统，它的二进制代码是否存在，以及是什么，高等教育系统对代码进行修正的程式又是什么，决定着对该系统特性（或者说对它是不是一个系统）的认识。这个问题，正是我们在下一章要解决的问题。在本章，还需要先讨论什么是“交往”。

交往运作与自创生 正如导论已经述及的那样，系统论把系统运作中涉及的信息，以及信息传递和理解接纳看作是一种选择的过程。这个选择的过程，系统论即称之为“交往”。交往只有在信息不仅被传递而且被理解接纳，也就是被选择后才会发生。潜水艇在海底环境中，对温度的感知、定义与处理，就是一次选择和交往。当然，从社会总系统中分化出来的某个功能子系统的运算要闭合（也就是在开放中保持运算上的独立性而非完全与环境之间的信息能量隔绝式的封闭运行），还需要在交往基础上完成自指涉与自创生。

什么是自指涉呢？在卢曼看来，任何一个交往同时都是对之前交往是否被理解的一种验证，或者说，任何一个交往潜在地都是对理解的测验和控制，人们据此可以对交往进行这样或那样的安排。交往与前后交往（在这里就是区分、观察与前后区分、观察）处于关联状态，交往不需要直接与环境发生作用，而是依据与前后交往的关系来决定交往方式，这就保证了交往具有了一种基本的自治性和封闭性，也就最终保证了由交往构成的社会系统具备了独立性和闭合性。交往的这种现象被卢曼称为“自指涉”——系统内部以递归（recursion）方式所进行的数个回合的在“同一 / 差异”框架下区分出差异的运算。更进一步地看，自指涉就是把系统运作中的某些东西标示为自身，把另一些东西标为它者（例如来自环境的要求及影响因素）。把一些东西标示为它者，则称为“异指涉”。例如，太极系统的二进制代码是“阴 / 阳”，根据“阴 / 阳”区分出两仪——阴（0）和阳（1），两仪系统的下一级是四象，这四象分别是：老阳（11）、少阳（10）、老阴（00）、少阴（01）。在阳的系统里，阴是“异”，但阴不会被排除出系统，而是被留下，这就是异指涉。异指涉不会把标示的东西拒绝于系统之外，而是留在系统内，以反映和代表环境。这样，实际上是为环境的影响进入系统提供了一个路径，但同时，这个路径是要经过异指涉和自指涉的转化，最后才进入理解和交往。如此这般，系统实现了“规范上（也是运算上）的闭合”和“认知上的开放”。

四象、五行与八卦就是太极系统内部进行自指涉、异指涉最终形成交往网络和递归运算的几种样态，最终实现了自创生。具体如下图所示：

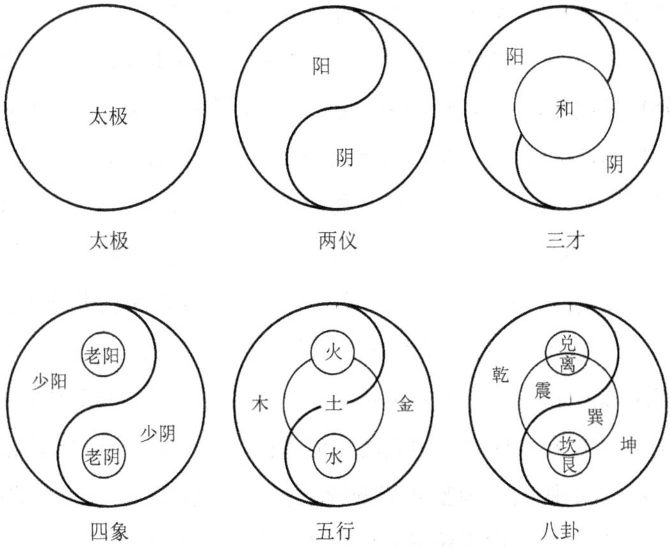

图 7.2　太极系统自创生图

自创生，原来是生物学的概念。生物学把细胞再生依凭自身的原料和动力之类现象称为自创生，这颇易于理解。但社会系统和社会功能分化系统的自创生意味着什么呢？这种自创生与前述自指涉基本类似，指的是系统的一个运作都必须依靠本系统的其他运作才能实现。自指涉与自创生都要有一定的递归和回溯，回溯带来更多的回溯，形成回溯性网络。也就是说，系统自创生就意味着这样一种状态：要想延续或者再生产就必须不停地运作和回溯，生产是因为已有产品，要想有产品，必须生产。自创生是系统特有功能运作结果，也是该特有功能继续维持和运作的基本条件。简而言之，系统的自创生是各系统独立自律运作的根本表现。①

一般的观点认为社会由人构成，或者是人的集合（如团体组织）或人的意识、行为构成的。从系统理论的角度，卢曼却认为人是社会的环境，社会是人的环境，社会是由交往所构成的。也就是说交往才是社会的基本要素。当然交往一定与人有关，但如果交往是某个社会功能分化系统的具体运作方式的话，它与人层级相距遥

① 高宣扬：《鲁曼社会系统理论与现代性》，第 5 页。

远。首先交往属于某个功能系统，功能系统属于社会总系统，社会总系统与心理系统、生命体系统并列，而后两个系统才是与人相关的系统，因此人从系统论的角度看，是交往的环境。心理系统的动作（如意识等）如果要进入社会系统，则必须通过交往才能被社会系统所关注。如果不通过交往，它们对于社会而言等同于不存在。

二阶观察：一种特别的认识论 对于一个社会系统来说，它必须依靠不断观察（即不断区分）来运作。二进制代码和程式都是观察的具体角度和路径。但观察一定是有盲点的。但这个盲点却是使得观察成为可能的要件。以“合法 / 非法”所进行的观察，如果问“合法 / 非法”这一代码本身是否合法，观察就无法继续下去，法律系统也不可能成立。以“真实 / 虚假”为代码所进行的观察，如果我们要探究“真实 / 虚假”这一代码本身是否真实，同样，观察就无法继续下去，知识系统也不可能成立。“合法 / 非法”“真实 / 虚假”等代码本身是有实盲点的，但是它们使得观察成为可能。这就好像人们用眼睛观察事物时，如果要求观察者同时看到自己的眼睛（这显然是在一次观察中无法完成的任务），那将导致观察无法继续下去，我们只有忽略自己的眼睛，观察才能继续下去。因此暂时隐藏观察的吊诡和悖论，可以使系统先运作起来，但系统的持续运作，却需要对观察的观察，即二阶观察。通过二阶观察，系统可以达到一种更为自觉的状态。二阶观察会使系统在一阶观察时已设定了的但未能足够自觉到的差异清晰化、凝结化，成为系统的自指涉关联点和运作的导向标。冯·福斯特“二阶控制论”（second-order cybernetics）启发下的关于认识生成的“二阶观察论”是一种建构主义认识论，它有助于去除遮蔽，从而逼近系统的自我指涉性和反身性。

卢曼为了说明观察和二阶观察的重要意义，曾经对欧洲与中国传统社会的法律运作加以比较。他指出，中国传统社会虽然也把法律视为解决冲突和纷争的技术手段，但是运用“合法 / 非法”这样的二进制代码解决纠纷，相对于中国传统社会通过妥协来实现和谐的偏好而言，似乎太危险。普通人把不得不与法律接触看作触霉运。在法律功能并未健全时，频繁地使用“合法 / 非法”符码，对社会稳定其实是种威胁。但在同期的欧洲传统社会，不仅建立起一个以“合法 / 非法”为代码的观察系统，而且“一个二阶观察水平被建立起来，以处理法律中各种冲突性规范，在这个水平上，不是把不同的规范交给调解，而是交给一个进一步的区分”。[①] 最终，

① Niklas Luhmann, *Law as a social system*, translated by Klaus A.Ziegert, edited by Fatima kastner. Osford, New York:Oxford University Press,2004,P.175

法律系统建立起来了，“合法 / 非法”判定功能有了专门功能系统去承担。

观察依据的是带有盲点和吊诡的“二进制代码”，因此必须对观察本身进行观察，以去除吊诡，逐渐地逼近系统。以功能系统中的大众媒体系统为例，大众传媒系统观察全社会是一阶观察；卢曼观察大众传媒系统如何观察全社会，是二阶观察；卢曼的读者研读卢曼如何观察大众传媒系统，则是三阶观察（但实质上是一种对观察的观察，因此也可以说是二阶观察）。① 一阶观察，是一种把对象作为实然状态或物质的观察，采用一阶观察作为研究立场的研究者，常常在本质概念的引导下，追问观察对象的本质为何，追问其构成基本要素为何，因此也就常常陷入谁的知识是真理的论争；卢曼主张采用二阶观察为立场进行社会系统的研究，在问题概念（与本质概念相对，指权变地选定问题及其解决方案）的引导下，拆解“吊诡展开”与“去吊诡”过程，这反倒可以使不同研究者因为了解对方历史文化制约下的运算差异而能相互欣赏。②

总的看，社会功能分化系统理论中的“功能”仅仅指向社会总系统的架构与延续所要解决的问题范围内，其子系统所能够承担、能够解决的部分。这就意味着这种含义中的功能总是和社会总系统的基础相联结，它是依靠从总系统中分化出来的功能系统的持续动作和自创生来实现的。因此，一个功能系统是否能够从作为社会总系统的环境中分离出来，形成闭合，对于功能的实现和问题的解决具有决定性的作用。一个功能系统（例如政治系统、经济系统、知识系统、高等教育系统和法律系统等等）需要闭合的含义，就是指功能系统在面向社会总系统的问题开放的同时，具备解决某部分问题的独特优势和专门性，它知晓社会的需求，但这些要求必须经由特定机制为系统所接受并成为系统内在的部分，以保证系统本身不为总系统和环境所同化或消灭。从这一点上，我们也再次触摸到了自创生系统论的核心，那就是注重差异、强调区分，它也是现代社会运作的一个基本机制。

第二节　高深学问学科化与高等教育系统

高深学问分科并且借由分科实现专业人的培养和输送，是高等教育系统从社会

---

① Christian Borch. *Niklas Luhmann*, New York:Routledge, 2011,P.49

② 黄钲堤：《卢曼行政官僚系统理论之初探》，载《行政暨政策学报》，第 59 期（2014 年 12 月发行）。

总系统中分化出来的重要动因。因此，我们首先触及的问题是，传统知识与现代知识的本质差别，特别是通过在人的规训中反映出的不同理念所体现的差别。

传统知识是一种人文经典为主体的知识。汉语最早出现“人文”的文献是《易经·贲》，内有“观乎天文以察时变，观乎人文以化成天下”之说。“人文”可“化成天下”，其功能是传承教化，也就是对人的规范和训诫的载体。基于这种功能演化出具体的制度安排——“人”是关于理想的“人”和“人性”的观念，“文”是为培养这种理想的人所设置的课程和科目。[①]但人文经典的传统性在于它有分科的形式，却无分科的实质，也就是说它在本质上是一种整体性知识，它是培养“完人”和“通人”的德性教育的载体。人文经典的教育是一种德性的教育和人格的教育，而不是专才和专门家的教育。所以，钱穆说，“孔子四科（德行、言语、政事、文学），实以德行为主，虽若分，而实通，未有违于德行而能完成以下三科者”。[②]对人文经典的推崇，对专门知识和专才的贬抑，中西并无二致。亚里士多德就曾告诫说一个人如果学吹笛子，不要学得太好，因为花费太多时间在具体知识的细枝末节上，就会影响德性和智慧的形成。一直到中世纪乃至十六七世纪，整体性知识和人文经典都是“主流知识”，专门知识要么被认为过于功利不够高尚，要么被认为过于琐碎、为日常表象所牵制而理智成分不足，因此各种专门知识无非是一些“学徒知识”，难登大雅之堂，更不用说成为高深学问的一部分。高深学问的英文表述是 higher learning, 即为一种较高级别的知识。显然，在传统社会，专门知识和人文经典知识处于不同的等级水平，专门知识的地位显然低于人文经典，而这与其时关于人的观念——通才高于专才又是耦合一致的。

但十六七世纪后，西欧社会开启现代转型之旅，以整体性为圭臬的知识生产格局逐渐瓦解，分门别类式的知识生产专业模式开始形成，专门知识的地位开始提升。“自由七艺”在这个过程中逐渐退居知识分科体系中的一隅，蜕变为人文学科。人文经典的学科化象征着人类知识生产新模式的诞生。各种学科性知识，不仅高度专门化，而且挣脱学徒知识和低等知识的标签，昂首阔步地进入高深学府的殿堂，成为各科高深学问，并与专才和精英的培养、规训结合起来。

汉语的“学科”翻译自西文的 discipline(拉丁文为 disciplina, 德文为 disziplin, 法文和英文为 discipline)。discipline 是一个含义极其丰富的词汇，具体包括：(1)

---

① 吴国盛：《科学与人文》，载《中国社会科学》，2001 年第 4 期。

② 钱穆：《现代中国学术论衡》，北京：生活·读书·新知三联书店 2001 年版，第 112—173 页。

训导、磨炼；(2) 纪律、风行、行为准则；(3) 规章制度；(4) 惩罚；(5) 学科、科目；(6) 宗教的教规与苦行修炼。此外，它的名词形式还包括了学徒、学者的意思。米歇尔·福柯等人对现代和现代性的反思，使得人们对 discipline 含义做了更为深刻的批判性阐发。他们指出，discipline 这一概念具有双重性格——一方面指知识和学问的分类（或可指具体的一门门知识），另一方面又是借助于专门知识的生产和传递中种种具体、琐碎和微观的权力技术来塑造人的过程。一般的政治理论看到的权力，要么是法律意义上的法权，要么是政治意义上的专属于国家机器的带有物质暴力的权力，但福柯看到的是渗透进生活的每个角落，附着于知识之上的，栖身于课堂（学校）、病床（医院）、营房（军队）、监号（监狱）里的各种权力技术和技巧。在福柯看来，资本主义生产机构所需要的种种能力正是通过这些技术植入受训者的身体。[①] 在学科规训层级森严的运作（入门标准、学业评判、学历认可、从业资格认定）下，学科作为一种制度的存在实际上是社会控制与管理（regulate）制度的一部分。[②] 福柯等人对知识与权力关系的剖析，揭示了一种从民族、国家、体制等宏观视角所不能觉察到的微观政治——通过知识的生产和知识的传递去影响他人、巩固权力或获取利益的运作过程，这种微观政治活动对人类生活的影响力不仅丝毫不逊色于任何宏观权力，而且它还是宏观政制活动的基础与重要技术。所以，基于学科知识及其在高等学府的运作，其实出现了一种学科规训制度（disciplinarity），这是一种知识与专业人同步、交织地生产与再生产的制度。福柯等人对现代学术体制的反思，及其“知识与权力”命题并非危言耸听。回想一下马克斯·韦伯对科层官僚及专业人的担忧，结合福柯的观点，我们就不难对韦伯的焦虑多一分理解，对福柯多一分敬重。

大学高墙里传播并生产的知识对整个社会的掌控力，通过科层官僚的经营及其专业知识的影响，被几何级地放大。同时，社会各功能子系统的知识，日益通过学科建制进入大学，获取作为高级知识的社会地位。高等教育作为一个功能子系统的要求，已经呼之欲出了。然而高等教育作为一个功能系统如何可能？它使自己区分于环境的二进制代码又是什么呢？它是如何实现自指涉与异指涉，从而保证自己既独立于环境又回应环境？

---

① [法] 米歇尔·福柯：《规训与惩罚》，刘北成、杨远婴译，北京：生活·读书·新知三联书店 1999 年版，第 375 页。

② 参见 [美] 华勒斯坦等：《学科·知识·权力》，刘健芝译，北京：生活·读书·新知三联书店 1999 年版。

《社会的教育》(*Die Erziehung der Gesellschaft*)与《社会的经济》《社会的宗教》都是卢曼对各功能子系统进行探讨的力作。从卢曼的研究看，教育系统和知识系统是与法律系统、经济系统和宗教系统并列的社会功能子系统。高等教育系统无疑可以被看作是教育系统下的子系统，但是高等教育基于学科制度对知识系统的统摄，使得它又超越于一般教育系统。由于条件限制，论者没有拜读到卢曼对教育系统加以论述的文字，因此对他是否论及高等教育，如何看待高等教育的系统性，不得而知。论者认为，高等教育系统是知识系统与成人（人的培养）系统的交叠、耦合基础上形成的功能子系统。其功能就是知识的学科化生产与再生产、专门家的养成。由于具备这样的功能，使其可以与社会其他功能子系统（如经济系统、法律系统、政治系统、宗教系统等）直接对等地进行互动，甚至因其对各系统知识的学科化运作，这一系统还发挥着对其他功能子系统的某种基础支撑作用。

要讨论高等教育系统如何可能，还必须在学科何以成为制度以及学科制度上多做逗留。知识由整体性转向专门性，转为分门别类式地生产，并建立起新的知识、等级体系，这一逆转与工业文明的兴起同步。知识分门别类、人的养成以专业家为标的，这一特征与其时物质生产部门的专业化和劳动无限分化特征相适应。因此学科很明显并不是一个单纯的知识论、认识论概念。一个新学科的合法性，从知识论的维度看，是它有自己独特的研究对象，以及一整套独特的研究方法和问题域；但是从社会学的维度看，它是两部分人——学术圈内与学术圈外的人——的集合。这些人之所以集结于学科，是因为他们共同拥有社会分工中的某类知识。Metzger就说，所谓学科不过是学术圈内外的追随者们（practitioners）所组成的共同体，这个共同体从中获得职业身份（vocational identity），并通过它的名望和功效来保证职业利益（career advantage）。[①]学科是一种制度。其制度性要素包括：(1)一门知识是否具有学科地位，关系到入门者社会地位与职业利益，知识的分类与社会分工、知识等级与社会阶层之间出现了较为稳定的关联；(2)学科精英（新手与专家、后学与前辈）之间通过知识的生产、传递形成了一种代际关联；(3)围绕一门学科知识的生产、传递等工作，出现了专门的组织和机构——学会、大学学系、资料中心、出版机构。以上制度性要素统合发挥作用的地点是高等学府。高等学府因应学科分化建立起来的有形组织或无形组织（如系、院、中心、学部、学群、学类等），集

① W. Metzger. *The academic profession in the United States*. B. Clark. *The academic profession:national, disciplinary and institutional settings*. Berkley: University of California Press, 1994.P132.

结了为推进学术分支人才培养和研究所需要的人力、物力等各种资源。学科制度也改变了传统学府的组织架构。克拉克在《高等教育系统》中写道:“学科明显是一种联结化学家与化学家、心理学家与心理学家、历史学家与历史学家的专门化组织”,因此,虽然高等教育工作按学科(discipline)和院校(institution)组成两个纵横交错的模式,但“主宰学者工作生活的力量是学科而不是所在院校”[①]学科制度导致学者们的活动空间不再囿于高墙之内,而是常可突破院校组织的掣肘直接以高等教育系统为活动空间。

如果我们一定要寻找高等教育系统与其他功能子系统的家族相似性,一定要用系统论语言(术语)来描述高等教育子系统特征的话,二进制代码、程式及交往特征仍然是贴切的,并且这种对系统观察的二阶观察,所见会与一般视角所见有很大不同。

学科制度决定着高等教育系统与环境之间的交往主题,同时它决定了高等教育系统具有自创生性质。高等教育系统经由学科制度对外界传递的信息进行理解,并做出接纳或排除的选择。具体表现为:(1)学科准入。它决定着什么样的知识门类可以称得上学科,是否具有进入高等学府的资格,决定着一种知识门类在整个知识体系中或中心或边缘的位置;(2)学科划分。把知识分门别类并从组织机构上进行建制,例如在计划经济体制下,对高校学科专业设置进行户口本式管理的高校“学科专业目录”,在市场条件下,为高校学科专业设置提供服务的“学科专业分类系统”。[②]学群、学类等软性划分与学部、学院、学系等物质建制,无不以学科划分为基础。学科划分式的“交往”合理性从一般观点看在于:第一,顺应社会生产和社会分工精细化和专门化发展趋势;第二,易于形成学术共同体和学术规范,推进学科向纵深方向发展。但从系统论观点看,学科划分式“交往”机制的存在,一定程度上说明了高深学问在现代社会发展,为什么必然地以“分”为主,以“合”为辅,而不可能出现“分久必合,合久必分”的分合循环。因为只要是交往必然是分化式地(ausdifferenzierend)发挥作用。[③]只有不停止地确认差异,维持区分并通过“交往”强化差异和分化,才有可能保持住差异,保持运作上的,也是交往上的

---

① [美]伯顿·R·克拉克:《高等教育系统——学术组织的跨国研究》,第33—35页。

② 鲍嵘、徐洁:《印度个案与学科专业管理体制的类型学分析》,载《化工高等教育》,2006年第4期。

③ 王琦:《系统、社会和法律——卢曼法律系统理论研究》,吉林大学硕士学位论文,2011年,第25页。

自治性、独立性和系统的闭合性。所以，学科分化并非学术系统适应外界变化的结果，而是学术系统自创生的结果。学术共同体的形成与学术规范，也是学科分化自创生需要的结果。“学科壁垒”与“知识碎片化”则是过度强调分化的副产品和负面效果；(3) 专家的养成。传统社会所推崇的“通人”“绅士”培养目标被现代大潮席卷而去，现代高等教育培养目标转变为专家专才的过程，与学科制度确立同步，是高等教育系统与其环境“交往”的结果。简而言之，是“分”——区别、划分、分类、分化——和差异在主导高等教育系统与自身环境（包括与社会其他自系统）的交往。学科制度作为一种学科分化、分类的制度使高等教育系统得以持续地再生产分化的知识和人，它们反过来又会成为下一次“交往”的某种期待，成为回溯性网络的基础。

至于高等教育系统的二进制代码与程式，则仍然有待于后续深入讨论。但很显然，知识系统的“真实 / 虚假”代码，教育系统的“受教育 / 未受教育”代码对于高等教育系统而言都未必贴切。如果可能的话，“学科化 / 去学科化”倒是更符合高等教育系统的特征，可以作为一种考虑。按照卢曼的观点，系统要演进，就需要一组二进制代码，从而保证功能实现。二进制代码由积极性值和消极性值组成，分别代表一种“形式”的两面，这两面既相互排斥又相互关联，因而是一种充满张力的关系。系统演进并非以积极性值的实现为目的，而是在积极性值与消极性值之间穿行，从而为自创生保留足够的空间，为系统维持下去提供条件。系统的运行、自创生与维持才是系统本身的目的。那么“学科化 / 去学科化”是否可能提炼为高等教育系统的二进制代码，可以讨论，在现实的运作中，由于学科强调知识内在逻辑，具有较强的封闭性，而专业（一种与社会职业联系更为密切的并可通过课程组合加以反映的分化）具有更强敏感性和社会适应性，从而体现出与社会（环境）更为密切的互动关系，并为学科发展带入外部视野。因此，“专业化”是否就是那个帮助高等教育系统在保持自身代码不变的前提下，实现相对可变性的“程式”，也可以留待进一步观察。

第三节　高等教育改革的系统论视角

改革开放三十多年，高等教育改革的主要推动者是执政党和政府。20 世纪 80 年代中期高等教育体制改革开始步入快车道，先后进行了办学体制、管理体制、投资体制和高校内部管理体制等宏观、微观改革。这些改革皆为政策推动与立法推动并举之后果。以邓小平南方谈话发表，中共十四大正式确立“建立社会主义市场经济新体制”的改革目标和中共中央、国务院联合颁发《中国教育改革和发展纲要》为标志的改革，第一次把原有的高等教育体制定性为“国家集中计划和政府直接管理的体制”，并明确地提出要对高等教育的举办体制、管理体制、招生和毕业生就业制度、投资体制和校内体制进行变革。到1998年，大的改革基本结束，旧的高等教育体制框架基本被打破，一个适应市场经济发展需要的新的高等教育体制新框架大体形成。具体表现在：部门办学、条块分割、单一隶属关系格局不复存在，中央与地方两级管理，条块结合的新的管理体制初步建立；以政府办学和政府投入为主体的多种形式办学、多渠道投资的新的办学体制和投资体制得以确立；高等教育法制建设不断加强，并形成比较健全的高等教育法律体系，一个依法治教、政府依据法律法规、运用政策、评估手段进行宏观管理的新体制初具形态。我国高等教育体制改革由国家、政党、政府推动的历程，说明高等教育与政治、经济、法律、道德等之间的关联是客观存在的，同时，未来在微观领域和高校内部管理体制中如何通过上下互动的方式推行改革议题的提出，亟须开展改革的“二阶观察”，对社会功能分化条件下的改革的特点与策略要进行探讨，要多一份反思的自觉，要看改革所用的手段与改革最终目标的契合程度。由教育行政主管部门发布行政命令的方式，必须得到改进。教育政策（包括教育法律政策）的执行与效果达成必须得到评估。同时，高等教育系统自创生性质使得高等教育运作日渐自治、独立而封闭，要进行改革就不得不直面其系统化特质与趋势。一方面是加强国家监督，以防止其故步自封；另一方面，则要尊重其运作上的闭合性特点，又要通过其认知上的开放，把环境的要求转化为系统自创生的自指涉和自我要求。

高等教育系统的变革之所以必要，往往是因为其运作显失公正或缺乏效率，或者笼统地说距离环境对它的要求甚远。但是维持公正与效率并不是它的基本功能。维持公正或稳定性预期是政治系统与法律系统的专门功能，社会对学科人才培养与学科知识生产的效率与公正的要求只有在被高等教育系统感知到之后才能变成外界可被理解的信息和选择，进入到高等教育系统内部。变革的动力既来自于环境，也来自于系统对环境的认知。系统对环境在认知上的开放，是“形式”的这一面到另外一面的“边界穿越”，系统与其环境之间的关联，是一种具有选择性的特殊关联。无论是演化论中“生存者”对环境的“适应”，还是控制论环境与系统之间的“输入—输出”关系，都很难突出这种关联中源于系统内部自成一体运作的“选择性”。因此，我们看到，卢曼拒绝了“适应”和“输入—输出”这些表达，转而从物理学中借用了“共振”(Resonance)术语来命名分化。社会系统与外部环境之间的“基于自己特有的频率才能产生共振”，才能把外界的要求转化为自身的要求。当系统只能以“共振”的方式与环境发生关联时，就使社会系统对环境要求的认知和处理，具有高度的选择性，由此造成回应“不足”或“过多”的问题。

在结束本章的讨论之后，以下两章将对两岸分别以行政执法手段和司法手段推动高等学校内部管理变革的案例加以讨论。两岸经验的比较与剖析对于深化高等教育改革与高等教育系统的讨论是有意义的。

第八章　行政涉入模式：以大学章程制定为例

第一节　政府与高校：高等教育系统运作的回溯性网络

政府与高校之间的互动和交往是高等教育系统运作最为重要的内容之一，政府作为高等教育系统与环境交往的重要介质，深刻地影响到高等教育系统的运作及其性质。针对美国地方分权式的管理体制，曾经有那么一句话——美国有几个州就有几个高等教育系统——说明地方政府及分权模式对高等教育系统运作的影响。其实，主管高等教育的行政组织和机构本身就是高等教育系统的一部分。但是，作为政治系统的一部分，政府主管高等教育的行政机构的职能是代表政府实施管理，完成政党和政府发展高等教育、为民众提供接受高等教育机会的政治任务。作为法律系统的一部分，行政主管部门依法行政，并依法行使部门行政立法权力。因此，教育行政主管机构就算是高等教育系统的一部分，也是较外围地代表环境对系统提出要求的部分，但却是保持系统在运作上闭合与在认知上开放平衡的关键部分。从自创性系统理论角度看，系统之所以成为系统，其主导性差异主要是系统与环境之间的差异。“运作上闭合”不仅不否认系统与环境之间的联系，而且实质上预设了联系的存在。另一方面，却提出了一个问题，即系统在运作上是闭合的、自创生的，那么它如何实现与环境之间的交换关系，实现它与环境之间的差异化？卢曼的回答是，要兼顾系统闭合和实现与环境间的交换必须把差异内部化（Internalisierung），也就是再进入，即系统和环境之间的区分重新进入到区分者（系统）中去，系统必须在其内部（而不是外部）实现自身与其环境的差异化。这样，在系统内部，有一些东西被视为“系统”，被视为“自身”，同时还有另一些东西被视为“环境”，被视为“它者”。在系统内部再次出现了对系统和环境的区分，尽管这里的“环境”并非真正的环境，而它也只是系统的一部分。环境自身不可能出现在系统中。[①]

① 王琦：《系统、社会和法律——卢曼法律系统理论研究》，吉林大学硕士学位论文，2011年，第41页。高宣扬：《鲁曼社会系统理论与现代性》，北京：中国人民大学出版社2005年版，第125页。

卢曼将在系统内部标示出它者（环境）的机制称为“异指涉”（Selbstreferenz und Fremdreferenz）。

我们恐怕不能完全认定教育行政主管部门就是标示环境与系统差异的系统内部的“异指涉”本身，但可以认为它与“异指涉”机制相关。行政主管部门与高校的关系不是高等教育系统与外部环境的关系，而是高等教育系统内部自身与它者的关系。从实务看，世界各国形形色色的高等教育系统依据政府管控高等学府的方式可以分成以下几种类型：

（1）基于学科管制的中央集权型高等教育系统。中央集权型高等教育系统是指中央政府对高等教育拥有强大控制力，而地方政府和其他社会主体则基本上没有显著影响力的高等教育系统模式。它本质上是政治上中央集权分配结构在高等教育系统内部的投射反映，多见于单一制国家，如法国、日本、瑞典，而法国基于学科管制的体系具有相当的典型性。法国传统上是一个中央集权程度很高的国家，高等教育严格受控于中央教育行政部门。1982 年后，法国开始推行有限的地方自治，但高等教育在这场变革之外。在 1989 年之前，法国的大学由研究与高等教育司直接负责，管理事务分别委托五个理事会，由一个总理事负责监督。这五个理事会掌控范围分别对应于高等教育的五个方面的事务——学生培养教学、人事、预算、研究和图书资料——每一方面的事务，都按学科再细分。大学活动的主要逻辑就是使课程（专业）获得颁发国家文凭的资格，而财政预算的增加一般都依赖于新课程的开发。由于课程（专业）获得颁发国家文凭资格是以学科为单位的，大学作为独立实体的地位就难以建立。[①] 同时，学科专家的评价和建议在中央行政部门的重要决策中常常发挥一种基础性的作用，因此学科化的代码在高等教育管理体系中发挥着重要作用。这个作用兼具消极性与积极性。因为学科专家的权力建立在学术权威之上，无法通过民主选举产生并获得相应合法性，他们常被看作是“党派与科学利益的混合物”。学科专家权力的合法性与公正性受到的议论，恐怕并不会少于对行政官僚凭借行政权力之作为的非议。1989 年后，法国进行了较大幅度的高等教育改革，目的在于建立新型国家与大学关系，强调大学与国家间的协商，通过合同签订促进大学作为一个整体而非各门学科的机械总和的建设。协商和资助增加了大学校长权力，改进了资源配置方法。但这一改革并未从根本上改变法国中央集权基本

① 参见 [英] 玛丽·亨克尔等主编：《国家、高等教育与市场》，谷贤林等译，北京：教育科学出版社 2005 年版，第 38 页。

模式，国家对大学还是严格控制，当国家机关改变游戏规则时，学校也不得不接受。①

（2）分散管理型高等教育系统。多见于美国、德国、加拿大等联邦制国家。这种治理模式特点是：没有一个高度集权的中央机构对全国的高校予以控制，大学是由分散的、相互之间毫无联系的（州或地方政府）教育行政当局管理，大学本身对自己的发展前途有巨大的自我调控能力。②作为分权型国家，美国联邦政府对高等教育的管理主要通过法律、经济、评估和咨询等间接方式进行，例如联邦教育部成立“资格与机构评价办公室”，对各种评估机构进行管理，每年公布一次它所承认的院校或专业认可机构。又如颁布《学科专业分类系统》，对大学专业与学科设置加以引导，提供信息服务。③

美国大法官释宪制度对全国高等教育系统具有全局性的影响。1819 年联邦政府成立初期，联邦最高法院关于达特茅斯学院案的判决，促成了州政府对高等教育的管理亦在州宪法框架下进行。根据各州宪法的不同规定，美国公立高等学校具有三种不同类型的性质：首先，是以州法律设立并作为政府机构延伸部分的机构，它们受州宪法和行政法约束，同时作为州机关拥有土地及财产征用权等特权；第二种是作为公共信托（public trust）存在的高等学校，它必须依据州法律或者信托文件履行责任义务、享有权利；第三种则是通过州宪法获得宪法地位的公共法人——自治大学（autonomous university），州政府对它的管理是咨询性的、间接性的。④评估手段和法律手段在管理中的应用，使得政府与学术运作保持适当距离。联邦最高法院关于达特茅斯学院案的判决，甚至不仅仅限于给私立大学发展提供坚强法律后盾，而且还惠及商法。英国法律权威亨利·梅因在 1885 年撰文指出，达特茅斯学院案的判决奠定了美国许多大铁路公司成功的基础。⑤正是对契约神圣原则的支持，提供了一种稳定的预期，公司法人的财产权得到契约条款的严格保护。而在当时，宪法中还没有哪一个条款能够做到这一点。因此，达特茅斯学院案被认为对美国商法也有很大贡献。当然，20 世纪初，企业以契约神圣权为由头对劳工权利的侵害，

---

① [英] 玛丽·亨克尔等主编：《国家、高等教育与市场》，第 58 页。

② 湛中乐等：《公立高等学校法律问题研究》，北京：法律出版社 2009 年版，第 67 页。

③ 参见鲍嵘：《美国学科专业分类系统的特点及其启示》，载《比较教育研究》，2004 年第 4 期。

④ 鲍嵘：《印度个案与学科专业管理体制的类型学分析》，《化工高等教育》，2006 年第 4 期。

⑤ 任东来等：《美国宪政历程：影响美国的 25 个司法大案》，北京：中国法制出版社 2005 年版，第 56 页。

也迫使最高法院开始认识到对契约权利加以限制的必要。总的说来，最高法院的判决使契约神圣观念在美国深入人心，也促使政府在与私人团体签约时更加谨慎、更加注重程序。司法涉入与一般行政涉入有很大不同，下节还要做专门讨论，因此不再展开讨论。总之，分散管理型高等教育系统，法律手段得到非常充分的运用。

(3) 合作伙伴型高等教育系统。它指中央政府、地方政府、其他社会团体共同参与、通力协作的高等教育模式。在政府层面实行的是中央政府和地方政府合作管理的复合型高等教育体制。以英国为代表的“合作伙伴模式”具有以下几个特点：第一，在“国家总的需要”与“所有大学的利益”之间谋求平衡。“全国大学校长委员会”是在大学与政府之间进行沟通的强有力的组织。英国议会通过立法的形式、各届政府通过聘请专家调查研究并发布《高等教育报告》的形式来推动高等教育的发展。而每所大学的《大学宪章》规定大学内部治理机制，保障大学的学术自由与自主管理；第二，在拨款中引入合同制与竞争机制，加强了中央政府控制；第三，让社会和受教育者承担发展高等教育和接受高等教育的责任，实现合作伙伴的“利益分享、成本分担”理念。

我国高等教育系统中高等学校外部管理体制经历了从与计划经济相配合的中央集权、条块分割模式向与市场经济相匹配的“国家统筹规划和宏观管理、学校面向社会依法自主办学体制”的转变。行政主管部门作为教育法律赋予权力的法律执行者，以行政主体法律身份对高等学校实施管理，由于现代国家行政职能扩张，世界各国纷纷加强行政权力，大有进入“行政国”模式的势头，行政机关除原有的执行法律、行使管理的权力之外，还有部分行政立法和行政司法的权力。而自建政后，行政机构与权力一直都较立法机构、司法机构更为强势，近年推行的各项举措更是由教育部主导。政府对公立高校的调控方式虽然由直接管理转向了规划制度、财政拨款、教学评估等更为宏观而间接的手段，并且也更为注重运用法律法规、规章来指引高等教育领域的改革，高等学校也具有了相当的面向社会自主办学的意识和能力，但是离建立国家监督与大学自治之间的平衡关系的要求还有相当距离。就行政机关与高校之间的互动关系而论，比较突出的问题有[①]：

(1) 中央和地方政府关于公立高校主管权限划分不清晰。中央行政机构将大部分公立高等教育机构的管理权限下放给地方政府，但这种下放，缺乏法律支撑，没

---

① 参见湛中乐：《公立高等学校法律问题研究》，第 99—101 页。该书谈了五个方面，引述中有归并，除了引述，也有不同观点。

有对中央与地方政府各自的权限给予划分。

（2）行政机关与高校自主权之间范围不清晰。虽然《高等教育法》对 20 世纪 80 年代至 90 年代的行政改革现实予以确认，但规定过于宽泛，因此行政机关管理权与高校自主权之间关系的把握的主动权在行政机关。高校自主权的法律规范（包括授权与监督）还是不明确的。

（3）行政机关对公立高校的决策缺乏程序约束。由于行政过程基本上依据行政法规以下规范进行，规范性文件又大都缺乏程序性条款，加上目前还没有统一的行政程序法，因此行政机关决策得不到规范。上章论及政策合法化的缺失，就是行政法规范缺失的一种具体表现。行政不够规范影响评估与财政拨款等宏观管理手段运用的科学性、规范性与公信力。

从系统论的角度看，教育主管行政机关与高校之间的关系，可以被理解为一种交往关系。这种交往内容包括信息的传递和理解，运作机制是观察与选择，结果是上一次交往和下一次交往一同构成回溯性网络，支持高等教育系统的闭合性、开放性以及系统的演进。下文将以教育部和各省教育厅督导大学订立大学章程的行政执法过程为例，探讨作为行政主体的行政机关与作为行政相对人的大学之间的交往互动的基本特点，分析行政涉入在高等教育系统内部所带入与环境差异的处理机制。在正式进入经验研究结果的讨论之前还要简单介绍一下大学章程。

第二节　大学章程：高等学校法人治理结构的法权确认

法人治理结构是在机构所有权与经营权分离条件下内外部权利配置与运行机制的构造。具体到公立高等学校的法人治理结构，分为内部分权制衡机制和外部制衡机制。如何通过权利配置和权利运行去实现法人设立的目标，并使内外部各权利主体权利实现制衡，是高等学校法人治理结构议题的重点。而大学章程则是以大学之“根本法”（“宪法”）的形式对这种权利平衡赋予合法性的基础制度，也就是说，大学章程是对大学法人治理结构的法权确认。

对于什么是大学章程的回答，反映人们对大学章程本质认知达到的深度。有学者认为，大学章程是恰处于高等教育法和大学规章制度之间的中观层面管理规则体系，是连接高等教育法和大学规章制度的桥梁和纽带，同时具有高于大学本身的法律效力的文本。[①]还有学者指出，高等学校章程是指高等学校的权力机关制定，上承国家教育基本法律、高等教育法律、政策，下启高等学校办学活动和内部管理的具有一定法律效力的治校总纲。[②]也有的学者认为，大学章程是高等学校三种制度——基本制度、一般制度和具体制度一中的基本制度，是关于大学性质、任务及其组织构成和主要行为活动等最基本内容的原则规定或框架。[③]但是这些界定仅限于对大学章程做一般性的描述和表层功能的认定，没有能够回答为什么在中国高等教育系统变革发展的当前阶段，我们迫切地需要大学具备日益完善的章程。对于大学章程的必要性和本质特征，不能不与大学法人地位及其治理结构的完善联系在一起。教育部高等学校章程核准委员会出具的高校章程核准书非常明确地要求经核准的大学章程发挥的功能是“完善法人治理结构”“健全内部管理体制”，其性质是“依法自主办学、实施管理和履行公共职能的基本准则和依据”。[④]由此可见教育部作为教育行政主管部门期待大学章程所发挥的功能是与法人治理结构的完善联系在一起的。而法人治理结构的问题则是高等教育系统闭合性、独立性与开放性平衡的关键。

我国《民法通则》规定，法人是具有民事权利能力和民事行为能力，依法独立享有民事权利和承担民事义务的组织。《高等教育法》第三十条规定，“高等学校自批准之日起取得法人资格。高等学校的校长为高等学校的法人代表人”。“高等学校在民事活动中依法享有民事权利，承担民事责任。”根据《民法通则》规定，法人分两大类，一类是企业法人，一类是非企业法人，包括机关法人、事业法人和社团法人。《民法通则》第五十条还规定了法人资格的获得：“有独立经费的机关从成立之日起，具有法人资格。具备法人条件的事业单位、社会团体，依法不需要办理法人登记的，从成立之日起，具有法人资格；依法需要办理法人登记的，经核准登记，取得法人资格。”公立高等学校属于事业法人，以国家行政命令设立，依法不需要办理法人登记，从成立之日起，具有法人资格。而民办高校法人资格，依据《中华人民共和国民办教育促进法》《教育类民办非企业单位登记办法》规定，需要

① 米俊魁：《大学章程价值研究》，华中科技大学博士论文，2005 年。

② 张建初：《论高等学校章程》，载《教育研究》，2009 年第 2 期。

③ 刘献君：《论高等学校制度建设》，载《高等教育研究》，2010 年第 3 期。

④ 教育部高等学校章程核准书的要件格式如下：核准书所附章程为最终文本，自即日起生效，未经法定程序不得修改。你校应当以章程作为依法自主办学、实施管理和履行公共职能的基本准则和依据，按照建设中国特色现代大学制度的要求，完善法人治理结构，健全内部管理体制，依法治校、科学发展。具体可参见本书附录二。

具备法人条件并经过注册获得法人资格。《教育法》与《高等教育法》是我国高校法人制度的主要规范文本。法人作为法律上拟制的人，与自然人相比，受到法律的特殊规范。以上两部分法律虽然在高校法人的设立、权利能力和责任能力、法人组织规则方面做出了具体规定，但从法理论上说，还存在两方面的困难。一是在高校法人类型认定上（也就是高校法律地位上）应该明确高校作为公法人或公法人的特别法人为宜，但是我国在立法技术上本来就没有公法人和私法人之分，因此如果要考虑到目前已有的立法技术限制，现行立法构架，还难于把公立高等学校定位于不同于私法人的公法人，难于把它定位于不同于其他行政机关不同的法人主体。[①] 也就是说，关于高校法人地位和制度的规定第一方面的困难是缺乏更高层的法人制度的设计和制度供给。第二方面困难则是法人治理结构和内外部权利配置方面，不仅在立法实务技术上，而且在法理论层面上，还有不少需要明晰却又在短期内难以明晰的问题。例如，外部权利配置方面政党的政治领导权力、政府的管理权力和公众的监督权利之间的配置及其对内部权力的具体制衡方式；内部权利配置方面，所有者权利、举办者权利和经营者权利和配置与制衡。要厘清这些问题，政治决断与顶层设计是先决条件，希冀高校通过制订大学章程做一些探索是可行的，但如要具有全局意义的推动，还尚待大学章程的上位法的完善。只有如此，大学章程对关系大学治理结构和权利配置的法权确认本身才有合法性。

而大学内外部权利、大学内部举办者权利、经营者权利之间的制衡法，就是一种法权确认，这种确认需要相当层级的法律，甚至是宪法解释才有可能完成，才有可能成为大学章程制定依据的上位法。在法人治理结构与权利配置最基本要求确定后，大学权力机构全权制定大学章程，那就是水到渠成之举。倘若上位法尚缺对大学治理结构和权利配置的总体规制和设计，那么就很难期待大学章程作为“组织法”“权利法”和“程序法”三合一的完美表现。不过，上位法的演进和顶层设计的推动，也部分地依靠自下而上的力量，依靠各校的试点和尝试。从这个意义上说，尽管大学法人治理结构的影响全局性的顶层设计仍然远未完成，但是上下互动的变革路径选择是正确的，从这个角度上推动大学章程的制定是有意义的。

教育部在2013年发布《中央部委所属高等学校章程建设行动计划（2013—2015年）》，以行政命令的方式要求到2015年底，教育部及中央部门所属的114所

---

① 申素平:《论我国公立高等学校的公法人地位》，载《中国教育法制评论》（第2辑），北京：教育科学出版社2003年版，第14—15页。

高等学校，分批全部完成章程制定和核准工作。列入“985 工程”的高等学校原则上于 2014 年 6 月前完成章程制定。“211 工程”的高等学校原则上于 2014 年底前完成章程制定。在已经得到核准的大学章程中，不乏亮点和创新。以《北京大学章程》为例，自 2007 年启动制定工作，在校内外反复征求意见、修改，共提出过三个版本[①]，历经八年，2014 年 9 月 3 日，由教育部核准、生效。[②] 章程全文 9300 余字，与此前的校内公示征求意见稿相比，共修改、调整了 68 处。《北京大学章程》第六条规定“学校坚持学术自由、大学自主、师生治学、民主管理、社会参与、依法治校，实行现代大学制度”。第七条规定“学校实行中国共产党北京大学委员会领导下的校长负责制”。校长办公会议成员包括校长、副校长、秘书长、教务长、总务长、总会计师等人员。学校学术委员会实行定额席位制，由选举产生的教授委员、学生委员以及校长与校长委派的委员组成（这部分人员不得超过总人数的百分之十），审查评定教师职务拟聘人选、受理审查学术不端行为、裁决学术纠纷。规定建立监察委员会制度。监察委员会直接对校长负责，独立行使监察职权，监察室为其办事机构。监察委员会主要履行检查学校机构及人员在遵守和执行学校规章制度和决定中的问题，受理对学校机构及人员违反校纪校规行为的控告、检举，调查处理学校机构及人员违反校纪校规行为等职责。监察委员会委员由中国共产党北京大学党委纪律检查委员会委员代表、民主党派代表、教职工代表、学生代表组成。学生代表得进入监察委员会、学术委员会、校务委员会。教师面向全球公开招聘。《浙江大学章程》规定实行全员岗位聘任制度，根据不同类别分别实行教师资格制度、专业技术职务聘任制度以及教育职员制度和劳动合同制。中南大学在学院一级设立教授委员会，由全体教学科研人员选举产生，根据学校授权和学院教授委员会议事规程行使职权。《华东师范大学章程》强调创校校长孟宪承的“智慧的创获，品性的陶熔，民族和社会的发展”的大学理想。《华东师范大学章程》第八条规定，学校实行教授治学，依法维护学术自由和学术自主，确保教授对教学科研等学术事

① 这三个版本起草牵头人与开始起草的时间情况分别如下：2007 年起由副校长张国有带领调研小组，共同起草 A 版章程。2011 年底副校长张彦负责牵头起草 B 版章程，法学院教授、行政法与教育法专家湛中乐等在 A 版章程的基础上起草 C 版章程，起草者自述为理想型版本，带有改革色彩。B 版在 A 版和 C 版的基础上，融入国内外调研成果，最终被确定为正式提交待核准版本。《北京大学章程》经教育部核准后生效，历经 8 年、3 个版本。参见马晓晴：《高校章程重“依法”》，载《法制晚报》，2014 年 10 月 20 日。

② 《中华人民共和国高等学校章程核准书第 24 号》是教育部对《北京大学章程》予以核准的行政文件，见本书附录二。

务的主导地位。第二十六条规定，学校设立理事会。理事会成员由校党委委员、非党员校领导、学术组织负责人、教职工代表、学生代表、校友代表和政府及社会代表等组成。而理事会的主要职责是，加强学校与政府及社会各界的联系与合作；扩大决策民主，对学校建设的重要问题提出建议，对有关学校发展的重大方案、学校章程修订案等进行审议。复旦公布的《复旦大学章程》（征求意见稿），不再提建设世界一流大学，增加始终遵循学术独立、思想自由的精神等内容。《中国人民大学章程》第七条表明该校法权结构与法人治理结构的基本框架："学校坚持党委领导、校长负责、教授治学、民主管理，坚持依法治校，坚持以师生为本，尊重学术自由，实行党务公开、校务公开和信息公开制度，依法接受监督。"已核准大学章程对于高等教育系统变革的效用，还有待观察。但教育部作为《高等教育法》授权主体对大学章程按照固定程序与格式予以核准，反映教育部作为行政执法者意识的明晰及谋求作为的努力。

第三节　系统间交往：一项经验研究结果的分析

在高等教育系统变革中，法律手段越来越广泛而深入地得到运用，来自法律系统的立法、行政执法和司法活动愈益频繁地与高等教育系统变革联系在一起。这些活动或以司法为手段，或以行政执法为手段，或以立法和修法为手段，以完善高等教育法律制度，推动高等教育系统变革为目标。最终目标是相同，但法的介入方式有所不同，效果也不尽相同。以上较为抽象地讨论了行政（执法）系统、法律系统与高等教育系统之间的关系，也触及同时兼具政治系统部分特征的行政（执法、立法与司法）系统对高等教育机构的强大影响力。目前来说，我们比较缺乏对几个系统互动关系，以及高等教育系统把政治系统与法律系统所代表的环境的要求纳入"异指涉"，并进而把这些交往形成"回溯性网络"的经验材料。戚婧婧与李林在我的指导下，以指令和法规执行评估为视角，对相关机构人员进行了深度访谈，得到了一些过去属于政策过程"黑箱"的被忽略的信息。[①] 他们的观察显示，大学章程制定的推动主要依靠行政命令，行政命令的法源是相关行政法和相关授权，其合法

① 戚婧婧：《大学章程制订政策执行研究》，浙江师范大学硕士学位论文，2013 年；李林：《台湾地区司法院大法官解释对大学自治的影响——以释字第 684 号解释为例》，浙江师范大学硕士学位论文，2014 年。

性也来自法律法规，但是行政命令的法律效力较低，权威性较为欠缺，对于解决一些较高层级的如大学治理结构法权关系的问题显得无能为力。虽然行政命令涉入方式更为直接，目的更为集中明确，教育行政主管部门本身甚至就是高等教育系统的一部分，但却比较难于形成一个系统闭合所需的“回溯性网络”，或者说如果要形成一个治理规则的“回溯性网络”还需要更多的外部命令，外部命令本身对于系统自创生的影响急切需要评估；而台湾地区“司法院大法官解释”作为一种释宪制度有极高的法律拘束力，这样一种制度设计恰恰是把日常个案的宪法适用与解决高层级的治理结构和权利配置难题较为完美地结合起来，因而具有更强的自足性与权威性。高等教育系统在完成对某号解释的“异指涉”后，可以无间隙地把它纳入高等教育法治系统。从已经接触到的材料看，宪法适用在美国、德国、日本等国的高等教育系统维护与变革中发挥一两拨千斤的作用，使得我们对这种变革涉入方式，不能不予以密切关注。以下部分引用戚婧婧与李林的观察，由于访谈范围受限制与研究限制，不可能由此简单地肯定或否定高等教育系统与外界的哪一种交往方式，而是聚焦于系统间信息传递、理解与选择的可经验内容，以验证系统论的部分观点和高等教育系统的一阶观察是否成立。戚婧婧的观察结果在本节讨论，李林的研究在下节加以呈现并讨论。

大学制定行政命令执行研究的背景是，为推动《教育法》《高等教育法》和《教育行动纲要》关于大学章程规定的落实，教育部与各省教育行政主管部门分别对各自所属高校的章程制订给出时间表，要求在时限内完成工作，章程制定因而成为一项行政部门推动的政策和行政命令。研究者以行政命令执行评估为视角，调查了章程制定作为行政命令的认知与传递、认同与执行、目的达成情况。访谈对象为地方所属大学的前校长、行政人员、教师与学生，共九人。研究结果包括：

（1）命令（信息）传递方面：除对大学章程及相关领域有专门研究人员外，其他受访者均对章程多感陌生。访问的九人中，仅有三人对章程有所知晓（其中一人为原大学校长，一人为负责大学章程起草制定的中层领导，还有一人是高等教育学专业教师，曾对章程有过专门研究）。另有二人对章程略有所知，其余对章程颇感陌生，或者完全没有概念。章程制定试点高校受访者中，除曾参与章程制定的领导、教师以外，其余受访者对章程制定进展均一无所知。五位来自章程制定试点大学的受访者中，参与章程制定的一位领导和一位教师，表示较为了解章程制定过程，其余三位师生均表示不甚了解。章程制定过程中，学校几乎没有对章程进行全校性的宣传、动员。有召开限于学校、各学院、各部门领导参加的相关会议，或将章程制定信息挂在学校网站上，但关注度有限。学校基层人员没有被广泛征求意见。大部分师生均不知学校有制定章程一事。因此，章程制定的公开度和透明度较低。

(2) 命令认同与执行意向（信息理解与选择）：对于大学制定章程必要性，受访者中存在两种完全不同的理解。校级与院级领导受访者认为制定和颁布大学章程很有必要，行政管理人员受访者则认为学校规章制度很齐备，章程制定出来也有可能出现“一纸空文”，认为没有必要制定和颁布。一位受访者说：“我国之所以如此重视大学章程制订，在我看来，主要基于落实《规划纲要》和建设现代大学制度的考虑。这次制订大学章程，就是贯彻落实《规划纲要》的重大举措。因此，从学校来说，制订大学章程很有必要，既是大学依法治校的依据，也是梳理学校内部制度文件与实施细则的重要依据。”还有一位不同意见受访者认为：“除非学校领导足够重视，不然我们部门本身就有较为齐备的规章制度，章程制定与否，不影响部门工作的正常运行。”

多数受访者认同章程的价值，但未必愿意参与章程制定并给予密切关注。教职人员和学生受访者，对章程多感陌生。其中少数熟悉章程人员，对章程均表示肯定。至于不了解章程受访者，当知道章程大致内容及立意后，也认同其立意精神符合建立现代大学制度的要求，因而也表示认同。但被追问是否参与章程制定的宣传、学习活动，或倡导颁布章程而有无参与可能时，多数受访者表示不愿意。有行政人员受访者认为：“是否参与得看学校对章程执行的重视程度。学校如果对章程确实很重视，今后把章程作为学校各项活动的准则，可能会参加，毕竟很多行政事务流程可能会改变，也可能有些部门会调整。但如果学校不重视，我想应该没有人愿意主动去参加这个学习活动，学校现在的规章制度也很齐全，作为部门工作人员，我没有感觉到有什么不合理的，不知道其他部门怎么样。”师生受访者参与意愿偏低，认为除非上级机关（如教育部）一再督促规范，或已涉及个人重大权益问题，否则没有必要关切。教师受访者认为学校提供给教师参与途径不多，且多流于形式，无实际意义，教师所提意见，学校未必重视和参考。但两名学生干部受访者均表示愿意参与相关工作。

(3) 试点学校章程建设与执行成效（“回溯性网络”是否形成？）：受访者对我国高校章程的建设的未来充满信心。但就现阶段，对于章程执行成效的态度，有受访者认为“有强于无”，“有章程就是一个很大的进步”，但不要抱太大期望：“现在我们政府还是强势政府，政府职能还没有完全转变，在目前管理型政府的前提下，学校还是要按照政府主管部门的旨意办学，大学章程能够发挥多大的效力很难讲；另一方面学校领导的个人作用，学校领导的主观意愿比较强，往往影响按照大学章程的办事，这也会影响大学章程的贯彻执行。因此章程要发挥作用需要一个长期的过程。”有受访者对章程法律效力表示担心，认为：“我国大学章程基本上是没有法律权威性。虽然《教育法》和《高等教育法》明确规定，设立大学应该有章程，今年还颁布了《章程制定办法》，但实际情况是，没有章程的大学也照常运转。因此（大学章程）基本不被大学内部人尊重；其次现在的大学越来越像是政府的一个部门，政府掌握着大学书记与校长的任命权，学校的经费由政府按预算的方式进行拨付；最后大学章程的效力被既得利益者的阻隔。而行政化的领导体制，绝不会有大学章程的效力。”很多受访者都谈到，由于高校缺乏制定章程的主动性和积极性，制定的章程也仅仅应付上级要求，导致许多学校的章程千篇一律。一位受访者表示：“反正是上面领导布置的任务，我们按时完成上交就行。高校缺乏制订章程的主动性与积极性，制订大学章程，很多高校仅将此当成上级政府的一个指标任务，往往也是千篇一律。因此无论写多少，都没有多大意义，甚至越多越失败。因为多了不仅浪费人力物力财力，而且还让人难以把握其精神与准则。就我看到的章程，任何一所大学的章程放到其他学校都是适用的，某大学的章程去掉校名，也看不出是哪一所大学的。”

张苏彤对中美大学章程文本的比较，对通过访谈获得的印象提供了佐证。张苏彤所做的一个小样本研究，选取了美国三所大学和中国三所大学共六所学校①的大学章程加以比较。从大学章程的篇幅看，美国三所大学章程平均页数为 34 页，平均条款为 94 条，平均字数（英文）为 17827。中国三所大学章程平均页数为 8 页，平均条款为 77 条，平均字数（中文）为 7400 字。从文本结构与内容看，美国三所大学章程文本没有固定结构，内容上包罗万象、面面俱到、具体细致，尤其是对职责划分、议事规则和程序极尽翔实。我国三所大学章程的内容基本上都按照《高等教育法》第二十八条所要求的项目安排，结构大同小异。内容侧重于学校管理体制、学校组织结构、教职工与学生权利义务（以上规定占总篇幅的 60% 以上），而

① 美国三所大学是密西根大学、耶鲁大学、康奈尔大学，中国三所大学是吉林大学、中国政法大学、广东外语外贸大学。

对学校经费筹集与使用、学校财产管理制度、财务与内部控制制度以及学校民主管理等方面则采取粗线条式的原则规定。对于中美大学章程的差异，张苏彤解释说美国大学章程的效力来自于大学权力机构的全权制定，因而能成为上承国家、地方教育法律法规，下启大学内部管理规范的治校总纲。大学的一切教育教学活动和管理活动必须以大学章程为依据，一切规章制度必须经由大学章程演绎。而我国大学章程的制定逻辑是采用归纳描述方法，采取事后补办的方式，“嫁接”在国家教育法律与学校内部行政规章之间的“中间层”，一方面要满足《教育法》与《高等教育法》的要求，应付高校评估和上级考核的要求，另一方面却又不能与学校业已存在的规章制度出现过多的抵触，结果就造成我国大学章程充满空洞口号式的原则性规定，少了具体可操作性条款，出现了章程可有可无的尴尬情况。[①]“可有可无”指出了功能与地位的双重缺失，但这种缺失的原因一方面当然是因为“先上车后补票”的程序不当，另一方面，也是主要方面，就是法人治理结构及相关者权利配置模糊的实质性问题所致。能在法人治理结构及相关者权利配置的法律底线与一校自主探索之间达成平衡的大学章程，对中国大学发展与高等教育系统闭合具有极其重大的意义。地方所属院校在大学法人治理结构议题上设置能力偏弱、自觉意识较低、探索积极性较受限制，这些是造成这一批院校章程比部属院校章程更为千篇一律的原因所在。千篇一律的章程也说明院校与环境之间的区分与标示远未形成，作为办学主体的系统的闭合性，与环境交往的回溯性网络的形成也有待于进一步观察。

① 张苏彤：《大学章程的国际比较：来自中美两国六校的样本》，载《中国高教研究》，2010年第10期。

第九章　司法涉入：以大学生权利的宪法适用为例

第一节　司法涉入、宪法适用与高等教育系统

法律系统之所以是闭合而开放的统一，之所以比道德更能承担值守正义的功能，“不偏不倚的第三方”是重要的运作机制。而“不偏不倚的第三方”虽然在科耶夫看来既可以是立法者，也可以是执法者和作为司法者的法官，但是司法者对法权实现的正义值守的能动作用在不断增强。司法系统也越来越多地涉入到原先被认为是高等教育自治范围的领域。大学行政主体法律地位的逐渐明朗化，也使得过去优越于教师、学生之上的特别权力关系逐渐为一般行政关系所取代。大学管理行为的可审查性在增加。“田永诉北京科技大学案”“刘燕文诉北京大学案”成为高等教育系统司法涉入的经典案例。

不过，法院在审理与公立高等学校有关的行政案件中也面临可适用法律规范不多的困难。立法的不健全，给审理造成一定的难度。目前我国公立高等教育领域中法律只有四部，行政法规屈指可数，大多数是规章以下的规范性文件。而根据《行政诉讼法》的规定，法院对于规章只是参照适用，规章以下的规范性文件不能作为判案的依据，由此增加了法院在审理与高校有关案件中审查规范性文件与上位法是否相符的难度。目前制定的几部高教领域法律内容较为空泛，因此对于行政机关的行为是否与法律相符，需要法官更多地运用行政法原理和原则进行识别。而一旦上位法中没有其他相关规定，规章以下的规范性文件属于创设性规定的话，法官的判断难度就加大，因为我国的宪法是不能直接作为司法审查依据的，又不能直接将这些规范性文件作为认定行政行为合法的依据。另外在公立高校作为被授权组织出现的时候，它的授权范围和主体也往往需要法官通过法律解释来加以识别。可以说，立法的不完善加大了法官解释法律的任务。行政法的理念发展比我国的行政实践更为超前，行政法原理在法律解释中是否能发挥作用，很大程度上取决于法官趋向于保守还是能动。目前我国《宪法》不能直接作为司法审查依据，法院并无权对政府

或大学行政法人所制定的规范性文件进行合宪性审查，所以司法权对政府与大学教育权行使的监督相当有限。

然而，由特定机关进行宪法解释以促进宪法直接适用于高等教育领域的机制，应该得到关注。[①] 宪法的直接适用强调的是对相关主体行为的合宪性的审查和判断，实现宪法的直接适用其目的应在于通过适当的方式、以宪法规范为基础，对违宪行为给予否定性评价，对受侵害的权利予以必要的救济。宪法规范的直接适用突出地体现在违宪的司法审查制度上。违宪审查是指享有违宪审查权的国家机关通过法定程序，以特定方式审查和裁决某项立法或某种行为是否合宪的制度。[②] 有一种观点认为，宪法不是普通的法，而是一部特殊的法，宪法的特殊性决定了它不能直接适用于个案：首先，宪法是一部基本法，其中规定了大量抽象原则，不宜直接适用于个案，譬如我国宪法2004年修正案规定："国家尊重与保障人权"，而"人权"是一个包罗万象的概念，不可能适用于任何个案；其次，宪法在一定程度上也是一个国家的政治宣言，而政治宣言往往是无法通过法律程序实施的。譬如宪法第一条规定："中华人民共和国是工人阶级领导的、以工农联盟为基础的人民民主专政的社会主义国家"，其中"工人阶级""领导""工农联盟""人民""民主""专政"，乃至"社会主义"都是在法律上难以界定的概念；最后，宪法本身还包括诸多难以实施的条款，譬如无法直接实施的公民义务条款、国家没有能力实施的积极权利条款、不断落后于时代发展的经济制度规定等。所有这些都表明，宪法不能和普通法律一样获得实施。但主张宪法直接适用的回应观点同样鲜明，首先，宪法确实规定了一些抽象宽泛的原则，但是这并不意味着这些原则不能获得司法适用。虽然"尊重与保障人权"之类的宣示性条款不适合具体实施，但是具体的人权是完全可以实施的。譬如中国宪法第三十三条规定的平等权、第三十四条规定的选举权和被选举权、第三十五条规定的言论与出版自由等条款虽然也相当"宽泛"，但完全可以在个案中具体适用。美国联邦宪法中的"正当程序"和"平等保护"条款听起来极为宽泛，适用范围也确实极为广泛，但是在美国各级法院的努力下得到了有效实施，为美国人权保障发挥了巨大作用；其次，有些国家的宪法确实包含一些政治宣言，但不能就此而将宪法定性为一篇政

① 参见刘剑文主编：《高等教育体制改革中的法律问题研究》，北京：北京大学出版社2005年版，第44页。

② 参见周叶中主编：《宪法》，北京：高等教育出版社、北京大学出版社2000年版，第403页。

治宣言，归根结底，宪法是一部法，或许是带有一点政治色彩的法，但毕竟是一部法，因而和普通法律一样是可以在个案中得到适用的；最后，有些国家的宪法确实不适当地规定了一些不可实施的条款，但是这些条款同样不足以阻碍宪法的实施。更何况几乎任何法律都包含一些不可实施的条款，无论是宪法中的政治条款还是公民义务或积极权利，都不能成为否定宪法的法律适用并拒绝实施宪法的借口。因此有必要通过一个司法性质的机构维持宪法或基本法的效力，也就是建立“宪法审查”或“违宪审查”制度。而我国现行宪法框架可以容纳司法审查，宪法框架下的制度改进可以解决司法审查面临的问题。[①] 法学通说认为，高等教育领域的人权主要包括了“受教育权”与“学术自由权”，而“学术自由权”及其制度性保障是高等教育法制区别于基础教育法制与一般学校法制的不同之处。“受教育权”是基础教育法制的重心，“学术自由权”是高等教育法制的重心。[②] 受教育权，既是一种自由权，又是一种“经济—社会权利”。从受教育的自由权与学术的自由权来看，自由权是个体能够实际支配并行使的权利，它只需要他人消极的不干预即可实现，为此只需要为公民行使受教育权与学术自由权划定合理的范围即是对自由权的保障。因此，在相应法律规则的设计上，宪法规范的具体规则化是可能的，自由权受到侵犯时，所提供的救济途径和方式具有操作性。[③] 受教育权作为社会权的实现则必须以国家的积极作为为前提的，但国家作为的程度、作为的合理性，很难以具体规则细化。更何况受教育权立法保障的程度、国家推进同等教育体制改革的力度、所实施的改革的合理性受到社会经济发展的制约，对此加以法律的评价实际相当不易。在法律评价机制不足以完成对相关主体行为的责任追究时，规则的刚性便被削弱，其对相关权利的保障是有缺陷的。而这恰恰是法律规则本身所无法克服的，因此，为实现高等教育领域这一部分权利，宪法规范的直接适用同样是相当必要的。[④] 简而言之，高等教育受教育权与学术自由权的实现依赖于国家作为，国家作为又是以高等教育立法、政府政策、司法裁决或大学具体行政行为来表现的，它们往往不能以其自身的规范性来评价其实施效果，对

① 张千帆：《宪政原理》，北京：法律出版社 2011 年版，第 196—199 页。

② 参见许育典：《法治国与教育行政——以人的自我实现为核心的教育法》，台北：高等教育文化事业有限公司 2002 年版。

③ 周慧、何生根：《学术自由的宪法权利属性初探》，载《法律科学（西北政法学院学报）》，2004 年第 3 期。谢海定：《作为法律权利的学术自由权》，载《中国法学》，2005 年第 6 期。

④ 参见沈文钦：《美国联邦最高法院的学术自由判例及其法律意涵》，载《比较教育研究》，2007 年第 1 期。

其实施效果必须以宏观的视角来加以衡量。以在法律体系中居于最高地位的宪法对其加以评价，是合逻辑性的结果。违宪的司法审查制度不外是提供了进行合宪审查的一种机制，在这一机制下，以权威机关的独立视角对高等教育体制改革中所制定的法律和政策进行合宪性的判断，对违宪行为予以否定，并追究相关当事人的法律责任，[①]进而也使高等教育中的法律法规和相关政策得以统一于宪法之下，形成统一的整体。[②]

第二节　台湾地区“司法院大法官解释”与大学生权利的宪法适用

“司法院大法官”，为依照相关规定，具有“解释宪法”“统一解释法律及命令”之职务、审理“政党违宪解散案”及“总统、副总统弹劾案”权限之常设“机关”。同时，在一般口语的用法中，“司法院大法官”亦有可能是指该机关的“成员”。“司法院大法官解释”为司法院之释宪机关——司法院大法官针对“宪法”之解释、统一解释法律及命令之案件所做出的决定。依“宪法”第78条、“宪法”增修条文第5条规定，“司法院大法官”负责解释“宪法”、统一解释法律及命令。且依释字第185号解释，“司法院大法官”所为之解释，有拘束全国各机关及人民之效力。声请“司法院大法官”释宪类型包括：中央或地方机关声请，人民、法人或政党声请，“立法委员”声请，终审法院声请，法官声请。1993年“司法院大法官审理案件法”公布后，改由“司法院大法官”以会议方式合议审理“司法院”解释“宪法”与统一解释法律及命令之案件。对“大法官解释”，正式引用一般为“司法院释字第某号解释”。本书以下为“释字第某号解释”。

自台湾地区建立“司法院大法官”解释制度以来，作出的与教育相关的解释有十几号之多，推动了“宪法”在教育领域的直接适用。各号解释具体作出的时间、序号以及涉及的主要范围，详细情况见于下表：

---

① 参见沈文钦：《美国联邦最高法院的学术自由判例及其法律意涵》，载《比较教育研究》，2007年第1期；管瑜珍、陈林林：《作为宪法未列举权利的学术自由——美国最高法院的判例与法理》，《浙江社会科学》2011年12期。

② 参见刘剑文主编：《高等教育体制改革中的法律问题研究》，北京：北京大学出版社2005年版，第41—42页。

表 9.1 "司法院大法官"作成教育权利相关解释

时间	解释号	主要影响范围	时间	解释号	主要影响范围
1979 年 4 月	第 157 号	人事管理	1998 年 7 月	第 462 号	人事管理
1991 年 5 月	第 287 号	人事管理	1998 年 9 月	第 463 号	财政预算
1992 年 7 月	第 301 号	人事管理	2003 年 7 月	第 563 号	学生事务管理
1992 年 11 月	第 308 号	人事管理	2006 年 10 月	第 617 号	言论自由与出版自由
1995 年 5 月	第 380 号	课程设置	2007 年 6 月	第 626 号	入学条件
1995 年 6 月	第 382 号	学生权利	2009 年 5 月	第 659 号	管理自治
1996 年 6 月	第 405 号	人事管理	2011 年 1 月	第 684 号	学生权利
1998 年 3 月	第 450 号	课程设置			

（资料来源：孙洋洋、李林根据 1979—2011 年台湾地区"司法院大法官"解释书及理由书整理并制表。）

1987 年 7 月台湾解除"戒严令"，愈来愈多有争议的教育议题开始向"大法官"会议声请解释，教育领域法治化进程加速。从 1995 年开始，"司法院"作出的多号解释对大学自治有显著的规范作用。第 380 号解释基本上划定了传统上属于大学自治的范畴，学术自由、课程修订、毕业条件的订立规范尽数囊括。第 450 号解释认为"大学法"规定在大学内部统一设置军训室违宪，保证大学自主设置课程权利。第 563 号解释判定硕士生学科考试两次不及格即不予毕业的规定属于大学自治的范围，不违宪。在第 684 号解释作出之前，共有七号解释（释字 380 号、释字 382 号、释字 450 号、释字 563 号、释字 626 号、释字 659 号以及释字 684 号）对大学自治产生了深远的影响。[①]"大学自治"由释宪实务明确为以下三个层面——教授治学、学生自治以及管理自治。

教授治学包括研究自由及教学自由。第 380 号解释、第 450 号解释、第 563 号解释、第 626 号解释认定"研究自由"就是学者在探讨学问、探索真理时候享有选题、研究和表达科研成果的自由，包括思想自由、行为自由等。诸如自我确定研究动机、设计相应的研究计划、确定自己研究小组、对研究费用进行预算等都包含在研究自由的范畴之内；第 380 号解释、第 450 号解释、第 563 号解释、第 626 号解

① 李林：《台湾地区司法院大法官解释对大学自治的影响——以释字第 684 号解释为例》，浙江师范大学硕士学位论文，2011 年。

释认定"教学自由"是指高等教育系统内从事教学工作的人员在教学中根据自己的意愿并在承诺履行规定的教学任务下，自由决定课程大纲设计、教授方式、成绩评价标准和考试方式等。

学生自治涵盖以下两个方面：学习自由及学生自治。学习自由是指学生在承诺完成课程目标的前提下，在选择学习时间、学习策略、授课教师、跨院系选课的自由等方面享有的一定的自主权。另外从第380号解释和第563号解释可以归纳出学生自治是指大学应保障并辅导学生成立自治团体，处理学生在校学习、生活与权益有关事项、建立学生申诉制度，以保障学生权益。

管理自治包括以下两个方面：组织自主权和人事自治。从四号解释（第380号解释、第450号解释、第563号解释、第626号解释）的发展进程可以看出组织自治权是为了健全大学组织，国家应给予大学设置内部组织的权力，立法机关也不能强制大学设置特定的单位，从而妨碍大学的内部组织自主权的行使；人事自治主要在第659号解释得到体现，即大学中对于人事聘任、升职与辞退，国家应仅能以资格限制，不得过度干涉，大学有其人事自治权。大学有订立入学资格和毕业条件的自治权，能在法律规定的范围内制定入学条件及毕业条件。

由上可见，多年来台湾地区司法体系谨慎而又节制地介入大学自治，通过释宪机制厘定大学自治的法律内涵，平息发生在高等教育领域内的争讼，保障大学的学术自由，同时也在一定程度上保障了学生的权利。司法系统本身也通过保障法制统一建立起自己的权威形象。翁岳生指出，"通过多年的发展，大法官解释不仅是一种实质意义上的法律，而且更上一层地成为实质意义上的宪法。"[①]不过，"司法院大法官解释"本身也有演进的过程，以它在关涉学生权利方面所做出的解释为例，就经历了从第382号解释到第684号解释的变化。

1995年之前，台湾的公立大学的法律性质尚属于"公营造物"，学生与学校之间的关系属于特别权力关系，当学生个体受到校方惩戒时，即使认为校方处分不合理，也无法行使申诉的权利，因为从传统法律的角度看，学生与公务员、犯人一样都处于特定的行政约束关系之中，并不享有一般权利。1995年6月，"司法院大法官会议"作出释字第382号解释，该解释判定学生在受到退学或类似处分时，如果穷尽校内申诉途径仍认为结果不公，可以依法提请诉愿或者行政诉讼。大学作为思

---

① 翁岳生：《台湾民主宪政的发展与法律概念及立法功能的演变》，载《月旦法学杂志》，2012(200)，第42—64页。

想活跃之地，大学生权利所受到的“特别权力关系”束缚自然会与公务人员以及犯人所应该受到的限制相区隔。台湾地区“宪法”第十六条规定的“人民有请愿、诉愿和诉讼权利”终于开始延伸至大学生群体。该号解释的作出标志大学与大学生之间“特别权力关系”的坚冰开始消融，不过，该号解释虽然规定学生有诉愿或者行政诉讼的权利，但必须穷尽校内申诉途径，并且只有学生在受到退学等会改变学生身份处分的时候才能运用该权利。也就是说，不涉及改变学生身份的其他基本权利仍然不受保障，大学仍然被默认为处于“特别权力关系”体系之中。本着“有权利必有救济”的宗旨，“司法院大法官会议”借由三个声请宪法解释的案件于2011年初作出第684号解释，并对释字第382号予以变更。第684号解释规定行政处分或其他公权力侵害学生受教育权或其他权利，即使非属退学或类似处分，受侵害学生也可以提起行政争讼。该号解释彻底扫清大学生权利救济的障碍，成为大学内部“特别权力关系”彻底瓦解而“一般权力关系”建立的标志。

第684号解释是“司法院大法官会议”应三个案件当事人声请作出的司法解释。这三个声请人与声请事由分别是：(1) 声请人陈玉奇，某大学研究所硕一学生，2008学年上学期跨院加选他学院EMBA学程所开设《公司治理与企业发展》科目，学校认为陈玉奇非该学院EMBA的学生，否准其加选；(2) 声请人蔡曜宇，同一所大学另系研究所硕四学生，2004年3月16日，向学校学生事务处课外活动指导组申请在校公告栏及海报版张贴“挺扁”海报，时值公职人员竞选期间，学校以违背“国家法令”为由否准所请。申请人送经校内申诉、诉愿不受理及行政诉讼以不合法为由驳回；(3) 声请人龙国宾，某私立技术学院进修部观光餐旅学群观光事业科二年级学生，因2002年度下学期期末必修科目考试日期，与2003学年度观光日语导游笔试日期冲突，向授课老师申请提前考试获准，但该必修科目经授课教师评定成绩不合格，致无法于2003年毕业。龙国宾主张成绩评分不公影响毕业，经校内申诉、行政诉讼以不合法为由驳回。简单地说，就是三位学生分别因选课、张贴海报和考试成绩公正评定方面权益受损，穷尽校内申诉途径后进行行政诉讼，却因为行政法等规制受到限制，最后不得不声请“司法院大法官会议”作出解释。“司法院大法官会议”于2011年初做出了释字第684号解释。解释文全文如下：

大学为实现研究学术及培养人才之目的或维持学校秩序，对学生所为行政处分或其他公权力措施，如侵害学生受教育权或其他基本权利，即使非属退学或类似之处分，本于宪法第十六条有救济之意旨，仍应许权利受侵害之学生提起行政争讼，无特别限制之必要。在此范围内，本院释字第三八二号解释应予变更。[①]

经过第382号解释到684号解释的演进，大学生权利的保障与救济制度更为彻底——不仅仅是受教育基本权，而且还包括选课权、获得公正学业评价的权利在内的基本权利也可以提起行政诉讼以获得救济机会。而这些纷争过去认为属于大学内部管理问题，受"特别权力关系"规范，由大学自主治理，属于大学自治的范围。那么，司法系统是否侵犯了大学自治呢？高等教育系统的闭合性、独立性是否受到影响？从系统论角度看，高等教育法治系统在司法系统与高等教育系统的交往中是否建立起"回溯性网络"，以实现下一次交往的自创生和闭合？另外，"一个法律的颁布不是平息更多的争议，而是激起了更多的纷争"定律是否会在第684号解释作出后发生作用呢？我们不妨通过李林所获得的深度访谈材料来进行再分析。

第三节 系统间交往：基于信息传递、理解与选择的经验分析

李林的访谈共有八位受访者，分别来自台湾北部、中部、西部的四所大学（私立大学二所，公立大学二所），其中行政人员二名，学生三名，教师三名。他们大多有法学背景。

(1) 法律（信息）传递方面：一位受访者表示，学校在第684号解释之后，教务处、学务处和总务处等部门多次召开会议，也有邀请老师代表、行政人员代表和学生代表举行的宣导会。学生代表一般来自学生会等学生团体，再由学生团体的代表向同学们传递相关讯息。但另有受访学生表示，没有见到明确形式的公告。有一位受访者的理解是，"大法官"会议针对学校行为提出要求，学生（在遇到权利侵害时）可能会去诉讼，但是学校不会主动告诉这件事情。来自学生会的受访者认为，学生会对这方面的关注度和敏感度也不是很高，他们比较关注的是切身的、需要适时解决的事情，比如说机车停放地点、教学大楼的修盖和学生住宿问题等，关心"二一学制"，切身相关的问题学生很关心。至于说对学生权益的影响，有受访

① 台湾"法律"网。"司法院大法官"释字第684号解释 [EB/OL].http://www.lawtw.com/article.php?template=article_content&area=free_browse&parent_path=,1,2169,2233,903,&job_id=168655&article_category_id=2150&article_id=94418. 上传时间 2011-01-17/ 浏览时间 2013-04-01。全文见本书附录三。

者认为，对某些同学影响较大，但是 99% 的同学不受该解释的影响，因而不受影响的同学对该号解释关注度很低。人文社科的教师以及从事学生事务的行政管理人员对该号解释较其他学科教师和其他方面行政人员更为关注。

(2) 法律认同与执行意向（信息理解与选择）："教育部"先后出台了《因应司法院释字第六八四号解释专科以上学校处理学生事务参考原则》和《大学及专科学校学生申诉案处理原则》两个文件。台湾地区两大高校联合会——"国立大学校院促进会"及"私立大学校院协进会"策划了多场宣导会，以应对该号解释可能对岛内大学带来的冲击。各校审时度势，及时修改《学生申诉办法》，进一步规范校内申诉制度，根据第 684 号解释的意旨积极主动地在校内管理工作和管理思路上作出调整。对与学生利益密切相关的章则——《学则》和《学生奖惩办法》等制度进行了修正。例如台湾师范大学废除了"二一制度"，台湾逢甲大学修改了学生通识课的"剔除制度"。有受访者对第 382 与第 684 号解释之间的渐进式推进表示认同："学生受到惩戒以后可以在学校内部进行申诉，校内有校内申诉委员会，该组织会做出学生申诉成立与否的决定，如果不成立的话要看学生申诉的内容，（如果申诉内容涉及退学等相关处理处分时）学生才可以向教育部诉愿，教育部诉愿再驳回的话，（学生）可以打行政诉讼，所以 382 号解释很清楚地写道学生在用尽校内申诉途径还不能获得救济的话，能提起行政诉讼。684 号补了一枪。"在受访者中，没有人表示"司法院大法官"释宪是对"大学自治"的挑战，或者说 684 号解释将影响他们坚持学术标准对学生的学业评定。

(3) 执行成效（"回溯性网络"是否形成？）：与近年台湾地区友善校园活动开展相互呼应，该号解释的作出可能会进一步减少学生申诉事件。2005 年开始，台湾教育主管部门推动《友善校园整体营造计划》，试图营造师生关系和谐、校风文明正义校园。《因应司法院释字第六八四号解释专科以上学校处理学生事务参考原则》（以下简称《因应解释处理学生事务参考原则》）介绍了大学在处理关于学生权利救济案件时应该遵循的原则，同时根据第 380 号解释，第 450 号解释、第 563 号解释以及第 626 号解释规定，全面梳理了大学教师在学术研究、教学，大学行政在处理学生事务时涉及学生基本权利等方面时享有的自治权限，并要求各大学在组织面、程序面和实质面上就校内规章与各号解释（特别是第 684 号解释）要求，进行对照、全面厘清。该原则强调"高度属人性事务"（如学生品行考核、学业评价、教师升等前之学术能力评价等）、"高度科技性"（如与环保、医药、机电有关之风险效率预估或价值取舍等）及独立专家委员会独立决定，属于大学专业判断，应该给予尊重。但《因应解释处理学生事务参考原则》同时强调专业判断不得“出于错误之事实认定或不完全之资讯”，法律概念涉及事实关系时其涵摄不得有明显错误、对法律概念之解释不得明显违背解释法则或抵触既存之上位规范、不得违反不当联结之禁止、不得违反法定正当程序、不得违反法治国应遵守之原理原则（如平等原则、比例原则、信赖保护原则）。也就是，《因应解释处理学生事务参考原则》一方面维护了学术与专业判断权威，但也做了限制。此外，大学通常设有相关机构来为学生服务，比如设置法律咨询室来预防并帮助学生解决侵权事件。在第684号解释不同意见书中，蔡清游大法官表示过焦虑，他担心大学的申诉案件会呈上升的趋势。但是根据访谈得知，从2001年以来，学生申诉案件一直呈现下降趋势，某些高校学生申诉事件甚至已经绝迹。诚如李惠宗所言：传统上居于不可挑战地位的学校职责单位及教师，在作成各种对有所不利影响学生的措施前，会更加谨慎。[①]

对于司法系统与高等教育系统交往“回溯性网络”的形成，另有台湾师范大学社会科学学院的行政程序提供经验材料。第684号解释是2011年1月17日发布。2011年4月27日、6月1日该院第十一次、第十二次院务会议都讨论如何在各层面开展学生权益宣导。8月29日还请台湾大学法律系林明锵教授到校演讲说明第684号解释文概念与意涵，以及对各单位所遇法规修正或各项行政处分之相关问题或疑义进行讨论，以利于学生相关之各项规准订定及所为之各项处分，更为周延完备与适当。社会科学学院下设三所——社会工作学所、大众传播所、政治学所的修业、实习、选课、学位论文计划口试、学位考试等规程皆在学院网页上详尽罗列，或注明向所调阅。[②]

与行政手段的推动不同，司法释宪的推动往往更为权威与宏观。当然，在台湾地区案例中，我们看到的是司法、行政与办学机构几方面的协同作用，最后的结果是高等教育法治趋于严密、完善。时至今日，高等教育系统实际上已经很难自外于立法系统、司法系统所和执法系统所编织的网罗，高等教育系统与法律系统交往的回溯性网络已经形成。这对于平衡国家监督与大学自治、人民主权与学术自由权利之间的关系具有重要意义。

---

① 李惠宗：《校园将永无宁日？——释字第六八四号解释评析》，载《月旦法学杂志》（台北），2011（105），第86—94页。

② 台湾师范大学社会科学学院主页，《学生权益促进意见征询会议（因应司法院大法官第684号解释）》，http://www.ntnu.edu.tw/css/event_work_684.htm，浏览时间2014/10/22。

结　语

本书即将完成之际，逢执政党十八届四中全会发布公报，公报提出要建成“中国特色社会主义法治体系”，而此前较为接近的提法是“中国特色社会主义法律体系”。从“法律体系”到“法治体系”虽只有一字之差，却浓缩着国家治理道路的艰辛求索，昭示着国家发展的光明前景，但也同时提醒人们后续工作还需要付出巨大的努力。因为，法治不仅需要完备的法律规范体系，而且还需要高效的法治实施体系、严密的法治监督体系、有力的法治保障体系以及完善的执政党党内法规体系。法治是一国法律制度、法律典则、法律运行、法律实现等有关法的综合交织因素形成的法之实践体系。法治，首先是法律系统成为一个能够把成文法典付诸实施的自足的回溯的体系，其次，是与其他系统交往中，在与环境的交往中发挥自己的影响力。高等教育法治涉及的是高等教育系统与法律系统、政治系统、文化系统乃至经济系统的交往问题，以及高等教育政制的法哲学基础。以自创生社会系统理论为框架的观察，有助于我们更好地认知和探讨这个问题。目前本书只是做了初步的讨论。

高等教育系统的主要功能是知识与人的生产与再生产（科学研究与人才培养），高深学问的学科分化，使得它基本上能够自足、闭合地运作。但是，闭合性不等于封闭性，对于环境所要求的公正与效率是高等教育系统面临的挑战。而公正与效率又往往是矛盾的两种价值体系，要回应环境这两个时而矛盾、时而统一的诉求，必然对高等教育系统提出更高的稳定性预期。与高等教育有关的法律系统的运作规范与介质完全有可能通过异指涉，进入高等教育系统，成为高等教育系统主要功能之下的分化功能，从而满足环境对高等教育系统以公正或（和）效率为诉求的变革需要。当然，德治与政治系统也会以同样的方式涉入。对于高等教育系统的再分化系统如何可能，限于条件，需要在后续研究中进一步追踪、探讨。以下主要就本书对高等教育系统的二阶观察所得，做一个简单的回顾。

第一节 关于高等教育系统的闭合性与开放性

改革开放三十多年，社会系统功能分化在渐进地推展，高等教育系统的独立性、自治性大大增强，在社会分工中承担的主要职能更为明确、专门，政府对高等教育系统的介入方式也更为专业，更为尊重高等教育自身的规律。高等教育系统的性质与特征的讨论，是完成国家监督与大学自治关系顶层设计的需要，是处理好高等教育系统与政治系统、与法律系统、与道德关系的需要，也是增强高等教育系统变革自觉意识与目的性的需要。

高深学问分科并且借由分科实现专业人的培养和输送，是高等教育系统从社会总系统中分化出来的重要机制。十六七世纪后，西欧社会开启现代转型之旅，以整体性为圭臬的知识生产格局逐渐瓦解，分门别类式的知识生产专业模式开始形成，专门知识的地位开始提升，并最终通过学科制度与大学制度的结合为传统社会向现代社会的转型、为现代社会功能分化奠定了人才与知识的基础。高等教育本身也因为能够培养专业人才、促进学科知识的传承发展，而成为具有特定功能的闭合系统。由于具备这样的功能，使其可以与社会其他功能子系统（如经济系统、法律系统、政治系统、宗教系统等）直接对等地进行互动，甚至因其对各系统知识的学科化运作，这一系统还具有对其他功能子系统的某种基础支撑功能。按照卢曼的社会系统论，凡是社会功能分化系统具有一定的家族相似性，如具备保持系统运算上闭合、认知上开放的二进制代码和程式，等等。系统要演进，就需要一组二进制代码，从而保证功能实现。二进制代码由积极性值和消极性值组成，分别代表一种“形式”的两面，这两面既相互排斥又相互关联，因而是一种充满张力的悖逆关系。系统演进并非以积极性值的实现为目的，而是在积极性值与消极性值之间穿行，从而为自创生保留足够的空间，为系统维持下去提供条件。系统的运行、自创生与维持才是系统本身的目的。而程式可以帮助系统对环境的要求予以回应和转化，同时又不会使得系统丧失自己的独立性。关于高等教育系统的二进制代码与程式，本书做了一些初步的讨论。首先，高等教育系统不同于知识系统，也不会简单地与普通教育系统雷同。知识系统的“真实 / 虚假”代码，教育系统的“受教育 / 未受教育”

代码对于高等教育系统而言都未必贴切。如果可能的话，“学科化 / 去学科化”更符合高等教育系统的特征，可以作为一种考虑。那么“学科化 / 去学科化”是否就是高等教育系统的二进制代码，还可留待进一步讨论。在现实的运作中，由于学科强调知识内在逻辑，具有较强的封闭性，而专业（Major，Programm，一种与社会职业联系更为密切的并可通过课程组合加以反映的分化）具有更强敏感性和社会适应性，从而体现出与社会（环境）更为密切的互动关系，并为学科发展带入外部视野。因此，“专业化”是否就是那个帮助高等教育系统，在保持自身代码不变的前提下，实现相对可变性的“程式”，可做进一步观察再下定论。

高等教育系统变革的理论与实践之间应该有一个相互关照与促进的共同建构过程，因此本书对两岸分别以行政执法手段和司法手段推动高等学校内部管理变革的案例加以讨论。首先关注的案例是大学章程的制定。大学章程是以大学之“根本法”（“宪法”）的形式对各种权利平衡赋予合法性的基础制度，也就是说，大学章程是对大学法人治理结构的法权确认。法人治理结构是在机构所有权与经营权分离条件下内外部权利配置与运行机制的构造。具体到公立高等学校的法人治理结构，分为内部分权制衡机制和外部制衡机制。如何通过权利配置和权利运行去实现法人设立的目标，并使内外部各权利主体的权利实现制衡，是高等学校法人治理结构议题的重点。法人治理结构和内外部权利配置方面，不仅在立法实务技术上，而且在法理论层面上，还有不少需要明晰却又在短期内难以明晰的问题。例如，外部权利配置方面，政党的政治领导权力、政府的管理权力和公众的监督权利之间的配置及其对内部权力的具体制衡方式；内部权利配置方面，所有者权利、举办者权利和经营者权利配置与制衡。而大学内外部权利、大学内部举办者权利、经营者权利之间的制衡，就是一种法权确认，这种确认需要相当层级的法律，甚至是宪法解释才有可能完成。只有法律才能胜任大学章程上位法。在法人治理结构与权利配置最基本要求确定后，大学权力机构全权制定大学章程，那就是水到渠成之举。倘若上位法尚缺对大学治理结构和权利配置的总体规制和设计，那么就很难期待大学章程作为“组织法”“权利法”和“程序法”三合一的完美表现。不过，上位法的演进和顶层设计的推动，也部分地依靠自下而上的力量，依靠各校的试点和尝试。从这个意义上说，尽管大学法人治理结构的影响全局性的顶层设计仍然远未完成，但是上下互动的变革路径选择是正确的，从这个角度上推动大学章程的制定是有意义的。其次，本书还关注了台湾地区“司法院大法官会议”发布的解释对高等教育系统的影响，以作为司法涉入高等教育系统所带来的外部监督与大学自治关系变化的观察个案。通过个案讨论，我们注意到在高等教育系统变革中，法律手段越来越广泛而深入地得到运用，来自法律系统的立法、行政执法和司法活动愈益频繁地与高等教育系统变革联系在一起。这些活动或以司法为手段，或以行政执法为手段，或以立法和修法为手段，以完善高等教育法律制度，推动高等教育系统变革为目标。最终目标是相同的，但法的介入方式有所不同，效果也不尽相同。过去人们较为抽象地讨论了行政（执法）系统、法律系统与高等教育系统之间的关系，也触及同时兼具政治系统部分特征的行政（执法、立法与司法）系统对高等教育机构的强大影响力。目前来说，我们比较缺乏对几个系统互动关系，以及高等教育系统把政治系统与法律系统所代表的环境的要求纳入“异指涉”，并进而形成交往“回溯性网络”的经验材料。本书所引用的经验研究以指令和法规执行评估为视角，对相关机构人员进行了深度访谈，得到了一些过去属于政策过程“黑箱”的被忽略的信息。观察显示，大学章程制定的推动主要依靠行政命令，行政命令的法源是相关行政法和相关授权，其合法性也来自法律法规，但是行政命令的法律效力较低，权威性较为欠缺，对于解决一些较高层级的如大学治理结构法权关系的问题显得疲弱无力。虽然行政命令涉入方式更为直接，目的更为集中明确，教育行政主管部门本身甚至就是高等教育系统的一部分，但却比较难于形成一个系统闭合所需的“回溯性网络”，或者说如果要形成一个治理规则的“回溯性网络”还需要更多的外部命令，外部命令本身对于系统自创生的影响急切需要评估；而释宪制度有很强的法律拘束力，而且这样一种制度设计恰恰是把日常个案的宪法适用与解决高层级的治理结构和权利配置难题较为完美地结合起来，因而具有更强的自足性。法律系统在完成对高等教育权利（在本书中是大学生权利）宪法适用的“异指涉”后，作为法律权威性比较高的部分，可以被无间隙地纳入高等教育法治系统。从已经接触到的材料看，宪法适用在美国、德国、日本等国家高等教育系统维护与变革发挥一两拨千斤的作用，效果不错，这使得我们对这种变革涉入方式，不能不予以密切关注。

在社会急剧变化的当下，高等教育与社会各部门之间的关联将更加密切的同时，高等教育的自主性、独立性却又尤显重要。因此，高等教育作为一个社会子系统的开放性与闭合性、回应社会所需的能力与自创生性之间的矛盾和冲突将更加凸显。社会各子系统要学习以程序与实质合法的方式跟高等教育系统交往，高等教育系统要学习法治条件下的生存之道。

第二节 关于法权与高等教育法权的理论、历史与现实

“法权”是中国高等教育哲学的政治论与共和国高等教育史无法回避的一个概念。学位制度的迟滞乃至整个高等教育法制延宕都无不因为“法权”及其观念。那么什么是“法权”？马克思的“资产阶级法权”又是在什么情况，什么语境中说的，表述的含义又是什么？今天重新出现的“法权中心论”的法哲学又对高等教育法哲学具有怎样的影响？

要理解法权，首先要理解权利以及权利与法律的关系。从语用学词源追溯的角度看，法律与权利两义一形的情形就表明了这种关系的客观存在。它们表明法律和权利之间至少在以下两个方面存在深层联系：首先可以说一切私权利都源于法律秩序，其次可以说法律秩序在某种意义上就是得到协调的法律权利的集合体。自然权利与人民主权之间的分化以及竞争关系，成为法权学说的基本底色和基调。自然权利来自于人性推论与人作为人的尊严，而人民主权则来自于自然权利让度时的法律约定。在整体意义上人民主权是现代社会最高形式的权力来源，是基本的政治原则，也是基本的法的原则，两种合二为一，即为宪政原则。这时的人民主权是超越于一般权利、超越于一般法律的宪政原则。自然权利虽为人民权利之源，但是在这一理念付诸实践的过程中，自然权利原则与人民主权原则之间实际上出现了一种竞争关系，这种竞争又交织着自由主义与共和主义、人的自我决定与人的自我完成、个人生活（人格）与集体生活（人格）、个人道德与共同体伦理、道德原则与民主原则之间的竞争。它们被和谐、平衡地安置于一个政治法律制度中，是包括法权哲学在内的法哲学与政治哲学理论努力的目标。

法权哲学是对权利（包括人权与人民主权）的正当性和合理性加以辩护的哲学，同时也是对人权原则与主权原则关系加以诠释，对两者加以平衡、协调的理论。法权的概念，首先出现在德语世界。Recht 一词，在德语中，同时具有“法”“权利”“正当性”和“法权”的含义。“法权”不是具体权利，也不是实证法。它是一种在法的框架下的权利与权利的关系（此时称为“法权关系”），或者是关于正义缘起及权利与公正关系的学说（此时称为“法权哲学”），或者是泛指法的现象（此时称为“ 法权现象”）。法权哲学与法权理论，是以对权利（包括人权与人民主权）的正当性和合理性加以辩护，对人权原则与法权原则关系加以诠释，对

两者加以平衡、协调的为己任的理论。“法权原则”“法权哲学”“法权视界”（例如马克思的运用）、“法权关系”被灵活地使用于探讨法权的各种理论中。

法权学说作为对国家法政基础加以论证的学说，是法国大革命与美国革命后法治国在民族国家得以构建的产物。法权学说狭义地说就是立法原则的学说，从宽泛一些的意义说，则可包括所有以权利的政制安排为核心，讨论和反思政治系统、法律系统与道德伦理之现代关系的学说。权利为什么成为宪法的中心议题，国家如何成为法权最后的归宿，法治、宪政与人性的关系，以及法权观念对于宪政的意义等等，都是法权学说的直接或间接议题。从这个意义上说，自康德、费希特之后的法权学说的经典作家包括了黑格尔、马克思、韦伯、科耶夫等等；法权学说在中国的影响则体现为马克思法哲学观点在中国的具体应用和发展，当然，康德、黑格尔、韦伯、科耶夫的论述也开始受到日益广泛的关注。

康德认为法权就是“一个人的任性能够在其下按照一个普遍的自由法则与另一方的任性保持一致的条件的总和”。人是自己的立法者，因为任何人都不会对自己不义，他对自己总是最公正的。因此，解决一个人的理性能力和立法能力是使个人为自己确立行动准则、并通过这个准则协调与他人的关系的关键。但这只是一个过渡，因为私人权利在自然状态下虽然是可以实现的，却是暂时的，不稳定的。为了获得稳定、持久的权利，需要一个按照普遍立法的意志，建构法权的状态，特别是公共法权的状态，以实现分配正义的法权状态可以称为公共法权的状态。公共法权是对于一个民族亦即一群人为了分享正当的东西而联合起来的意志之下的法权状态。他说：“一单个的人在民族中彼此相关的这种状态，就叫作公民状态。而这些人的整体与其自己的成员相关，就叫作国家，国家由于其形式，作为通过所有人生活在法权状态之中这一共同利益联合起来的，被称为共同体。”正是宪政帮助一个国家成为共同体。康德第一次使伦理学升入纯先验的界面，为人类的道德生活和道德反思建立了最高的目标与范本，但他研究的推动力却来自现代政治问题，也可以说是宪政与法权问题。

黑格尔“相互承认的法权”思想，表达了法权受孕育于市民社会这样一个保守自由主义的政治观，并体现为相互支持的两个知识诊断。第一，个人追求自由的活动得到了市民社会的法权承认，在此基础上建立起来的君主立宪国家则是法权的最高形式——主观与客观相统一的法权；第二，充分肯定了市民社会作为自主运行系统而具有相对于公领域的私领域性质，这等于承认了政治国家之外的其他领域的功能分化。黑格尔的以“主奴辩证法”为隐喻的“相互承认的法权”理论经过科耶夫、泰勒和霍耐特的重新阐释在当代重新进入人们的理论视野，成为二十世纪七八十年代后持续近二三十年的西方“法理革命”“重塑政府”“治道变革”“治理与善治”的理论基础。以“相互承认的法权”为核心的承认政治理论之所以会成为“地方治理”“分散化治理”“新公共管理”到“效能政府”实践的理论资源，是因为它解决了不同治理主体间相互尊重法权关系建构的难题。黑格尔法权思想最为权威的诠释者——科耶夫的工作，促进了法权学说在当代的重新兴起。科耶夫认为，研究法权的起源与进化，也就是研究社会相互作用本身的起源和进化，也就是研究历史的产生和作为整体的历史过程。不仅如此，与所有人性化的现象一样，法权与所有其他历史现象（如宗教、道德、政治等）关系密切。这也说明高等教育与“法权”的相遇并非偶然。

马克思对法权起源的追溯是从“劳动”开始的。“劳动”是马克思对黑格尔的“主奴辩证法”及其承认范畴予以承接并全面超越的重要范畴。马克思也是在发现异化劳动违背了平等交换的自然法则模式的基础上，揭示市民社会所谓“普通权利”的虚伪性，从而提出试图超越权利、超越法学世界观的政治哲学。对穷人权利的伸张，对既得利益者动用政权机器和法律制度维护“先占权利”的不齿，使得马克思无论对既有的科层官僚制还是法律制度都无法给予充分的评估。所以尽管马克思强调在“资产阶级的法权哲学”的对面应该确立“用社会主义形式并排地站起来”的“无产阶级的法权哲学”，但是马克思的重心仍然是超越于法学的、希望从更为广阔的经济与政治革命所进行的社会改造。对于从未有过法学世界观的中国，这种对法律和权利的跨越所造成的结果是可想而知的。

随着“资产阶级的法权哲学”使用频率提高，“资产阶级”前缀与“法权”的连结方式日益简化，日益丧失了原来表述的严谨性和含义的精准性，先是由“资产阶级式的法权”转变为“资产阶级的法权”和“‘资产阶级’的法权”，最后变成“资产阶级法权”，并衍生出“资产阶级权利”的错误使用，以至于在后来的实践中一度出现了一种否定权利、谈之色变，甚至把具体的利益、劳动报酬或学位、学衔等视同“资产阶级的法权”或资产阶级不当特权的情况。“资产阶级法权”成为一个政治标签。当然，法权哲学也并不因为人们在实践中对它的错误使用而“死亡”，对于各种权利关系的法哲学思考和价值排序始终需要一个综合抽象概念和术语，这就是“法权”在今天重新获得重视的原因所在。

高等教育领域的权利，既包括接受公民高等教育的机会公平权利、科学文化活动（包括学术活动）自由权、大学生的发展权，也包括高等学府法人治理各种内外部权利。这些权利关系的平衡问题，就是法权问题。高等教育的法权观念，具体体现在对以下问题的解答和价值选择之上：（1）在大学资源有限的条件下，谁具有上大学的优先权利？通过什么样的标准与方式（政治的？法律裁决的？纯粹学术标准的？抑或是混合标准？）来判定上学资格？（2）学术自由权利是宪法所保护的公民权利，是一种典型的自然权利，但是学术系统中的学术自由权利拥有者同时也掌握有学术权力，权利与权力之间如何实现平衡？作为人权的学术自由权利与源于人民主权授权的政府管理权力之间的矛盾与冲突如何消解？（3）在大学组织与国家的关系上，是给予大学更多的自由，还是加强管制？大学的权利到底应该包括哪些？（4）在更为宽泛的意义上，大学培养出来的精英所应该具备的素养，以及他们对国家主流价值评判（例如对某一群体利益的优先保护）的认同程度。国家对高等教育的治理方式的选择往往以对高等教育法权平衡的全面、崭新认知为前提的。

高等教育法权观念与国家哲学之间有着密切关联与显明的互动。今天当中国社会全面走上社会功能分化之路，提供人才与知识支持的高等教育系统逐渐获得自创生的条件和内生动力。法治，为高等教育系统与全社会各子系统的平稳发展提供了支持和稳定的预期。法治国家的建设和高等教育法治都对高等教育的法权问题研究提出了更为迫切的要求。

第三节 关于改革开放前后两个历史时期关系的基本观察

两个历史时期之间不可割裂，但对历史做深刻反思仍然必要。特别是改革开放前，以强人意志推动的“去分化”导致社会所有子系统失去各自闭合与独立的条件，丧失平衡与自创生能力，直至“文化大革命”的全系统崩溃，确实应该思考。高等教育系统是分化的社会各子系统人才与知识的储备库，是知识分子的主要栖身之所，因而高等教育系统所遭到的破坏和损失扩散到整个社会功能系统，加速了这个进程；“文化大革命”终结，社会系统重建自修复高等教育系统开始，正是前一历史阶段的“反题”。历史，我们无法回避，也不容回避，对国家建构过程中种种时代的局限、外部环境的限制以及系统耦合偶然性，进行开放性的讨论和反思，有利于我们更为理性地看待历史、汲取教训，有利于人们打开心结、寻求共识。

对于改革开放前后两个历史时期关系的把握，关系到国家认同与社会信任，既是重要的理论议题，又是关系到中国继续向前走的实践问题。诚如郑永年观察到的那样，两个历史时期（毛泽东时代与邓小平时代）是客观存在的，无法相互否定，因为它们都仍然在延伸着各自的影响力，但也因此产生了两个有着各自拥戴价值观的在意识形态上对立的阵营，这两个阵营又因为种种现实原因与行动策略，以不同的表现形态占据今日政治光谱的两端。国人对峙的意识形态不利于社会信任的建立。因此，那些沉默的大多数对历史进行了怎样的反思，对现实进行了怎样的思考，他们所崇尚的、希冀国家秉持的主流价值观念是什么，值得关注。

从高等教育系统论的角度看，两个历史时期高等教育系统有着不同的社会环境——前三十年是社会功能“去分化”时代，是用强化阶级意识的手段消灭阶级分化的时代，是对科层制和法理型统治充满疑惧的时代，当然也是一个新生共和国由革命向日常建设转型的艰难探索的时代；后三十年则是以社会功能分化基本架构融入全球化进程的时代，是以社会各子系统相对独立运行为基调的专业化时代，是自然权利与公共权力重新获得平衡的时代。对两个历史时期高等教育系统问题的思考，离不开对它所处的时代和社会环境的认知与判断。毫无疑问，去分化与打压科层制的时代，高等教育几乎没有生存空间。这里不是说前三十年没有办学成绩，没有培养人才和科学研究，相反，在某些方面（例如工程科技人才的培养）前一个时期可能还很突出，而是说在前三十年，高等教育系统的自创生能力，整体运行机制乃至合法性都处于悬而未决的状态。在强人意志的推动与垂范下，意识形态、政党伦理、阶级斗争、群众运动、行政手段都曾经以正义、公平、效率、道义的名义销蚀高等教育系统的独立性，直至它消融于环境之中。没有了高等教育系统，又何来高等教育系统的正义、公平、效率与道义？后三十年的社会功能分化时代，基本上保证高等教育系统逐渐走向闭合。以学科为基本组织形式和工作方式的高等教育系统在现代功能分化社会，履行人才培养与科学研究的基本职能。它通过学科、跨学科与多学科活动以及相应的课程组合，感知外界对基本功能之上的复合型要求，例如人才培养的质量、教育机会的公平、办学效率与问责等等，但外部的“指涉”必须由高等教育系统加以转换，最后形成系统之间的“共变”，由高等教育系统的内生动力推动完成。

对权利的肯定，对法律的信仰，对社会功能分化大势的顺应，是未来超越对立与割裂，重建社会信任，让人民团结在一起的基本价值观。

法治是人类所有治理方式中唯一具有权利话语体系以抗衡治理者本身的治理方式。

法治不仅仅需要强大的法律系统，而且它的运行前提是政治系统、法律系统、经济系统、文化科技系统、道德系统与教育系统等各子系统的独立并行。法治同时为自己的前提服务。

法治环境是高等教育系统自创生最为理想的环境。对高等教育系统提出要求的社会必须学习法治条件下的交往之道，高等教育系统本身则要学习法治条件下自己的生存之道。

附录一 20世纪50年代“新”“旧”教育体制对照表

	“旧的自由主义”教育体制	新的教育体制
世界观和基本价值观	自由优先，亦不一般地反对民主平等	平等、民主优先、亦不一般地反对自由
利益关联	人民（个人、集团、资产阶级）	人民（以先进阶级代表）
外界环境	自由市场经济与资本主义日常生活伦理	计划经济与社会主义日常生活伦理
高校管理体制及学科组织特征	公立与私立院校并存，学校有较大程度自主权，教授治校，以多学科综合大学为主体，独立学院的地位较低	公立院校（政府的附属机构）、部门管理，单科性、多科性独立学院与文理综合大学，独立学院地位抬高
招生就业制度	独立招生、自由就业	计划招生、统一分配、“专业对口”（因此有“口径”之说
学术价值观以及驱动力	a. 学术自由、学术独立、为学术而学术； b. “学”高于“术”，看重“学术标准”，不惜把“术”的知识拒于大学之外，重视基础研究； c. 个人的闲逸的好奇，对学术的忠诚、对真理的追求，不可为致用而学，不可有致用之心；亦兼顾公众利益和社会责任	a. 学术“为人民服务”、“为政治服务”； b. “术”不低于“学”，重视技术教育，大学向工农开门，不惜降低“学术标准”，强调“理论联系实际”，“学以致用”； c. 对国家、人民的忠诚，对社会的责任，亦认同个人的自由和对真理的追求
教师基本组织	个体	教研室（集体）
学生组织以及专门分化途径	教学班级、主修制度	行政班级、专业制度
教师与学生的学术地位	教学自由与学习自由，但两种自由之间，维持“学术标准”，学生处于学术等级的底端（这种分层源于成就而非血缘联系或资历）	教师权威弱化，强调学术平等，调动学生的积极性，但在国家需要与个人选择之间，服从国家需要优先
课程权利分配、“质量”控制机制	“院”—“系”—“组”三级分化，治权在校，课程模块（重基础，淡化主修），通过市场、拨款、社会等方式进行调节，主要依靠内部的自我控制	“院”—“系”—“专业”（由国家控制）两层三级分化，淡化基础，突出专业，以“教学计划”、“教学大纲”、“指定教科书”来控制“质量”

附录二 教育部章程核准书

中华人民共和国教育部高等学校章程核准书第 24 号

北京大学：

根据《中华人民共和国高等教育法》《高等学校章程制定暂行办法》，你校第 12 届党委会第 5 次全体会议审议通过并报我部核准的《北京大学章程》，经教育部高等学校章程核准委员会评议，2014 年 7 月 15 日教育部第 22 次部务会议审议通过，现予核准。

核准书所附章程为最终文本，自即日起生效，未经法定程序不得修改。你校应当以章程作为依法自主办学、实施管理和履行公共职能的基本准则和依据，按照建设中国特色现代大学制度的要求，完善法人治理结构，健全内部管理体制，依法治校、科学发展。

中华人民共和国教育部

2014 年 9 月 3 日

附录三　台湾地区“司法院大法官会议”第684号解释

·解释字号：释字第684号

·解释公布日期：2011年1月17日

·解释争点：大学所为非属退学或类此之处分，主张权利受侵害之学生得否提起行政争讼？

·解释文：

大学为实现研究学术及培育人才之教育目的或维持学校秩序，对学生所为行政处分或其他公权力措施，如侵害学生受教育权或其他基本权利，即使非属退学或类此之处分，本于“宪法”第十六条有权利即有救济之意旨，仍应许权利受侵害之学生提起行政争讼，无特别限制之必要。在此范围内，本院释字第三八二号解释应予变更。

·理由书：

人民之诉愿权及诉讼权为“宪法”第十六条所保障。人民于其权利遭受公权力侵害时，得循法定程序提起行政争讼，俾其权利获得适当之救济（本院释字第四一八号、第六六七号解释参照），而此项救济权利，不得仅因身份之不同而予以剥夺。

本院释字第三八二号解释就人民因学生身份受学校之处分得否提起行政争讼之问题，认为应就其处分内容分别论断，凡依有关学籍规则或惩处规定，对学生所为退学或类此之处分行为，足以改变其学生身份及损害其受教育之机会时，因已对人民“宪法”上受教育之权利有重大影响，即应为诉愿法及行政诉讼法上之行政处分，而得提起行政争讼。至于学生所受处分系为维持学校秩序、实现教育目的所必要，且未侵害其受教育之权利者（例如记过、申诫等处分），则除循学校内部申诉途径谋求救济外，尚无许其提起行政争讼之余地。惟大学为实现研究学术及培育人才之教育目的或维持学校秩序，对学生所为行政处分或其他公权力措施，如侵害学生受教育权或其他基本权利，即使非属退学或类此之处分，本于“宪法”第十六条有权利即有救济之意旨，仍应许权利受侵害之学生提起行政争讼，无特别限制之必要。在此范围内，本院释字第三八二号解释应予变更。

大学教学、研究及学生之学习自由均受宪法之保障，在法律规定范围内享有自治之权（本院释字第五六三号解释参照）。为避免学术自由受国家不当干预，不仅行政监督应受相当之限制（本院释字第三八〇号解释参照），立法机关亦仅得在合理范围内对大学事务加以规范（本院释字第五六三号、第六二六号解释参照），受理行政争讼之机关审理大学学生提起行政争讼事件，亦应本于维护大学自治之原则，对大学之专业判断予以适度之尊重（本院释字第四六二号解释参照）。

另声请人之一认“行政诉讼法”第四条第一项规定，违反“宪法”第十六条，且与“司法院”释字第六五三号解释意旨不符，声请解释“宪法”部分，系以个人主观见解争执法院认事用法之当否，并未具体指摘该规定于客观上究有何抵触宪法之处，核与“司法院大法官”审理案件法第五条第一项第二款规定不合，依同条第三项规定，应不受理，并此指明。

·事实：释字第684号解释事实摘要

(一)声请人陈玉奇为某大学研究所硕一学生，2008学年度上学期，跨院加选他学院EMBA学程所开设的“公司治理与企业发展”科目，学校认声请人非该学院EMBA学生，否准其加选。声请人迭经校内申诉、诉愿不受理及行政诉讼以不合法为由驳回确定，爰声请解释。

(二)声请人蔡曜宇为同大学另系研究所硕四学生，2004年3月16日向学校学生事务处课外活动指导组申请在该校公告栏及海报版张贴“挺扁海报”，时值公职人员竞选期间，学校以违背国家法令为由否准所请。声请人迭经校内申诉、诉愿不受理及行政诉讼以不合法为由驳回确定，爰声请解释。

(三)声请人龙国宾为某私立技术学院进修部观光餐旅学群观光事业科二年级学生，因2002年度下学期期末必修科目考试日期，与2003年观光日语导游笔试日期冲突，向授课教师申请提前考试获准，然该必修科目嗣经授课教师评定成绩不及格，致无法于2002年毕业。声请人主张成绩评分不公影响毕业，迭经校内申诉、行政诉讼以不合法为由驳回确定，爰声请解释。

参考文献

著作

1.《马克思恩格斯文选》（两卷集，第一卷），北京市：人民出版社 1954 年莫斯科中文版。

2. 马克思：《1844 年经济学哲学手稿》，北京：人民出版社 2000 年版。

3.《马克思恩格斯全集》（第一卷），北京：人民出版社 1995 年版。

4. 马克思、恩格斯：《马克思恩格斯文选》（第二卷），集体翻译，莫斯科：外国文书籍出版社 1955 年版。

5. 中共河北省委宣传部马克思列宁主义研究室编：《马克思 恩格斯 列宁 斯大林论资产阶级法权》，保定：河北人民出版社 1958 年版。

6. 中共中央文献研究室：《关于建国以来党的若干历史问题的决议注释本》，北京：人民出版社 1983 年版。

7. 中共中央文献研究室：《毛泽东文集》（第 7 卷），北京：人民出版社 1999 年版。

8.《毛泽东著作选读》（下册），北京：人民出版社 1986 年版。

9. 董必武：《董必武政治法律文集》，北京：法律出版社 1986 年版。

10. 薄一波：《若干重大决策与事件的回顾》（下），北京：中共党史出版社 2008 年版。

11. 中共中央党史研究室（胡绳主编）：《中国共产党的七十年》，北京：中共党史出版社 1991 年版。

12. 马齐彬等：《中国共产党执政四十年（1949—1989）》，北京：中共党史资料出版社1989年版。

13. 杨奎松：《中华人民共和国中华人民共和国成立史研究（政治卷）》，南昌：江西人民出版社2009年版。

14. 罗平汉：《农村人民公社史》，福州：福建人民出版社2003年版。

15. 方惠坚等：《蒋南翔传》，北京：清华大学出版社2005年版。

16. 张千帆：《宪政原理》，北京：法律出版社2011年版。

17. 童之伟：《法权与宪政》，济南：山东人民出版社2001年版。

18. 周叶中主编：《宪法》，北京：高等教育出版社、北京大学出版社2000年版。

19. 任东来等：《美国宪政历程：影响美国的25个司法大案》，北京：中国法制出版社2005年版。

20. 瞿同祖：《中国法律与中国社会》，北京：中华书局1981年版。

21. 蔡定剑：《历史与变革——新中国法制建设的历程》，北京：中国政法大学出版社1999年版。

22. 徐爱国：《西法肆言——漫话西方法律史》，北京：北京大学出版社2009年版。

23. 金观涛、刘青峰：《观念史研究：中国现代重要政治术语的形成》，北京：法律出版社2010年版。

24. 刘小枫：《现代性社会理论绪论——现代性与现代中国》，上海：上海三联书店1998年版。

25. 杜健荣：《卢曼法社会学理论研究——以法律与社会的关系问题为中心》，北京：法律出版社2012年版。

26. 高宣扬：《鲁曼社会系统理论与现代性》，北京：中国人民大学出版社2005年版。

27. 郑永流主编：《商谈的再思——哈贝马斯〈在事实与规范之间〉导读》，北京：法律出版社2010年版。

28. 贺麟：《黑格尔著〈法哲学原理〉一书评述》，北京：商务印书馆1982年版。

29. 高兆明：《黑格尔：〈法哲学原理〉导读》，北京：商务印书馆2010年版。

30. 张汝伦：《历史与实践》，上海：上海人民出版社1995年版。

31. 高全喜：《论相互承认的法权——〈精神现象学〉研究两篇》，北京：北京大学出版社 2004 年版。

32. 杜文勇：《受教育权宪法规范论》，北京：法律出版社 2012 年版。

33. 温辉：《受教育权入宪研究》，北京：北京大学出版社 2003 年版。

34. 劳凯声主编：《变革社会中的教育权与受教育权——教育法学基本问题研究》，北京：教育科学出版社 2003 年版。

35. 孙霄兵：《受教育权法理学——一种历史哲学的范式》，北京：教育科学出版社，2003 年版。

36. 颜国樑：《教育法规》，高雄：丽文文化事业股份有限公司 2010 年版。

37. 张乐天：《教育法规导读》，上海：华东师范大学出版社 2000 年版。

38. 湛中乐等：《公立高等学校法律问题研究》，北京：法律出版社 2009 年版。

39. 刘剑文主编：《高等教育体制改革中的法律问题研究》，北京：北京大学出版社 2005 年版。

40. 申素平：《论我国公立高等学校的公法人地位》，析自《中国教育法制评论》，第 2 辑，北京：教育科学出版社 2003 年版。

41. 杨奎松：《学问有道：中国现代史研究访谈录》，北京：九州出版社 2009 年版。

42. 徐复观：《学术与政治之间》，上海：华东师范大学出版社 2009 年版。

43. 钱穆：《现代中国学术论衡》，北京：生活·读书·新知三联书店 2001 年版。

44. 许纪霖：《公共性与公共知识分子》，南京：江苏人民出版社 2003 年版。

45. 李秋零主编：《康德著作全集（第 6 卷）》，北京：中国人民大学出版社 2007 年版。

46. [德] 伊曼努尔·康德：《历史理性批判文集》，何兆武译，北京：商务印书馆 1990 年版。

47. [德] 费希特：《自然法权基础》，谢地坤、程志民译，北京：商务印书馆 2004 年版。

48. [德] 黑格尔：《法哲学原理》，范扬、张企泰译，北京：商务印书馆 2013 年版。

49. [德] 黑格尔：《法哲学原理》，贺麟译，北京：商务印书馆 1961 年版。

50. [德] 黑格尔：《哲学全书：精神哲学》，扬祖陶译，北京：人民出版社 2006 年版。

51. [德] 马克斯 · 韦伯：《经济与历史 支配的类型》，康乐等译，桂林：广西师范大学出版社 2010 年版。

52. [德] 马克斯 · 韦伯：《经济与社会》，（上卷），林荣远译，北京：商务印书馆 2004 年版。

53. [德] 鲁道夫 · 冯 · 耶林：《为权利而斗争》，郑永流译，北京：法律出版社 2012 年版。

54. [德] 哈贝马斯：《在事实与规范之间：关于法律与民主法治国的商谈理论》，童世骏译，北京：生活 · 读书 · 新知三联书店 2003 年版。

55. [德] 于尔根 · 哈贝马斯：《现代性的哲学话语》，曹卫东译，上海：译林出版社 2011 年版。

56. [德] 哈贝马斯：《公共领域的结构转型》，曹卫东等译，上海：学林出版社 1999 年版。

57. [德] Georg Kneer, Armin Nassehi:《卢曼社会系统理论导引》，鲁贵显译，台北：巨流图书公司 1998 年版。

58. [法] 亚历山大 · 科耶夫：《法权现象学纲要》，邱立波译，上海：华东师范大学出版社 2011 年版。

59. [法] 皮埃尔 · 布迪厄：《倡导普遍性的法团主义：现代世界中知识分子的角色》，赵晓力译，载《学术思想评论》（第 6 辑），沈阳：辽宁大学出版社 1999 年版。

60. [法] 米歇尔 · 福柯：《对真理的关怀》，析自《权力的眼睛》，严锋译，上海：上海人民出版社 1997 年版。

61. [法] 米歇尔 · 福柯：《规训与惩罚》，刘北成、杨远婴译，北京：生活 · 读书 · 新知三联书店 1999 年版。

62. [意] 安东尼奥 · 葛兰西：《狱中札记》，葆煦译，北京：人民出版社 1983 年版。

63. [英] 罗素：《西方哲学史》（下卷），马元德译，北京：商务印书馆 1982 年版。

64. [英] H·P· 里克曼：《理性的探险——哲学在社会学中的应用》，姚休等译，北京：商务印书馆 1996 年版。

65. [英] 大卫 · 休谟：《人类理智研究》，吕大吉译，北京：商务印书馆 1999

年版。

66. [英] 玛丽 · 亨克尔等主编:《国家、高等教育与市场》，谷贤林等译，北京：教育科学出版社 2005 年版。

67. [美] 汤姆 · 彼彻姆:《哲学的伦理学》，雷克勤等译，北京：中国社会科学出版社 1990 年版。

68. [美] 汉娜 · 阿伦特:《康德政治哲学讲稿》，曹明等译，上海：上海人民出版社 2013 年版。

69. [美] 阿 · 麦金太尔:《谁之正义？何种合理性？》，万俊人译，北京：当代中国出版社 1996 年版。

70. [美] 列奥 · 施特劳斯、约瑟夫 · 克罗波西主编:《政治哲学史》（上），李天然等译，石家庄：河北人民出版社 1993 年版。

71. [美] 约翰 · 巴罗:《不论——科学的极限与极限的科学》，李新洲等译，上海：上海科学技术出版社 2000 年版。

72. [美] 乔纳森 · 特纳:《社会学理论的结构》，邱泽奇、张茂元译，北京：华夏出版社 2006 年版。

73. [美] 杰弗里 · 亚历山大:《社会学二十讲》，贾春增译，北京：华夏出版社 2000 年版。

74. [美] 拉塞尔 · 雅各比:《最后的知识分子》，洪洁译，南京：江苏人民出版社 2002 年版。

75. [美] 华勒斯坦等:《学科 · 知识 · 权力》，刘健芝译，北京：生活 · 读书 · 新知三联书店 1999 年。

76. [美] 伯顿 · R · 克拉克:《高等教育系统——学术组织的跨国研究》，王承绪、徐辉等译，杭州：杭州大学出版社，1994 年版。

77. Luhmann Niklas, *Einfuhrung in die Systemtheorie*, 4 Auflage. Heideberg: Carl-Auer-Verlag, 2008.

78. Niklas Luhmann, *A Sociological Theory of Law*, London: Routledge, 1985.

79. Niklas Luhmann, *Law as a social system*, translated by Klaus A.Ziegert, edited by Fatima kastmer. Oxford, New York:Oxford University Press,2004.

80. Gunther Teubner, *Low as An Autopoietic System*, Blackwell Publishers, 1993.

81. Gunther Teuber, *Dealing with Paradoxes of Law: Derrida, Luhmann, Wiethoiter,*

Tubner to Deliver Storrs Lectures, Yale Low School, October 09, 2003.

82. W. Metzger, *The academic profession in the United States*. B.Clark, *The academic profession:national, disciplinary and institutional settings*. Berkley: University of California Press,1994.

学位论文

1. 葛洪义：《法与实践理性》，中国社会科学院研究生院博士学位论文，2002年。

2. 王琦：《系统、社会和法律——卢曼法律系统理论研究》，吉林大学硕士学位论文，2011年。

3. 宋晓华：《体育行会权力及其行政法控制研究》，苏州大学硕士学位论文，2005年。

4. 米俊魁：《大学章程价值研究》，华中科技大学博士学位论文，2005年。

5. 戚婧婧：《大学章程制订政策执行研究》，浙江师范大学硕士学位论文，2013年。

6. 李林：《台湾地区司法院大法官解释对大学自治的影响——以释字第684号解释为例》，浙江师范大学硕士学位论文，2014年。

期刊

1. 邹鲁风：《中国人民大学培养工农干部经验的初步总结》，载《人民教育》，1954年第10期。

2. 曾昭抡：《充分发挥高等学校教师的力量，为向科学技术大进军而进行不懈的斗争》，载《高等教育》，1956年第92期。

3. 高远戎：《“大跃进”期间的资产阶级法权讨论及影响——试析毛泽东对社会主义社会的一些构想》，载《中共党史研究》，2006年第3期。

4. 杨奎松：《毛泽东为什么放弃新民主主义——关于俄国模式的影响问题》，载《近代史研究》，1997年第4期。

5. 陈晋：《毛泽东五十年代后期的探索思路和他读几本书的情形》，载《党的文献》，1993 年 4 月。

6. 傅颐：《六十年代初〈高教六十条〉的制定、试行及历史经验》，载《中共党史研究》，2006 年第 3 期。

7. 龚育之：《胡绳的困惑》，载《百年潮》，2001 年第 2 期。

8. 塞奇：《正确的党史从哪里来？》，载《二十一世纪》，1992 年第 12 期。

9. 项淳一：《党的领导与法制建设——纪念中国共产党诞生七十周年》，载《中国法学》，1991 年第 4 期。

10. 夏勇：《中国宪法改革的几个基本理论问题——从“改革宪法”到“宪政宪法”》，载《中国社会科学》，2003 年第 2 期。

11. 蔡定剑、刘丹：《从政策社会到法治社会——兼论政策对法制建设的消极影响》，载《中外法学》，1999 年第 2 期。

12. 胜雅律：《大陆法制中的中国传统因素》，载《比较法研究》，1994 年第 3 期。

13. 张文显、于宁：《当代中国法哲学研究范式的转换》，载《中国法学》，2001 年第 1 期。

14. 孙莉：《德治与法治正当性分析——兼及中国与东亚法文化传统之检省》，载《中国社会科学》，2002 年第 6 期。

15. 魏沂：《中国新德治论析——改革前中国道德化政治的历史反思》，载《战略与管理》，2001 年第 2 期。

16. 刘作翔：《法律与道德：中国法治进程中的难解之题》，载《法制与社会发展》，1998 年第 1 期。

17. 亓同惠：《法权的缘起与归宿——承认语境中的费希特与黑格尔》，载《清华法学》，2011 年第 6 期。

18. 顾忠华：《社会学的启蒙：“卢曼热”的预言》，载《当代》（台北），1998 年第 136 期。

19. 宾凯：《法律如何可能：通过 " 二阶观察 " 的系统建构——进入卢曼法律社会学的核心》，载《北大法律评论》，2006 年第 7 卷第 2 辑。

20. 宾凯：《公民社会的历史语义学——基于卢曼社会系统论方法》，载《交大法学》，2010 年第 1 期。

21. 鲁楠等：《卢曼社会系统论视野中的法律自治》，载《清华法学》，2008 年第 2 期。

22. 黄钲堤:《论社会系统理论及其对公共行政研究之意含》，载《公共行政学报》（台北），2000 第 4 期。

23. 杨建华:《马克思、韦伯和卢曼的社会分化研究及启示》，载《浙江学刊》，2008 年第 5 期。

24. 邓晓芒:《康德论道德与法的关系》，载《江苏社会科学》，2009 年第 4 期。

25. 舒远招:《直指人心的人性善恶论——康德人性善恶论的层次分析》，载《哲学研究》，2008 年第 4 期。

26. 张汝伦:《主体的颠覆：从黑格尔到马克思》，载《学术月刊》，2001 年第 4 期。

27. 王振林:《从主体理性的凯旋走向理性主体的黄昏》，载《社会科学战线》，2003 年第 5 期。

28. 陈良斌:《“主奴辩证法”的扬弃与承认的重建——从黑格尔的“主—奴关系”论到马克思的承认理论》，载《武汉理工大学学报》，2009 年第 5 期。

29. 张盾:《“道德政治”谱系中的卢梭、康德、马克思》，载《中国社会科学》，2011 年第 3 期。

30. 高鸿钧:《走向交往理性的政治哲学和法学理论（下）——哈贝马斯的民主法治思想及对中国的借鉴意义》，载《政法论坛》，2008 年第 5 期。

31. 孔繁斌:《多中心治理诠释——基于承认政治的视角》，载《南京大学学报》，2007 年第 6 期。

32. 一行:《从〈现象学〉到〈法哲学〉：一个自由主义者的“政治成熟”》，载《世界哲学》，2006 年第 6 期。

33. 程雁雷:《必须重视和加强我国的高等教育立法》，载《高等教育研究》，2000 第 2 期。

34. 金林南:《〈高等教育法〉的立法缺失及完善思考》，载《南京师大学报（社会科学版）》，2002 年第 6 期。

35. 高见:《我国〈高等教育法的检讨与反思〉》，载《求索》，2010 年第 9 期。

36. 於向平:《立法过程与法律的政策化探析——对义务教育立法和个案研究》，载《东北财经大学学报》，2003 年第 5 期。

37. 张建初:《论高等学校章程》，载《教育研究》，2009 年第 2 期。

38. 刘献君：《论高等学校制度建设》，载《高等教育研究》，2010 年第 3 期。

39. 张苏彤：《大学章程的国际比较：来自中美两国六校的样本》，载《中国高教研究》，2010 年第 10 期。

40. 鲍嵘：《美国学科专业分类系统的特点及其启示》，载《比较教育研究》，2004 年第 4 期。

41. 鲍嵘：《印度个案与学科专业管理体制类型学的分析》，载《化工高等教育》，2006 年第 4 期。

42. 邢会强：《政策增长与法律空洞化——以经济法为例的观察》，载《法制与社会发展》，2012 年第 3 期。

43. 赵德余：《民主、公意与政策合法化的逻辑——来自法国〈首次雇佣合同法〉危机的启示》，载《 学习与探索》，2011 年第 1 期。

44. 吴国盛：《科学与人文》，载《中国社会科学》，2001 年第 4 期。

45. 刘广京：《晚清人权论初探——兼论基督教思想之影响》，载《新史学》，1994 年第 3 期。

46. 刘青峰、金观涛：《19 世纪中日韩的天下观及甲午战争的爆发》，载《思想》，2006 年第 3 期。

47. 翁岳生：《台湾民主宪政的发展与法律概念及立法功能的演变》，载《月旦法学杂志》，2012（200）。

48. 李惠宗：《校园将永无宁日？——释字第六八四号解释评析》载《月旦法学杂志》，2011（105）。

49. [德] 尼克拉斯·卢曼：《社会系统的自我再制》，汤志杰、邹川雄译，载《思与言》，第 32 卷第 4 期。

50. [美] 华勒斯坦：《作为一种文明的近现代世界体系》，载《国外社会科学》，1991 年第 5 期。

报刊文献

1. 刘艺：《工资制在解放后势在必行》，载《人民日报》，1958 年 10 月 17 日。

2. 胡绳：《从供给制说起》，载《人民日报》，1958 年 11 月 18 日。

3.《毫不动摇坚持和发展中国特色社会主义 在实践中不断有所发现有所创造有

所前进》，载《人民日报》，2013 年 1 月 6 日。

4. 乔新生：《当务之急是尽快修改〈高等教育法〉》，载《东方早报》，2011 年 1 月 4 日。

5. 申欣旺：《“行政程序立法时机已经成熟”——专访最高人民法院副院长江必新》，载《中国新闻周刊》，2010 年 5 月 17 日。

6. 刘扬、朱松岭：《陆生赴台：报名遇冷呼唤规则完善》，载《法制日报》，2011 年 06 月 28 日。

7. 马晓晴：《高校章程重“依法”》，载《法制晚报》，2014 年 10 月 20 日。

网站、学术会议报告

1. 百度百科，http://baike.baidu.com/view/36850.htm?fr=aladdin#4。浏览时间 2014 年 7 月。

2. 台湾法律网。“司法院大法官”释字第 684 号解释 [EB/OL].http://www.lawtw.com/article.php?template=article_content&area=free_browse&parent_path=,1,2169,2233,903,&job_id=168655&article_category_id=2150&article_id=94418. 上传时间 2011 年 1 月 17 日 / 浏览时间 2013 年 4 月 1 日。

3. 台湾师范大学社会科学学院主页，《学生权益促进意见徵询会议 (因应司法院大法官第 684 号解释)》http://www.ntnu.edu.tw/css/event_work_684.htm，浏览时间 2014/10/22。

4. 江平：《从法律实用主义到法律理念主义——中国 30 年法治进程再思考》，中国政法大学燕山大讲堂（北京，2008 年 5 月 10 日）。

5. 肖建彬：《教师发展政策：公平与效率的两难选择》，《第四届两岸教育政策论坛（广州，2014 年 3 月 31 日）论文集》。

后　记

我是70后。我的童年在一间木板隔断上贴满报纸的蜗居中度过。这些报纸兼具美化与教化功能，不仅装饰了墙壁，而且在教我识文断字的同时给予我最早的政治启蒙。当小伙伴们用“又……又……”造出“地瓜又大又香”佳句的时候，我已经能造出“我们要做又红又专社会主义接班人”这样的极品。我的一位叫卫星小伙伴，非常喜庆地在我国第一颗人造卫星——东方红一号成功发射的当天降临人世。父母为她取名卫星，以纪念这一举国欢腾的历史时刻。我和卫星成长在激情燃烧却又物质贫乏的年代，所幸等我们到读大学的年龄，高考已经恢复十年，大学系统运转正常，虽然录取率很低，但还是有一批人幸运地上了大学，并因此有了安身立命的专业。台湾“中央研究院”朱云汉研究员说，从1949年到1979年的30年间的社会主义建设和探索，一般认为这一段付出极为高昂的社会代价，且浪费时间。但他更进一步指出，这期间中国建立了非常强大的国家意识，具备了其他国家和地区所不具备的强大的动员能力和执行力，从而构成了实现改革开放发展目标的最庞大的政治及社会资本，这样的历史发展条件，为其他国家所难以想象与复制。诚如其言，至少从我和卫星，以及无数的建国、卫东、语录、鞍钢们的名字和成长经历看，政治动员的渗透无所不在，这未尝不是一种国家能力。

现在的卫星在一所中学教英语，如果说爱国爱家就是“红”，有一个专业领域就是“专”，那我和卫星也算修成正果。东方红一号据说早就停止工作，但却如一双明眸从浩淼的太空注视着地球，见证中国近半个世纪的巨变。它见证了中国从对高等教育系统阶级复制的高危险性的恐惧与猜疑中挣脱出来，渐入佳境。近半个世纪来，中国全面地平衡高等教育系统的政治功能、经济功能与教化功能，将高等教育推动一个晚生后发现代国家崛起的正能量发挥到极致，同时对阶层固化及社会流